KB272645

Beyond:
AI가 이끄는 인지 혁명

Beyond:

AI가 이끄는 인지 혁명

발견하는 주체가 바뀌었다

박종성 지음

이든서재

스톡홀름에서 온
두 번의 연락

두 개의 상, 하나의 이야기

2024년 10월, 가을 햇살이 비치던 어느 평온한 아침이었다. 나는 여느 때와 다름없이 커피 향을 맡으며 습관적으로 스마트폰을 켜 그날의 뉴스를 훑어보고 있었다. 바야흐로 전 세계 과학계의 시선이 스웨덴으로 쏠리는, 노벨상 발표 주간이었다.

첫 번째 소식은 담담했다. 아니, 오히려 예견된 일이었다.

'AI의 대부, 제프리 힌튼Geoffrey Hinton과 존 홉필드John Hopfield, 노벨 물리학상 수상'

현대 AI 기술의 뼈대가 되는 '인공 신경망' 이론의 초석을 다진 그들의 거대한 업적을 생각하면, 이것은 놀라움이라기보다는 조금 늦게

도착한, 그러나 너무나 당연한 '인정'이었다. 나는 고개를 끄덕이며 커피를 한 모금 삼켰다. 한 시대를 풍미한 위대한 원로들에게 보내는 과학계의 예우라고 생각하며, 그렇게 평범한 하루를 시작하려 했다.

하지만 진짜 드라마는 바로 다음 날 아침, 예고도 없이 찾아왔다. 전날과 똑같은 시각, 똑같은 자세로 스마트폰 화면을 넘기던 나는 순간 내 눈을 의심했다. 잠이 덜 깬 탓일까? 화면 속 텍스트가 잘못된 것은 아닐까?

'노벨 화학상, 구글 딥마인드의 데미스 허사비스Demis Hassabis와 존 점퍼John Jumper 선정'

전통적인 실험실의 화학자가 아닌, AI 개발자들의 이름이 화학상 명단에, 그것도 가장 윗줄에 올라와 있었다. 수상 이유는 그들이 개발한 AI 시스템 '알파폴드AlphaFold'가 생물학자들의 50년 묵은 난제이자 생명의 미스터리였던 '단백질 접힘 문제'를 단숨에 해결해 버렸기 때문이었다. 컴퓨터 코드가 시험관을 이긴 것이다.

그 순간, 내 머릿속에 흩어져 있던 두 개의 점이 하나의 선명한 선으로 이어지는 듯했다. 스웨덴 왕립 과학원은 단순히 우수한 연구자에게 상을 준 것이 아니었다. 그들은 지금 전 세계를 향해 하나의 거대한 이야기를 들려주고 있었다.

이틀에 걸쳐 발표된 두 개의 노벨상은 결코 우연히 겹친 별개의 사건이 아니었다. 그것은 잘 짜인 교향곡의 1악장과 2악장 같았다. 첫날의 물리학상은 AI라는 거대한 지능을 탄생시킨 위대한 '이론'에 바치는 헌사였다. 그리고 바로 다음 날 이어진 화학상은, 그 이론을 바탕으로 태어난 AI가 실제 현실 세계로 내려와 얼마나 혁명적인 '응용'의 기적을 만들어 낼 수 있는지를 증명한 선언이었다.

노벨위원회가 연일 AI의 뿌리(이론)와 열매(응용)에 최고의 영예를 안긴 일은 우리에게 뚜렷한 메시지를 던졌다.

"인공지능, AI는 더 이상 컴퓨터 과학자들만의 전유물이 아니다. 이제 AI는 화학, 생물학, 물리학 등 인류의 모든 기초 과학을 재정의하는 심장이자, 새로운 발견의 엔진이다."

마치 물이 끓으면 수증기가 되듯, AI는 컴퓨터 모니터 속의 도구에서 '과학적 탐구 기반' 그 자체로 성질이 변하는 '상전이^{Phase Transition}'를 겪은 것이다. 2024년 10월, 스톡홀름에서 온 두 번의 연락은 우리가 알던 과학의 규칙이 바뀌었음을, 인류의 지적 탐험이 되돌릴 수 없는 새로운 시대로 진입했음을 알리는 신호탄이었다. 그리고 그 가슴 벅찬 변화에 관한 관찰기를 여러분과 함께 나누고 싶다는 강렬한 열망이, 바로 이 책을 쓰고자 하는 동기로 작용했다.

새로운 종류의 파트너

솔직히 고백하자면, 나 역시 처음부터 AI의 거대한 가능성을 제대로 알아보지는 못했다. 2016년, 딥마인드의 AI '알파고'가 세계 최강의 바둑 기사 이세돌 9단을 꺾었을 때, 나는 그저 화면 앞에서 입을 다물지 못하고 감탄하는 수많은 구경꾼 중 하나였다. 물론 인간의 고유한 성역이라 여겨졌던 '직관'과 '창의성'의 영역인 바둑에서 기계가 인간을 압도했다는 사실은 충격적이었다. 하지만 냉정히 말해, 나는 그것을 여전히 인간이 만들어 놓은 '안전한 놀이터' 안에서 벌어진, 아주 멋지고 화려한 '기술적 쇼'라고 생각했다. 바둑판은 가로세로 각각 19줄이 만나는, 규칙이 명확하고 변수가 통제된 '닫힌 세계'였기 때문이다. 그것은 경이롭지만, 어디까지나 한정된 승리였다.

내 생각이 뿌리부터 흔들리며 근본적으로 바뀌기 시작한 것은 그로부터 4년 뒤인 2020년, 또 다른 AI인 '알파폴드'가 단백질 접힘 문제를 사실상 해결했다는 뉴스를 접했을 때였다. 이것은 더 이상 게임이 아닌 '현실 세계'의 문제였다. 그것도 지난 반세기 동안 수많은 천재 생화학자의 도전을 좌절시켰던, 생명의 가장 근본적이고 복잡한 수수께끼인 '생명의 종이접기' 문제를 풀어낸 것이다.

AI가 바둑알을 내려놓고 실험 가운을 입은 채 실험실로 걸어 들어와, 인간 과학자와 어깨를 나란히 하는 진정한 '지적 파트너'가 될 수 있음을 증명한 인류 최초의 사건이었다. 그때 나는 머리를 한 대 맞은 듯한 깨달음을 얻었다. 우리는 지금 인류 역사상 처음으로, 인간이 아닌 '다른 종류의 지성'과 손을 잡고 미지의 세계를 탐험하는 새로운 시대의 문턱을 넘고 있다는 사실을 말이다. 그리고 이 새로운 파트너가 과학을 어떻게 송두리째 바꾸고 있는지, 그 경이롭고 때로는 두려운 변화의 과정을 제대로 이해하고, 기록하고, 대중에게 알기 쉽게 설명해야 할 무거운 책임감을 느꼈다.

과학의 지도: 짐 그레이의 네 가지 패러다임

이 거대한 변화의 파도를 이해하기 위한 나침반을 찾던 중, 나는 전설적인 컴퓨터 과학자 짐 그레이Jim Gray가 제시한 '과학의 네 가지 패러다임'이라는 개념을 만났다. 그는 인류가 자연이라는 거대한 퍼즐을 맞춰 온 방식을 역사적 흐름에 따라 네 개의 패러다임으로 명쾌하게 정리했다.

첫 번째 패러다임은 '경험과학Empirical Science'의 시대였다. 수천 년 동안 인류는 그저 자연을 주의 깊게 '관찰'하고 '기록'했다. 고대인들이 밤하늘의 별자리를 점토판에 새기고, 식물학자들이 숲을 돌아다니며 식물의 생김새를 스케치하던 시절이다. 인간의 눈과 손, 즉 오감五感이 유일한 도구였던 시대다.

두 번째 패러다임은 '이론과학Theoretical Science'의 시대였다. 지난 수백 년간 뉴턴과 아인슈타인 같은 천재들이 등장해, 관찰된 현상들 뒤에 숨어 있는 보편적인 법칙을 찾아내어 수학적 언어로 아름답게 정리해 냈다. 복잡한 우주의 움직임을 $F=ma$나 $E=mc^2$ 같은 몇 개의 우아한 방정식으로 압축해 설명하던, 인간 지성의 승리였다.

세 번째 패러다임은 '계산과학Computational Science'의 시대였다. 지난 수십 년간 우리는 컴퓨터라는 강력한 계산기의 힘을 빌렸다. 인간의 손으로는 도저히 풀 수 없는 복잡한 방정식을 계산하고, 태풍의 경로를 예측하거나 분자의 움직임을 화면 속에서 시뮬레이션하며 '가상의 실험'을 수행하기 시작했다.

그리고 지금, 우리는 네 번째 패러다임, 즉 '데이터집약적과학Data-Intensive Science'의 시대로 들어서고 있다. 이 새로운 시대의 발견은 실험, 이론, 시뮬레이션 과정에서 쏟아져 나오는, 인간의 인지 능력을 초월하는 '데이터의 홍수' 속에서 시작된다. 너무 방대해서 인간의 눈으로는 도저히 볼 수 없는 데이터의 패턴과 상관관계를 찾아내는 능력이 곧 발견이 되는 시대다. 그리고 이 네 번째 패러다임의 바다를 항해하는 가장 강력한 탐사선이자 엔진이 바로 인공지능, AI다.

정리에서 발견으로: 덴드랄과 알파폴드의 차이

1960년대에 등장했던 초기 과학 AI '덴드랄DENDRAL'과 오늘날의 알파폴드를 비교해 보면, 이 패러다임의 전환이 얼마나 근본적인지 명확히 알 수 있다(덴드랄에 대해서는 1장에서 더 자세히 살펴볼 것이다).

덴드랄은 인간 전문가가 이미 알고 있는 지식을 코드로 번역해 입력해 놓은, 일종의 '똑똑한 디지털 백과사전'과 같았다. 그것은 인간이 가르쳐 준 규칙 안에서만 작동했기에, 결코 스승인 인간의 지식 한계를 넘어설 수 없었다. 하지만 알파폴드는 다르다. 알파폴드는 인간에게서 '단백질은 이렇게 접힌다'는 규칙을 배우지 않았다. 대신 수십만 개의 단백질 구조 데이터 자체를 통째로 집어삼키고 스스로 '학습'했다. 그 과정에서 과학자가 직관적으로만 느끼거나 미처 깨닫지 못했던 생명의 숨겨진 패턴과 원리를 스스로 찾아냈다.

덴드랄의 역할이 인간 지식이라는 울타리 안에서 정보를 효율적으로 '정리'하는 것에 불과했다면, 알파폴드의 역할은 그 울타리를 넘어 '데이터의 바다에서 미지의 패턴을 건져 올리는 것'이다. 이와 같은 근본적인 도약, 즉 기계가 인간의 가르침을 넘어 스스로 깨달음을 얻는 이 순간이야말로, 우리가 지금 목격하고 있는 AI 과학 혁명의 본질이다.

이 책은 단순히 AI 기술을 나열한 해설서가 아니다. AI라는 든든하고 새로운 파트너와 함께 인류가 이제 막 문을 연 '네 번째 과학의 시대', 그 가장 흥미진진한 탐험의 현장으로 당신을 안내하는 여행기다. 우리는 이 여정을 통해 AI가 생물학, 물리학, 천문학 등 다양한 과학 분야의 낡은 지도를 걷어 내고, 그 위에 어떻게 완전히 새로운 지도를 그려 나가고 있는지 생생하게 목격하게 될 것이다.

우리의 여정은 가장 미시적인 세계, 생명의 가장 작은 단위에서 시작된다. 우리 몸속에는 '단백질'이라는 이름의 수십억 개의 나노 기계들이 쉴 새 없이 움직이고 있다. 우리는 50년 동안 풀리지 않던 '생명의 종이접기' 수수께끼, 즉 이 작은 기계들이 스스로를 조립하여 생명 활동을 만들어 내는 그 정교한 비밀을 AI가 과연 어떻게 풀어냈는지 살펴볼 것이다.

그리고 더욱 놀라운 것은, AI가 생명의 코드를 해독했던 것과 거의 똑같은 방식을 무기 삼아, 이번에는 시선을 물질의 세계로 돌리고 있다는 점이다. 나아가 우리는 AI가 수백만 개의 새로운 소재를 발견하여 더 오래가는 배터리와 더 강력한 반도체를 설계하는, 바야흐로 '21세기 연금술'이 실현되는 현장을 따라가 볼 것이다.

여기서 우리는 한 가지 중요한 교훈을 마주하게 된다. 바로 이 모든 혁신이 수십 년간 수많은 과학자가 대가 없이 데이터를 공유하고 쌓아 올린 '지식의 도서관(공개 데이터)' 덕분에 가능했다는 사실이다. 그들이 구축한 데이터 인프라가 없었다면 AI의 기적은 시작조차 할 수 없었을 것이다. 이 책은 화려한 AI 뒤에 서 있는 이 숨은 공로자들의 이야기 또한 비중 있게 기록할 것이다.

다음으로 우리는 시선을 지구 밖으로 돌려, 저 광활하고 깊은 우주를 응시한다. 여기서 AI는 인간의 불완전한 시야를 무한히 확장해 주는 '새로운 차원의 망원경'으로 거듭난다. 우리는 AI가 수년 전 케플러 망원경이 남긴 데이터의 거친 잡음 속에 숨어 있던 외계 행성의 희미한 신호를 어떻게 찾아냈는지, 그리고 눈에 보이지 않는 우주의 뼈대인 '암흑 물질'의 지도를 어떻게 그려 냈는지 추적할 것이다. 이를 통해 AI가 인간의 눈으로는 닿을 수 없었던 우주의 민낯을 얼마나 적나라하게 드러내고 있는지 확인해 볼 것이다.

그리고 다시 지구로 돌아와, 우리 삶에 가장 직접적인 영향을 미치는 거대한 힘들을 살펴본다. AI는 태양의 활동을 24시간 감시하며 우리 문명을 위협할 태양 폭풍을 미리 경고하고, 수십 년간 축적된 기상 데이터를 학습해 슈퍼컴퓨터보다 수천 배 더 빠르고 정확하게 태풍과 날씨를 예보한다. 기후 변화라는 인류 최대의 도전에 맞서, AI가 어떻게 우리의 생명을 지키는 새로운 무기가 되고 있는지 알아본다.

여정의 후반부에서 우리는 더 근본적이고 추상적인 세계, 수학의 정원으로 발걸음을 옮긴다. 절대적인 논리적 엄밀함을 요구하는, 인간 지성의 가장 순수한 성역인 수학의 세계에서도 AI는 활약하고 있다. AI가 어떻게 인간 수학자들도 풀지 못했던 오랜 난제들에 대해 창의적인 해법을 제시하며, 단순한 계산기를 넘어 '직관을 가진 추론가'로 진화하고 있는지 그 놀라운 과정을 엿볼 것이다.

마지막으로, 인류의 가장 담대한 공학적 도전, 즉 지구 위에 '인공 태양'을 만드는 핵융합 발전의 꿈을 향해 나아간다. 1억 ℃가 넘는, 태양 중심보다 뜨거운 불덩어리(플라스마)를 자기장이라는 보이지 않는 그릇 안에 가두는 것은 극도로 어렵고 복잡한 제어 문제다. AI가 이 야생마 같은 에너지를 어떻게 0.001초 단위로 정교하게 제어하며, 인류에게 무한한 청정에너지의 가능성을 열어 주고 있는지 그 최전선을 목격하게 될 것이다.

이 모든 여정을 관통하는 하나의 거대한 흐름이 있다. 그것은 바로 AI가 단순히 주어진 문제를 푸는 도구를 넘어, 가설을 세우고, 데이터를 분석하며, 때로는 과학자조차 생각지 못한 새로운 발견의 방향을 제시하는 진정한 '공동 과학자Co-Scientist'로 진화하고 있다는 사실이다. 심지어 최근에는 로봇 기술과 결합하여, 인간이 퇴근한 밤에도 24시간 잠들지 않고 스스로 실험을 설계하고 수행하는 '완전 무인 실험실Self-driving Lab'까지 등장하고 있다. 과학이 이루어지는 방식, 그 자체가 근본적으로 변하고 있는 것이다.

호기심 많은 당신께 드리는 초대장

그렇다면 이 책은 과연 누구를 위해 쓰였는가?

우선, 이 책은 과학자나 엔지니어는 아니지만, 파도처럼 밀려오는 거대한 변화의 맥락을 깊이 이해하고 싶은 직장인들을 위한 것이다. 단순히 'AI가 유행이어서'가 아니라, 이 기술이 내 산업과 삶을 어떻게 재편할지 통찰하고 싶은 이들에게 작은 나침반이 되기를 바란다.

또한, 아이들이 살아갈 미래의 모습이 디스토피아일지 유토피아일지 불안해하며, 그들에게 어떤 지도를 쥐여 주어야 할지 밤잠을 설치며 고민하는 부모님들을 위한 것이다. 그리고 교과서 속의 지식이 미래의 현실과 어떻게 연결될지, 자신의 꿈이 AI와 만나 어떻게 확장될 수 있을지 가슴 뛰는 상상을 하는 청소년과 학생들을 위한 것이다.

무엇보다 이 책은, 나이와 직업을 불문하고 세상에 대한 경이로움을 잃지 않고 우리 시대의 가장 중요한 과학 이야기에 귀 기울이고 싶은, 모든 '지적 모험가'들을 위한 것이다.

미리 일러두지만, 이 책은 난해한 수식이나 복잡한 파이썬 코드로 위압감을 주는 딱딱한 기술 설명서가 아니다. 그렇다고 AI가 인류의 모든 고통을 없애 줄 것이라는 무책임한 장밋빛 예언서도, 반대로 기계가 인간을 지배할 것이라는 암울한 공포 영화 시나리오도 아니다.

이것은 가장 인간적인 본능인 '호기심'이, 인류가 만든 가장 혁신적인 도구인 'AI'라는 날개를 달았을 때, 우리가 과연 어디까지 비상할지를 기록한 치열한 '탐험 일지'다. 이 책의 목표는 당신에게 단순한 정답을 주입하는 것이 아니라, 이 새로운 시대에 대해 스스로 생각하고 질문하도록 좋은 '지도'를 제공하는 데 있다.

물론, 빛이 밝을수록 그림자는 짙은 법이다. 우리는 이 강력한 힘 뒤에 도사린 어두운 그림자를 피해 가지 않을 것이다. AI가 놀라운 정답을 내놓지만 정작 '왜 그런 답이 나왔는지' 설명하지 못하는 '블랙박스 문제'는 과학의 근본적인 신뢰성을 어떻게 위협할까? 사람을 살리는 신약을 설계하던 AI가, 단 몇 줄의 코드 수정만으로 치명적인 생화학 무기를 설계하는 데 악용될 수 있다는 '이중 용도 문제'에 우리는 과연 어떻게 대비해야 할까? 이 책은 이런 어렵고도 중요한 질문들을 외면하지 않고 함께 고민하며, 폭주하는 기술의 발전과 이를 통제할 인간의 지혜가 어떻게 균형을 이루어야 하는지에 대한 실마리를 찾아

나갈 것이다.

2024년 10월, 스톡홀름에서 날아온 두 번의 연락은 한 시대의 끝이 아니라, 새로운 시대의 시작을 알리는 총성이었다. 인간의 지성만으로는 결코 도달할 수 없었던 미지의 영역을 탐험할 새로운 지도가 우리 손에 막 쥐어졌다. 질병의 완전한 정복, 기후 위기의 해결, 우주 기원에 대한 탐사, 그리고 무한한 청정에너지의 확보와 같은 인류의 오랜 꿈들이 이제는 막연한 희망 사항이 아닌, 구체적이고 달성 가능한 과학적 목표가 되고 있다.

이 책은 그 위대한 여정의 출발선에 선 당신을 위한 안내서다. 우리 세대가 마주한 가장 거대한 지적 탐험에, 이제 막 첫발을 내딛는 여러분을 진심으로 환영한다.

차례

프롤로그 **스톡홀름에서 온 두 번의 연락**　9

제1부　새로운 과학 패러다임의 여명

제1장 ● 인간 계산원에서 실리콘 두뇌로　25

제2장 ● 알파폴드 모멘트: 생명의 코드를 풀다　41

제3장 ● 알파게놈: 생명의 악보를 읽다　60

제4장 ● 물질의 도서관: GNoME이 재창조한 재료과학　80

제2부　AI 망원경: 보이지 않는 것을 보다

제5장 ● 우주를 보는 새로운 눈: 외계 행성과 암흑 물질 탐사　101

제6장 ● 태양의 분노 예측: AI 태양물리학의 부상　117

제7장 ● 지구 규모 디지털 쌍둥이: 기상·기후 예측의 재창조　132

제3부 **AI와 순수과학의 만남**

제8장 ● 분자를 설계하는 21세기 연금술 151

제9장 ● 펀서치: 수학의 성벽을 넘은 인공지능 167

제10장 ● 투명한 용기에 담긴 항성: 핵융합로의 AI 파일럿 182

제4부 **스스로 판단하고 질문하는 기계**

제11장 ● 클라우드 공동 과학자: 읽고, 추론하고, 가설을 세우는 AI 201

제12장 ● 과학의 눈을 뜨다: 멀티모달 지능·시각적 추론 시대 217

제13장 ● 완전 무인 실험실: 아이디어에서 실험까지 235

제14장 ● 루프 속의 인간: 과학자의 역할 재정의 251

제5부 **우리가 얻은 새로운 불**

제15장 ● 정답은 있는데 설명이 없는 세계 271

제16장 ● 선한 의도로 만든 위험한 설계도 287

제17장 ● 다음 지평선을 향하여 301

에필로그 **지도의 끝, 그 너머의 세계** 319

참고문헌 330

제1부

새로운
과학 패러다임의
여명

계산하던 인간의 손끝에서 시작된 과학은
규칙을 따르는 기계를 거쳐,
이제 데이터 속에서 스스로
법칙을 발견하는
실리콘 두뇌의 시대로 넘어왔다.

제1장

인간 계산원에서 실리콘 두뇌로

오늘날 우리가 책상 위에 두고 쓰는 매끈한 기계가 등장하기 전, '컴퓨터Computer'라는 단어의 정의는 지금과 사뭇 달랐다. 그것은 전기로 돌아가는 기계가 아니라, 계산을 직업으로 삼는 '사람'을 가리키는 말이었다.

별을 세는 여인들: 실리콘 이전에 인간이 있었다

천문학자가 행성의 궤도를 예측하거나 군인이 전쟁터에서 포탄이 떨어질 지점을 계산할 때, 그 복잡한 수식의 해답을 내놓은 것은 거대한 슈퍼컴퓨터가 아니었다. 연필과 종이 그리고 탁상용 계산기를 든 이들 '인간 계산원'들의 끈질긴 손끝에서 모든 데이터가 처리되었다. 그리고 놀랍게도, 인내심과 정교함이 요구되는 이 고된 노동의 현장을 지탱한 것은 대부분 여성이었다.

이 이야기에서 가장 드라마틱하고 빛나는 장면은 19세기 후반, 미국 하버드 대학 천문대에서 펼쳐진다.

당시 천문대장이었던 에드워드 피커링Edward Pickering은 밤하늘의 모든 별을 사진 건판Glass Plate(필름이 발명되기 전 유리판에 감광제를 발라 사용하던 촬영 매체)에 담아 그 빛의 스펙트럼을 분석하겠다는, 당시로서는 무모할 정도로 야심 찬 프로젝트를 진행하고 있었다.

문제는 '데이터의 양'이었다. 매일 밤 망원경을 통해 찍어 낸 수십만 장의 무거운 유리 건판에는 수십만, 아니 수백만 개의 별이 깨알 같은 점으로 박혀 있었다. 이 방대한 데이터를 눈으로 확인하고, 분류하고, 숫자로 정리하는 일은 오늘날의 '빅 데이터' 처리를 수작업으로 하는 것과 같았다. 당시 천문대에 고용된 남성 조수들에게 이 일은 '과학자가 아니라 서기나 하는 일'이라며 기피하는, 너무나 지루하고 가치 없어 보이는 단순노동일 뿐이었다.

불평과 태업이 이어지자 참다못한 피커링은 홧김에 이렇게 소리쳤다고 전해진다.

"우리집 가사 도우미도 너희보다는 낫겠다!"

이 말은 단순한 상사의 푸념으로 끝나지 않았다. 피커링은 정말로 자기 집에서 청소와 빨래를 하던 스코틀랜드 이민자 출신 가사 도우미, 윌리어미나 플레밍Williamina Fleming을 천문대로 데려왔다. 앞치마를 벗고 돋보기를 든 그녀는 곧 이 반복적이고 지루한 데이터 분석 작업에 천재적인 재능이 있음을 증명해 보였다.

플레밍의 성공에 확신을 얻은 피커링은 이후 대담한 결단을 내린다. 재능 있고 꼼꼼한 여성들을 대거 고용해 여성으로만 이루어진 전문 '컴퓨터' 팀을 꾸린 것이다. 여기에는 냉철한 경제적 계산도 깔려 있었다. 당시 여성에게 지급되는 임금은 시간당 25센트 수준으로, 남성 인건비의 절반에도 미치지 않았다. 피커링은 같은 예산으로 두 배 더 많은 인력을 고용해 훨씬 더 꼼꼼하고 성실한 노동력을 확보하는 '가성비 최고의 데이터 공장'을 구축한 셈이다.

동료 남성 과학자들은 이 여성 팀을 '피커링의 하렘Pickering's Harem' (하렘은 일부다처제 사회, 특히 이슬람 문화권에서 권력자나 부유층의 부녀자, 여성 하인이 거주하는 생활 공간을 의미한다)이라 부르며 비웃고 조롱했다. 하지만 그 조롱 속에서도 그녀들은 묵묵히 그리고 치열하게 인류 역사상 그 누구도 해내지 못한 방식으로 밤하늘의 지도를 그려 나갔다. 그들은 단순한 보조원이 아니었다. 실리콘 칩이 발명되기 전, 인류의 과학을 연산하던 생물학적 CPU였다.

가사 도우미에서 천문학자로 변신한 윌리어미나 플레밍의 업적은 독보적이었다. 그녀는 평생 1만 개가 넘는 별을 하나하나 눈으로 확인해 분류했으며, 우주의 신비를 담은 유명한 '말머리성운Horsehead Nebula'을 포함해 수많은 천체를 최초로 발견했다. 무엇보다 그녀는 별이 내뿜는 빛의 스펙트럼 패턴에 따라 별을 체계적으로 분류하는 시스템의 기초를 닦았다. 그녀는 능력과 헌신을 무기 삼아 학계의 견고한 유리 천장을 깨부수고, 그 너머에 새 영토를 개척했다. 1899년, 윌리어미나 플레밍은 하버드 대학 역사상 최초로 '천문 사진 큐레이터'라는 공식 직함을 부여받으며, 여성 천문학자로 당당히 역사에 이름을 남기게 되었다.

우주의 크기를 재는 자를 만들고, 기계의 언어를 창조하다

플레밍의 뒤를 이은 동료 애니 점프 캐넌Annie Jump Cannon은 인간의 한계를 넘어선 집중력을 보여 주었다. 그녀는 사진 건판에 찍힌 희미한 별의 스펙트럼을 돋보기로 관찰하고 분류하는 작업을 수행했는데, 그 속도는 가히 경이적이었다. 그녀는 한 시간에 200개 이상, 즉 18초마다 별 하나를 처리하는 초인적인 속도와 정확성을 자랑했다.

그녀는 플레밍의 분류법을 더욱 정교하게 다듬어, 별의 표면 온도에 따라 O, B, A, F, G, K, M형으로 나누는 '하버드 항성 분류법'을 완성했다. 천문학도들이 'Oh Be A Fine Girl, Kiss Me'라는 문장으로 외우곤 하는 바로 그 전설적인 분류 체계다. 그녀는 40년이 넘는 세월 동안 무려 35만 개가 넘는 별을 자기 눈과 손으로 직접 분류했다. 이는 컴퓨터 데이터베이스가 없던 시절, 그녀 자체가 살아 있는 거대한 '인간 데이터베이스'였음을 의미한다.

또 다른 동료 헨리에타 스완 레빗Henrietta Swan Leavitt은 우주의 깊이를 재는 방법을 찾아냈다. 그녀는 밝기가 주기적으로 변하는 '세페이드 변광성'이라는 특별한 별을 끈질기게 관찰하다가, 별이 깜빡이는 주기와 실제 밝기(광도) 사이에 명확한 수학적 규칙이 있음을 발견했다.

이 발견은 인류에게 우주의 거리를 측정할 최초의 '표준 촛대Standard Candle', 즉 '우주를 재는 자'를 선물한 것과 같았다. 이전까지 인류에게 우주는 그 크기를 가늠할 수 없는 막막한 공간이었지만, 레빗 덕분에 별이 얼마나 멀리 있는지 계산할 수 있게 되었다. 훗날 에드윈 허블이

‘우주가 팽창하고 있다’는 역사적인 사실을 발견할 수 있었던 것도, 바로 레빗이 만들어 준 이 ‘우주의 자’가 있었기에 가능한 일이었다.

이들의 노동은 고요하지만 치열했다. 한 사람이 서서 유리 건판에 찍힌 수천 개의 깨알 같은 별빛 점들을 들여다보며 그 밝기와 좌표를 소리 내어 읽으면, 다른 한 사람이 앉아서 그 데이터를 장부에 꼼꼼히 기록했다. 화려한 스포트라이트는 남성 천문학자들의 몫이었지만, 현대 천문학이라는 거대한 탑을 쌓아 올린 주춧돌은 이 어두운 방 안에서 반복된 여성들의 지루한 노동이었다.

이 ‘인간 컴퓨터’의 전통은 20세기 전쟁의 포화 속에서도 이어졌다.

제2차 세계대전이 발발하자, 미 육군은 대포와 미사일이 목표물에 정확히 떨어지도록 하기 위한 탄도표 Firing Table 계산에 수많은 인력을 투입했다. 공기의 저항, 바람의 속도, 포탄의 무게 등 수많은 변수를 고려해 미분 방정식을 풀어야 하는 이 작업은, 병사들의 생명과 직결된 중요한 임무였다. 전쟁터로 징집된 남성들을 대신해 이 계산실을 채운 것 역시 뛰어난 수학적 재능을 가진 여성들이었다. 그들은 기계식 계산기를 두드리며 하루 종일 복잡한 수식과 씨름했다.

전쟁 막바지, 미 육군은 이 느린 계산 속도를 획기적으로 높이기 위해 일급 기밀 프로젝트에 착수했다. 바로 세계 최초의 범용 전자식 컴퓨터, ‘에니악 ENIAC’을 개발하는 일이었다. 집채만 한 크기에 17,000개가 넘는 진공관이 번쩍이는 이 괴물 같은 기계가 완성되었을 때, 이 기계에 명령을 내리고 ‘프로그래밍’하는 막중한 임무가 여섯 명의 여성 계산원에게 주어졌다.

케이 맥널티 Kay McNulty, 프랜 빌라스 Frances Bilas, 베티 스나이더 Betty

Snyder, 마릴린 웨스코프Marlyn Wescoff, 루스 리치터먼Ruth Lichterman 그리고 진 제닝스Jean Jennings.

이들은 인류 최초의 프로그래머들이었다. 하지만 그들이 했던 일은 오늘날 우리가 키보드로 코드를 타이핑하는 것과는 차원이 달랐다. 당시에는 프로그래밍 언어도, 윈도우 같은 운영체제도, 심지어 모니터도 존재하지 않았다.

그들은 거대한 기계 안으로 걸어 들어가, 수백 개의 굵은 전선 케이블을 직접 손으로 꽂고 뽑으며 물리적으로 회로를 연결해야 했다. 마치 전화 교환원처럼 스위치를 켜고 끄며 전기의 흐름을 통제해 기계에게 논리를 가르쳤다. 주어진 것은 복잡한 하드웨어 회로 설계도뿐, 사용 설명서는 세상 어디에도 없었다. 그들은 스스로 기계의 작동 원리를 터득하고, 논리적인 흐름도를 그려 가며 '소프트웨어'라는 개념 자체를 맨땅에서 '발명'해 내야 했다.

그들은 하드웨어라는 차가운 고철 덩어리에 지능이라는 숨결을 불어넣은 주역이었다. 하지만 안타깝게도 역사는 오랫동안 그녀들을 기억하지 않았다.

1946년 2월, 에니악이 세상에 처음 공개되던 날, 펜실베이니아 대학의 강당은 카메라 플래시 세례로 뒤덮였다. 기자들과 대중은 30톤에 달하는 거대한 강철 기계가 뿜어내는 위용과, 포탄의 궤적을 순식간에 계산해 내는 마법 같은 속도에만 감탄했다. 하지만 정작 그 거대한 고철 덩어리에 생명을 불어넣고, 논리를 부여한 여섯 명의 여성에게 카메라의 초점을 맞춘 사람은 아무도 없었다.

기자들에게 그녀들은 그저 기계 옆에 서 있는 도우미일 뿐이었다.

수십 년 동안, 에니악과 함께 찍힌 흑백 사진 속의 그녀들은 기계의 거대함을 강조하기 위해 옆에 세워둔 '크기 비교용 모델'이나, 당시 가전제품 광고에 흔히 등장하던 웃고 있는 '냉장고 아가씨' 정도로 오해받았다. 가장 복잡한 논리를 설계한 엔지니어들이, 가장 단순한 장식품 취급을 받은 것이다.

하드웨어(기계)를 만드는 것은 남성의 일이고 중요하며, 소프트웨어(프로그래밍)를 다루는 것은 여성의 일이고 부차적이라는 당시의 지독한 편견이 만들어 낸 비극이었다. 그렇게 현대 프로그래밍의 어머니들은, 자신이 만든 자식(소프트웨어)의 탄생을 지켜보면서도 역사라는 족보에서 이름도 없이 사라질 뻔했다.

하버드 천문대의 어두운 방에서 밤새 별을 세던 여성들부터, 에니악의 복잡한 전선 뭉치 속에서 논리를 짜던 첫 프로그래머들까지. 이들의 이야기는 우리에게 매우 중요한, 그러나 자주 잊히는 사실 하나를 일깨워 준다.

모든 과학 혁명의 화려한 성과 뒤에는 언제나 데이터를 수집하고, 분류하고, 처리하는 '끈질기고 지난한 노동'이 숨어 있다는 것이다. 천재 과학자의 번뜩이는 영감이나 거대한 슈퍼컴퓨터의 성능에 가려져, 종종 그 가치를 제대로 인정받지 못하고 무대 뒤편 보이지 않는 곳에 머물렀던 이 '데이터 노동Data Labor'이야말로, 우리가 앞으로 이야기할 거대한 AI 과학 혁명(제4 패러다임)을 지탱하는 가장 깊고 단단한 뿌리다. 뿌리가 없으면 나무도 없다. 이제 우리는 그 가려진 뿌리를 찾아 떠나는 여정을 시작하려 한다.

1950년대, 현대적인 '프로그램 내장식 컴퓨터Stored-program Computer (명령어 즉 소프트웨어를 메모리에 저장해 두고 꺼내 쓰는 방식)'가 등장하면서, 과학계는 인간의 손을 빌리지 않고도 복잡한 계산을 수행할 강력한 새 도구를 얻었다. 하지만 초기 컴퓨터들의 역할은 지극히 제한적이었다. 그것들은 주로 미사일이 날아가는 탄도 궤적을 계산하거나, 원자 폭탄 폭발 시뮬레이션의 수치를 대입하는 것처럼, 이미 정해진 수학 공식을 인간보다 수만 배 빠르고 정확하게 풀어내는 '슈퍼 계산기'에 불과했다.

그러던 1965년, 미국 스탠퍼드 대학의 연구실에서 기계가 과학의 질문에 답하는 방식을 근본적으로 바꾸려는 야심 찬, 다소 엉뚱한 시도가 시작되었다. 노벨 생리의학상 수상자인 조슈아 레더버그Joshua Lederberg와 인공지능 분야의 선구자 에드워드 파이겐바움Edward Feigenbaum이 의기투합하여, 과학적 문제를 해결하는 최초의 인공지능 '덴드랄' 프로젝트를 출범시킨 것이다.

덴드랄의 목표는 명확했다. 유기화학자들이 '질량 분석기Mass Spectrometer'라는 장비를 통해 얻은 데이터(질량 분석 데이터)를 보고, 미지의 유기 분자 구조를 추론하는 과정을 자동화하는 것이었다.

여기서 '질량 분석 데이터'란 마치 '산산조각 난 도자기 파편'과 같다. 과학자들은 분자를 강제로 쪼개어 그 파편들의 무게(질량)를 잰 뒤, 그 정보만을 가지고 원래 도자기가 어떤 모양이었는지를 역추적해야 한다. 이는 단순한 계산이 아니라 고도의 추리력이 필요한 영역이다. 숙련된 화학자는 이 암호 같은 파편들을 보고 자신의 오랜 경험과 직관을 총동원해 "이 조각을 보니 벤젠 고리가 있었겠군"이라며 원래 분자의 모습을 그려 낸다.

덴드랄은 바로 이 '숙련된 화학자의 머릿속'을 컴퓨터 코드로 그대로 옮기려는 시도였다.

연구팀은 실제 화학자들을 찾아가 집요하게 인터뷰했다. 그들이 문제를 풀 때 어떤 규칙을 사용하는지, 어떤 직관을 발휘하는지를 꼬치꼬치 캐물어 수백 가지의 '휴리스틱Heuristics'을 뽑아냈다. 휴리스틱이란 논리적으로 완벽하게 증명되지는 않았지만, 경험적으로 '대체로 맞다'고 여겨지는 '주먹구구식 법칙' 혹은 '장인의 감感'을 뜻한다.

예를 들어, '데이터 그래프에서 77번 피크가 높게 솟으면, 그 분자 안에는 벤젠 고리가 숨어 있을 확률이 높다'와 같은 식이다. 연구팀은 이렇게 채굴한 수백, 수천 개의 'If-Then(만약 ~라면, ~이다)' 규칙들을 컴퓨터가 이해할 언어로 프로그래밍해 넣었다. 이렇게 인간 전문가의 지식을 기계에 주입한 시스템을 우리는 '전문가 시스템Expert System'이라고 부른다. 덴드랄은 인류 역사상 최초로 성공한 전문가 시스템이었다.

결과는 대성공이었다. 덴드랄은 특정 종류의 유기 분자에 대해서는 박사급 화학자만큼이나 정확하게 그리고 인간이 며칠 걸릴 일을 단 몇 초 만에 해치우는 속도로 구조를 추론해 냈다. 이는 컴퓨터가 단순히 숫자를 더하고 빼는 계산기를 넘어, 특정 분야의 전문 지식을 가지고 논리적 '추론Reasoning'을 수행할 수 있음을 보여 준 기념비적인 사건이었다. 바야흐로 과학자가 자신의 고된 지적 노동 일부를 기계 파트너에게 위임할 가능성이 열린 것이다.

하지만 이 혁신적인 덴드랄도 명백하고 근본적인 한계가 있었다. 그것은 '스승을 넘지 못하는 제자의 운명'이었다. 덴드랄은 프로그래머가 입력해 준 규칙의 총합, 그 울타리를 결코 넘어설 수 없었다. 덴드랄은 주어진 지식을 바탕으로 추론할 수는 있었지만, 데이터로부터 스스로 새로운 화학 법칙을 발견하거나 새로운 규칙을 학습할 수는 없었다. 만약 인간 전문가가 미처 알지 못하는 새로운 유형의 분자가 나타나거나, 입력된 규칙에 어긋나는 예외 상황이 발생하면, 덴드랄은 바보처럼 멈춰 서거나 엉뚱한 답을 내놓았다.

이러한 접근 방식을 '지식 공학Knowledge Engineering'이라고 부른다. 인간의 머릿속에 있는 지식을 광부가 석탄을 캐내듯 공들여 채굴하고 정제해서 기계에 주입하는 방식이다. 덴드랄의 꿈은 인간 전문가를 완벽하게 복제하는 것이었지만, 그 꿈은 역설적으로 '인간 전문가가 아는 것'이라는 좁은 울타리 안에 갇혀 있었다.

과학이 한 단계 더 도약하기 위해서는, 인간이 일일이 가르쳐 주지 않아도 데이터 속에서 스스로 규칙을 찾아내고, 이 울타리를 스스로 부수고 나갈 새로운 차원의 기계 지능이 필요했다.

데이터의 홍수와 새로운 과학의 지도

과학 연구의 역사에서 컴퓨터의 역할이 조연에서 주연으로, 계산기에서 파트너로 격상된 결정적인 전환점은 1990년에 시작된 인류 최대의 생물학 프로젝트, '인간 게놈 프로젝트Human Genome Project'와 함께 찾아왔다. 13년에 걸쳐 인간의 몸을 구성하는 유전 정보 전체, 즉 30억 쌍에 달하는 염기 서열을 하나하나 읽어 내려는 이 무모한 도전은 생물학판 '아폴로 계획'이라 불렸다.

이 프로젝트가 과학계에 던진 충격은 생물학적 발견 그 이상이었다. 바로 '데이터의 폭발'이었다. 한 사람의 유전체 정보를 담은 원본 데이터의 크기는 200기가바이트GB에 달한다. 이는 오늘날 스마트폰 저장 용량과 비교하면 대수롭지 않게 느껴질 수 있으나, 플로피 디스크가 주된 저장 매체이던 1990년대에는 가늠하기 어려운 큰 숫자였다. 수십억 개의 조각으로 산산조각 난 염기 서열 데이터를 다시 조립하고, 그 안에서 유의미한 유전자를 찾아내는 일은 더 이상 인간의 눈과 손만으로는 불가능했다. 이때부터 과학은 데이터와의 전쟁이 되었고, 컴퓨터는 없어서는 안 될 필수적인 전우戰友가 되었다.

이러한 거대한 변화의 흐름을 읽은 마이크로소프트 리서치의 전설적인 컴퓨터 과학자 짐 그레이Jim Gray는 과학의 패러다임이 근본적으로 바뀌고 있다고 선언했다. 그는 인류의 과학 발견의 역사를 네 단계의 진화 과정으로 나누어 설명하는 명쾌한 개념적 지도를 제시했다.

제1 패러다임: 경험과학

수천 년간 인류가 세상을 이해해 온 가장 오래된 방식이다. 있는 그대로의 자연 현상을 '관찰'하고 '기록'하는 것이다. 고대 천문학자들이 밤하늘의 별을 보며 그 위치를 점토판에 기록하거나, 다윈이 갈라파고스 군도를 돌며 핀치새의 부리 모양을 스케치하고 분류하던 활동이 여기에 속한다. 이 시대의 과학은 인간의 오감五感을 총동원해 데이터를 수집하는, 말 그대로 '경험의 산물'이었다.

제2 패러다임: 이론과학

지난 수백 년간 근대 과학을 지배해 온 방식이다. 복잡한 현상 뒤에 숨어 있는 보편적인 법칙을 찾아내어 수학적 모델로 정리하는 것이다. 사과가 떨어지는 것을 보고 만유인력의 법칙을 정리한 뉴턴이나, 시간과 공간의 관계를 $E=mc^2$이라는 짧은 수식으로 압축한 아인슈타인이 대표적이다. 소수의 우아한 원리로 방대한 우주를 설명하려는 이 접근은 인간 지성의 승리였다.

제3 패러다임: 계산과학

지난 수십 년간 컴퓨터의 등장과 함께 열린 시대다. 이론만으로는 풀기에는 너무 복잡한 현상들, 예를 들어 수십 년 뒤의 기후 변화나 은하계의 충돌, 핵폭발 실험 같은 것들을 컴퓨터 속 가상 세계에서 '시뮬레이션'하는 방식이다. 현실에서 실험하기 어렵다면, 수식으로 만든 가상의 실험실에서 모의실험을 하면 된다. 과학자들은 실리콘 칩 안에서 태풍을 만들고 우주를 폭발시키며 미래를 예측했다.

그리고 짐 그레이가 정의한 네 번째 시대, 그것이 바로 지금 우리가 살고 있는 시대다.

제4 패러다임: 데이터집약적과학

실험(제1), 이론(제2), 시뮬레이션(제3)의 과정을 통해 생성되는 데이터의 양이 인간의 인지 능력을 넘어서면서 도래한 시대다. 이제 과학적 발견은 막대한 데이터를 탐색하고, 그 안에서 과거에는 볼 수 없었던 패턴과 지식을 찾아내는 능력에 의해 주도된다. 과거에는 과학자가 '이럴 것이다'라고 가설을 먼저 세우고 데이터를 모아 검증했다면, 제4 패러다임에서는 데이터가 먼저 말을 건다. 과학자가 미처 생각지도 못한 상관관계를 AI가 데이터의 바다에서 먼저 건져 올리고, 인간은 그것을 보고 새로운 가설을 역으로 만들어 낸다. 데이터는 이제 단순한 이론의 재료가 아니라, 그 자체가 발견의 출발점이자 목적지가 된 것이다.

인간 게놈 프로젝트는 이 제4 패러다임의 서막을 연 역사적인 사건이었다. 그리고 이 새로운 패러다임의 핵심 동력, 즉 인간의 머리로는 도저히 헤엄칠 수 없는 방대한 데이터의 대양을 항해하며 보물을 찾아주는 엔진이 바로 'AI'다.

지식 공학에서 지식 발견으로

이제 우리는 1960년대의 덴드랄과 2020년대의 최신 AI가 근본적으로 어떻게 다른지 명확히 이해할 수 있다. 그 결정적인 차이는 바로 '지식 공학'에서 '지식 발견'으로의 거대한 전환에 있다.

덴드랄은 제3 패러다임, 즉 계산과학 시대의 정점에 있는 도구였다. 이것은 인간이 이미 알고 있는 지식과 이론을 컴퓨터 코드로 번역해 넣어 준 뒤, 기계가 그 규칙에 따라 성실하게 계산만 수행하게 만든 시스템이었다. 비유하자면 덴드랄은 선생님(인간)이 가르쳐 준 교과서 내용만 달달 외워서 시험을 치는 '성실한 모범생'과 같았다. 그 지식의 원천은 어디까지나 인간이었기에, 인간이 모르는 것은 기계도 알 수 없었다.

반면, 2020년에 50년간 난제였던 단백질 구조 예측 문제를 해결하며 전 세계를 충격에 빠뜨린 '알파폴드'는 제4 패러다임이 낳은 완전히 새로운 종류의 도구다. 알파폴드는 생화학 전문가들에게 '단백질은 이런 원리로 접힌다'라는 물리화학적 규칙을 배우지 않았다. 즉, 교과서를 펴놓고 수업을 듣지 않은 것이다.

대신 알파폴드는 지난 50년간 전 세계의 구조생물학자들이 땀과 눈물로 규명하여 '단백질 정보은행Protein Data Bank', PDB라는 공개 데이터베이스에 차곡차곡 쌓아둔 17만 개의 정답지(단백질 구조 데이터)를 통째로 집어삼켰다. 1971년에 고작 일곱 개의 구조로 시작했던 이 데이터베이스는, 그 자체가 인류가 수십 년에 걸쳐 축적한 집단적 지성의 결정체였다. 알파폴드는 이 방대한 데이터의 바다를 헤엄치며, 아미노산 서열과 최종 3차원 구조 사이에 숨겨진 '보이지 않는 패턴'과 '접힘의 문법'을 스스로 터득했다.

이것이 바로 '지식 발견'이다. 인간이 일일이 규칙을 떠먹여 주지 않아도, 기계가 데이터 속에서 스스로 지식을 캐내는 방식이다. 지식 공학 시스템은 스승인 인간의 지식이라는 '천장'을 결코 뚫을 수 없지만, 지식 발견 시스템은 데이터 속에 숨겨져 있었으나 인간의 편협한 직관으로는 미처 보지 못했던 새로운 패턴과 해법을 찾아낸다. 인간의 언어나 수식으로는 정의하기 힘든 복잡계의 문제들을 해결하는 열쇠가 바로 이 '기계적 직관'에 있다.

[표 1-1] 제4 패러다임의 연대표

연대	이정표	주요 인물/기관	과학에 미친 영향
1950년대 이전	인간 계산원	다수	복잡한 과학 계산을 수동으로 수행
1965년	덴드랄	스탠퍼드 대학	과학적 가설 형성을 위한 최초의 전문가 시스템
1971년	단백질 정보 은행(PDB) 설립	월터 해밀턴	구조생물학 데이터 공개 및 공유 시대 개막
1979년~	ERA5 데이터셋 구축 시작	ECMWF	수십 년간의 기상 데이터를 축적하여 AI 기상 예측의 기반 마련
1990-2003년	인간 게놈 프로젝트	국제 컨소시엄	데이터집약적과학의 시대를 연 거대과학 프로젝트
2009년	'제4 패러다임' 개념 정립	마이크로소프트 리서치	데이터집약적과학 발견의 개념을 공식화
2010년	태양 역학 관측 위성(SDO) 발사	나사(NASA)	AI 태양물리학 연구를 위한 장기 고품질 데이터 제공
2012년	알렉스넷(AlexNet)	토론토 대학	이미지 인식 대회에서 압도적 성능으로 딥러닝 시대 개막
2016년	알파고, 이세돌을 이기다	구글 딥마인드	바둑에서 인간 챔피언을 이기며 AI의 창의적 능력 입증
2020년	알파폴드, 단백질 접힘 문제 해결	구글 딥마인드	50년 과학 난제 해결, AI가 기초 과학의 핵심 도구로 부상
2022년	AI, 핵융합 플라스마 제어 성공	딥마인드, EPFL	핵융합로 내부의 초고온 플라스마를 실시간으로 제어
2023년	GNoME, 신소재 발견	구글 딥마인드	220만 개의 새로운 안정적 결정 구조 예측
2023년	GraphCast, 기상 예측 혁신	구글 딥마인드	기존 슈퍼컴퓨터 모델보다 빠르고 정확한 열흘치 기상 예보
2023년	FunSearch, 수학적 발견	구글 딥마인드	LLM을 이용해 미해결 조합론 문제의 새로운 해법 발견
2024년	AI 과학, 노벨상 수상	딥마인드, 힌튼, 홉필드	AI의 과학적 기여를 노벨상이 공식적으로 인정

　이 근본적인 전환은 과학 연구의 풍경을 송두리째 바꾸고 있다. 과거의 영웅은 뛰어난 이론을 세우는 위대한 과학자였고, 컴퓨터는 그 이론을 증명하기 위해 계산을 돕는 조수였다. 하지만 이제는 잘 구축된 데이터와 뛰어난 AI가 먼저 현상의 법칙을 발견하고, 과학자는 AI가 찾아낸 결과가 무엇을 의미하는지 해석하고 역으로 이론을 정립하는 '탐험가'이자 '해설가'의 역할로 이동하고 있다. 주객이 전도된 것이 아니라, 인간과 기계의 역할 분담이 진화한 것이다.

　39페이지에 수록한 연대표는 인간이 직접 계산하던 '인간 계산원'의 시대에서, 기계가 스스로 법칙을 찾는 'AI 과학자'의 시대로 넘어오는 이 장대한 여정의 주요 이정표들을 보여 준다. 이것은 앞으로 펼쳐질 이야기들의 연대기적 지도Map인 셈이다.

　이 지도를 따라가다 보면, 우리는 컴퓨터가 어떻게 단순한 덧셈 기계에서 과학적 발견을 주도하는 동반자로 진화했는지, 그 과정이 인류의 지식 탐험을 어떻게 가 보지 못한 새로운 차원으로 이끌고 있는지를 생생하게 목격하게 될 것이다.

제2장

알파폴드 모멘트: 생명의 코드를 풀다

우리는 생명의 설계도를 가졌으나 그것이 어떤 형태로 구현되는지는 오랫동안 알지 못했다. 동일한 성분의 분자들이 전혀 다른 운명을 맞는 이유는 단백질이 스스로를 접는 방식에 있었다. 반세기 동안 난공불락이었던 이러한 난제를 인공지능은 전혀 다른 방식으로 해답을 풀기 시작했다. 이는 생명 이해의 패러다임이 전환되는 '알파폴드 모멘트'의 장엄한 서막이다.

지상 최고 난도의 종이접기

거리의 풍선 아티스트를 떠올려 보자. 그의 손에 들린 길고 가는 고무풍선은 그저 볼품없는 막대기에 불과하다. 하지만 아티스트가 풍선을 비틀고, 꼬고, 접는 순간, 그것은 순식간에 귀여운 강아지가 되기도 하고 화려한 꽃송이가 되기도 한다. 1차원의 단순한 선이 공간 속에서 어떻게 접히느냐에 따라 전혀 다른 기능과 의미를 띄는 3차원의 존재로 다시 태어나는 것이다. 이것은 일종의 작은 마법이다.

놀랍게도 우리 몸속 가장 깊은 곳에서는 이보다 훨씬 정교하고 경이로운 마법이 매 순간, 수조 번씩 일어나고 있다. 생명의 설계도인 DNA가 명령을 내리면, 아미노산이라는 이름의 스무 종류 구슬이 순서대로 꿰어져 긴 사슬을 만든다. 하지만 갓 만들어진 이 아미노산 사슬은 그 자체로는 아무런 의미도, 기능도 없는 흐물흐물한 실 한 가닥에 불과하다. 생명 활동은 이 실이 스스로를 순식간에 접고, 비틀고, 꼬아서 지극히 정교하고 독특한 입체 구조, 즉 '단백질'이라는 완성된 형태를 갖출 때 비로소 시작된다.

이 3차원 구조가 곧 단백질의 운명을 결정한다. 우리 몸을 구성하고 생명 활동을 조율하는 거의 모든 일은 이 나노 기계들이 맡는다. 우리 피를 붉게 만들며 산소를 운반하는 헤모글로빈, 외부에서 침입한 바이러스와 싸우는 Y자 모양의 항체, 음식물을 잘게 부수어 에너지를 만드는 소화 효소까지. 이 모든 것은 성분은 같지만 각기 다른 모양으로 접힌 단백질들이다. '모양이 곧 기능'인 이 세계에서, 단백질이 자신의 고유한 형태를 찾아가는 '접힘Folding' 과정은 생명이 존재하기 위한 가장 근본적이고 필수적인 행위라 할 수 있다.

그런데 바로 이 지점에 인간의 이성으로는 도저히 이해할 수 없는 거대한 수수께끼가 숨어 있다. 1969년, 미국의 분자생물학자 사이러스 레빈탈Cyrus Levinthal은 간단한 사고 실험을 통해 충격적인 사실을 지적했다. 단백질이 가장 안정적인 최종 구조를 찾기 위해 가능한 모든 접힘의 경우의 수를 무작위로 하나씩 시도해 본다면, 물리적으로 얼마나 걸릴까 하는 계산이었다.

일반적인 크기의 단백질 하나가 가질 접힘의 경우의 수는 우주 전체에 존재하는 원자의 수보다도 많은 천문학적인 숫자(10의 300승)에 달한다. 만약 단백질이 찰나의 순간마다 모양을 바꿔 가며 가장 완벽한 형태를 찾으려 시도한다면, 우주의 나이인 138억 년을 다 합친 것보다 더 긴 시간이 걸린다는 계산이 나온다. 이것이 바로 그 유명한 '레빈탈의 역설Levinthal's Paradox'이다.

하지만 현실은 어떤가? 자연계의 단백질은 우주의 시간을 소비하는 대신, 단 1밀리초(1/1000초) 만에 망설임 없이 완벽하게 제 모양을 찾아 접힌다. 마치 복잡한 미로의 출구를 이미 알고 있는 것처럼, 혹은 보이지 않는 지름길의 지도를 가진 것처럼 말이다. 지난 50년 동안 생물학자들은 자연이 숨겨 놓은 이 비밀 지름길의 지도를 찾아내기 위해 필사적으로 매달렸다. 이것이 바로 '단백질 접힘 문제Protein Folding Problem'라 불리는, 현대 생명과학계의 가장 위대하고도 오래된 난제였다.

이 문제는 단순히 상아탑 속에 갇힌 지적 호기심의 대상이 아니었다. 그것은 인류의 고통과 직결된 문제였다. 단백질이 접히는 과정에서 아주 작은 실수라도 일어나 잘못된 모양으로 접히면, 제 기능을 못하는 고철 덩어리가 되는 것을 넘어 치명적인 흉기로 돌변한다. 잘못 접힌 단백질들은 서로 엉겨 붙어 끈적끈적한 덩어리(응집체)를 형성하고, 이것이 세포를 파괴하는 독성 물질이 된다. 알츠하이머병 환자의 뇌를 잠식하는 아밀로이드 플라크Amyloid plaques나, 파킨슨병 환자의 신경 세포를 서서히 죽이는 루이소체Lewy bodies는 모두 이렇게 종이

접기에 실패한 단백질들이 쌓여 만들어진 비극의 흔적이다. 따라서 단백질이 어떻게 접히는지 그 숨겨진 규칙을 이해하는 것은, 이 끔찍한 불치병들의 근본 원인을 파헤치고 새로운 치료법을 개발하는 유일한 열쇠와도 같았다.

과학자들은 이 난공불락의 문제를 풀기 위해 오랫동안 물리학의 원리에 의존했다. 단백질을 구성하는 수천 개의 원자들 사이에서 일어나는 밀고 당기는 힘, 전하의 이동, 주변 물 분자와의 충돌 등 모든 물리적 상호 작용을 계산하여 가장 에너지가 낮은 안정적인 구조를 예측하려는 '정공법'이었다. 이는 마치 태양계 행성들의 궤도를 뉴턴의 법칙으로 계산해 내듯, 생명 현상을 수식으로 풀어내려는 시도였다.

하지만 단백질이라는 미시 세계는 거대한 행성계와는 비교할 수 없을 만큼 복잡하고 혼란스러웠다. 고려해야 할 변수가 너무나 많았기에, 지구상에서 가장 강력한 슈퍼컴퓨터를 수년 동안 돌려도 완벽한 계산은 불가능했다. 문제 저변에 있는 규칙(물리 법칙)은 대략 이해하지만, 그 규칙을 적용하기에는 현실의 변수가 압도적으로 많은 상황. 이것은 전통적인 '계산과학(제3 패러다임)'의 방식이 명백한 한계에 부딪혔음을 의미했다. 이 교착 상태를 돌파하기 위해서는 완전히 새로운 접근법이 필요했다. 인간이 일일이 규칙을 계산해서 알려 주는 대신, 방대한 데이터의 바다에서 스스로 규칙을 터득해 내는 새로운 차원의 지능이 등장해야만 했던 것이다.

거인의 어깨 위에서: 단 일곱 개의 벽돌로 시작된 거대 도서관

AI의 눈부신 도약은 결코 진공 속에서 홀로 일어나지 않았다. 모든 위대한 혁신이 그렇듯, 그것은 수십 년간 이름 없는 수많은 과학자가 묵묵히 쌓아 올린 '데이터'라는 거인의 어깨 위에서만 가능했다. 알파폴드가 써 내려간 기적 같은 이야기는 바로 이 사실을 가장 극적으로 증명해 준다. 그리고 그 이야기의 중심에는 단백질 정보은행, PDB라는 과학계가 만든 가장 위대한 공공 도서관 중 하나가 우뚝 서 있다.

오늘날 우리는 클릭 몇 번으로 컴퓨터 화면에서 화려한 단백질의 3차원 구조를 요리조리 돌려 볼 수 있지만, 불과 수십 년 전만 해도 단백질 하나의 정확한 모양을 알아내는 것은 한 사람의 청춘 그 자체를 바쳐야만 하는, 그야말로 '고난의 행군'이었다. 당시 가장 보편적으로 쓰인 방법은 '엑스선 결정학X-ray Crystallography'이었는데, 인간 인내심의 극한을 시험하는 일에 가까웠다.

상상해 보자. 먼저 눈에 보이지도 않는 단백질을 고농도로 정제해, 소금 알갱이처럼 아주 작은 '결정Crystal'으로 만들어야 한다. 생체 물질을 딱딱한 결정으로 만드는 이 과정 자체가 수년이 걸릴 수도 있는 까다로운 작업이다. 운 좋게 결정이 만들어지면, 그 결정에 강력한 엑스선 빔을 쏘아 통과시킨다. 그러면 엑스선은 결정 내부의 원자들에 부딪혀 사방으로 흩어지며(회절), 필름 위에 복잡한 얼룩무늬 같은 패턴을 남긴다. 과학자들은 마치 2차원 그림자(얼룩무늬)만 보고 3차원 물체의 원래 모양을 역추적하듯, 복잡한 수학 계산과 수없는 시행착오를 거쳐 단백질의 원자 배열을 하나하나 추론해 내야 했다. 그것은 어둠 속에서 손끝의 감각만으로 코끼리의 생김새를 그려 내는 것과 다름없는 고된 노동이었다.

1971년, 이렇게 뼈를 깎는 노력으로 얻어 낸 지식을 소수의 연구실 서랍 속에만 가둬두어서는 안 된다는 선구적인 생각이 싹텄다. 미국 브룩헤이븐 국립 연구소Brookhaven National Laboratory의 월터 해밀턴Walter Hamilton을 비롯한 선구적인 과학자들은, 자신들이 평생을 바쳐 규명한 단백질 구조 데이터를 전 세계 과학자 누구나 자유롭게 열람하고 이용할 수 있도록 '공개 데이터베이스'를 만들기로 결심했다. 이렇게 단 일곱 개의 구조 데이터로 소박하게 시작한 것이 바로 오늘날의 PDB다.

PDB는 과학계의 '오픈 소스' 정신이 이룩한 가장 위대한 성취였다. 수년의 땀방울 끝에 단백질 구조 하나를 밝혀낸 연구자들은, 그 귀중한 보물(좌표 데이터)을 독점하는 대신 기꺼이 PDB에 기탁했다. 이는 눈앞의 성과에 대한 소유욕을 넘어, 인류의 지식이라는 더 큰 탑을 함께 쌓아 올리려는 숭고한 연대 의식의 발로였다. 이러한 건설적인 문화 덕분에 PDB는 지난 반세기 동안 꾸준히 성장했다. 2020년 알파폴드가 등장하기 직전까지, PDB에는 약 17만 개의 단백질 구조가 축적되어 있었다.

이 17만 개의 데이터는 단순한 파일의 집합이 아니었다. 그것은 지난 50년간 전 세계 구조생물학자들이 바친 시간과 땀, 집단 지성이 응축된 결정체이자 알파폴드라는 AI 학생이 생명의 문법을 독학할 수 있었던 유일무이한 교과서였다. 교과서가 없었다면 천재 학생도 없었을 것이다.

알파폴드의 위업은 표면적으로 딥마인드라는 한 기업의 승리처럼 비칠 수 있다. 그러나 그 이면을 들여다보면, 수십 년간 세금으로 유지되고 수만 명 과학자의 자발적 기여로 축적된 PDB가 없었다면 결코 불가능했을 일이다. 이것이 우리에게 시사하는 바는 명확하고도 묵직하다. 혁신은 한 명의 천재나 하나의 기업이 홀로 쌓아 올린 탑이 아니라, 개방과 공유의 정신 위에서 함께 피워 낸 꽃이라는 사실이다. PDB는 이 새로운 AI 과학의 시대가 어디에서부터 시작되었는지를 잊지 않게 해 주는, 가장 확실하고도 아름다운 기념비다.

바둑판을 넘어 생명이라는 미로 속으로

2016년 3월, 전 세계는 인공지능이 인간만의 고유한 성역이라 믿어 의심치 않았던 '직관'과 '창의성'이라는 높은 성벽을 넘어서는 역사적인 순간을 목격했다. 구글 딥마인드가 개발한 AI '알파고'가 세계 최강의 바둑 기사 이세돌 9단을 꺾은 사건은 단순한 대국 이상의 충격이었다. 하지만 정작 이 파란의 중심에 있던 딥마인드의 창업자, 데미스 허사비스의 시선은 바둑판 너머의 더 먼 곳을 향하고 있었다.

어린 시절 체스 신동으로 불렸던 그는 과거 IBM의 슈퍼컴퓨터 '딥블루'가 세계 체스 챔피언 가리 카스파로프 Garry Kasparov를 꺾었을 때를 기억하고 있었다. 당시 그는 기계의 압도적인 계산 능력보다, 오히려 불리한 상황에서도 끊임없이 학습하고 적응하며 새로운 수를 찾아 내는 카스파로프의 '인간적인 지성'에 더 깊은 감명을 받았다. 이러한 이유로 허사비스는 정해진 규칙 안에서 계산만 잘하는 기계가 아닌, 인간처럼 어떤 낯선 문제에 부딪혀도 스스로 학습하여 해법을 찾아내는 범용 인공지능AGI을 꿈꾸게 되었다.

알파고의 성공은 바로 그 꿈을 향한 중요한 이정표였다. 알파고가 보여 준 진정한 혁신은 인간이 수천 년간 쌓아 온 기보를 학습했다는 점이 아니었다. 알파고는 자기 자신과 수백만 번의 대국을 두는 '강화학습Reinforcement Learning'이라는 과정을 통해, 인류 역사상 그 어떤 바둑 기사도 두지 않았던 창의적인 수를 스스로 '창조'해 냈다. 이는 AI가 단순히 인간의 지식을 모방하고 정리하는 수준을 넘어, 인간이 미처 도달하지 못한 새로운 지식을 '발견'할 잠재력을 입증한 결정적 사건이었다.

역사적인 대국이 끝난 후, 딥마인드 팀은 중대한 기로에 섰다. "우리는 이 강력한 지성을 가지고 다음에 무엇을 할 것인가?" 허사비스와 그의 동료는 더 복잡한 게임을 정복하거나 돈이 되는 상업적 서비스에 집중하는 대신, 인류에게 가장 큰 혜택을 줄 '현실 세계의 난제'에 정면으로 도전하기로 결심했다. 그들은 과학계의 '그랜드 챌린지', 즉 오랫동안 수많은 천재 과학자를 좌절하게 했지만, 해결만 된다면 세상을 바꿀 근본적인 문제를 찾아 나섰다. 그리고 그들의 레이더망에 포착된 첫 번째 목표가 바로 50년 묵은 생물학의 미스터리, 단백질 접힘 문제였다.

이 결정은 AI의 역사를 바꾼 거대한 전환점이었다. 이전까지 실리콘밸리의 AI 연구는 주로 클릭률을 높이기 위한 광고 최적화나, 고양이 사진을 분류하는 이미지 인식 같은 상업적 문제 해결에 집중되어 있었다. 하지만 딥마인드는 AI를 인류의 지적 지평을 넓히는 '과학적 발견의 엔진'으로 사용하겠다는 야심 찬 비전을 세상에 제시했다.

그들은 단백질 접힘 문제를 단순히 복잡한 물리학 계산 문제로 보지 않았다. 대신 그들은 이것을 알파고를 통해 검증된 '지식 발견 엔진'을 시험할 완벽한 무대로 여겼다. 바둑판 위에서 돌들이 놓이는 패턴을 학습해 '신의 한 수'를 찾아냈듯이, 아미노산 서열이라는 데이터의 패턴을 학습하면 생명의 비밀인 3차원 구조도 풀어낼 수 있을 것이라 믿었다. 이것은 AI를 인간의 일을 돕는 '효율성의 도구'에서, 미지의 영역을 함께 개척하는 '발견의 동반자'로 격상시키려는 시도였으며, 과학의 패러다임 자체를 송두리째 바꿀 거대한 실험의 시작이었다.

'있을 수 없는' 결과

생물학계는 2년마다 그들만의 월드컵을 연다. 바로 '단백질 구조 예측 학술 대회Critical Assessment of Structure Prediction', CASP다. 1994년부터 시작된 이 대회에서는 전 세계의 내로라하는 연구팀들이 각자 개발한 예측 프로그램을 들고 나와 실력을 겨룬다.

대회의 진행 방식은 마치 철통 보안 속에서 치러지는 수능 시험과 같다. 대회 운영진은 실험을 통해 막 3차원 구조를 밝혀냈지만, 아직 세상에 그 정답을 공개하지 않은 단백질들의 '아미노산 서열'만을 문제지로 나눠준다. 참가팀들은 오직 이 서열 정보만을 단서로 삼아, 해당 단백질이 실제로 어떻게 접혀 있을지 3차원 구조를 예측해 답안지로 제출해야 한다. 운영진은 이 예측 모델이 금고 속에 숨겨 둔 실제 실험 결과(정답)와 얼마나 일치하는지를 픽셀 단위로 겹쳐 보며 엄격하게 채점한다.

지난 수십 년간 CASP의 성적표는 조금씩 나아지고 있었지만, 냉정히 말해 그 누구도 실험을 대체할 만한 수준에는 도달하지 못했다. 예측 모델은 연구의 방향을 잡는 유용한 '참고 자료'는 될 수 있었어도, 과학적 사실을 입증하는 '결정적 증거'가 되기에는 턱없이 부족했다. 2010년대 중반까지도 예측 정확도는 보이지 않는 천장에 가로막힌 듯 답보 상태에 머물러 있었다. '역시 생명의 신비는 컴퓨터 따위로 풀 수 없다'는 회의론이 고개를 들었다.

그러던 2020년 11월, 제14회 대회(CASP14)의 결과가 발표되던 날, 과학계는 전율에 가까운 거대한 충격에 휩싸였다. 구글 딥마인드가 출품한 '알파폴드2'가 보여 준 결과는 이전 대회들과는 차원이 다른 도약이었기 때문이다. 그것은 단순한 기술적 개선Evolution이 아니라, 게임의 규칙 자체를 송두리째 뒤엎는 혁명Revolution이었다.

이 대회의 핵심 평가 척도는 '전역 거리 테스트GDT_TS' 점수다. 100점 만점에 90점을 넘으면, AI가 예측한 구조와 실제 실험으로 얻은 구조 사이의 오차가 원자 크기 수준에 불과하다는 뜻이다. 즉, 둘은 사실상 '동일한 품질'로 간주된다. 이전 대회까지 90점이라는 점수는 인간의 영역 밖, 신의 영역에 가까운 점수였다. 극히 예외적이고 쉬운 문제에서나 간혹 나올 법한 수치였다. 하지만 알파폴드2는 출제된 단백질의 약 3분의 2에 대해 90점 이상의 점수를 기록했다. 전체 평균 점수는 무려 92.4점에 달했다. 2등 팀과도 압도적인 격차를 벌린, 통계적으로 '있을 수 없는' 수준의 정확도였다.

지난 25년간 이 대회를 주관하며 숱한 실패를 지켜봐 온 메릴랜드 대학의 존 몰트John Moult 교수는 결과 발표 당시의 흥분을 감추지 못하고 이렇게 선언했다.

"이건 정말 역사적인 순간입니다. 어떤 의미에서는 문제가 해결되었다고 할 수 있습니다. 적어도 단일 단백질에 대해서는 말이죠. 우리가 이 문제를 50년 동안 붙들고 씨름해 왔는데, 마침내 이런 날이 오다니 정말 놀랍습니다."

알파폴드2의 성공은 경연 대회에서 1등을 했다는 단순한 의미를 뛰어넘었다. 그것은 컴퓨터 모델이 수년간의 고된 실험실 노동을 대체할 시대가 열렸음을 알리는 신호탄이었다. 한 명의 연구자가 엑스선 장비와 씨름하며 평생을 바쳐야 겨우 몇 개의 구조를 풀 수 있었던 '장인Artisan의 시대'는 종말을 고했다. 바야흐로 수십억 년의 진화가 빚어낸 거의 모든 단백질의 구조를, 방구석의 컴퓨터로 단 며칠 만에 알아낼 새로운 시대가 개막한 것이다. 과학자들이 생명 현상을 연구하고 이해하는 방식 자체가 근본적으로 바뀌는 순간, 바로 '알파폴드 모멘트AlphaFold Moment'가 도래한 것이다.

생물학의 문법을 배우다

도대체 알파폴드는 어떻게 지난 50년 동안 인류 최고의 석학들을 좌절시켰던 난제를 단숨에 풀어낼 수 있었을까? 그 비결은 더 복잡한 물리학 공식을 사용한 데 있지 않았다. 오히려 문제를 바라보는 관점

자체를 180도 바꾼 '발상의 전환'에 있었다. 딥마인드 연구팀은 단백질 접힘 문제를 원자들의 물리적 상호 작용 문제가 아니라, 아미노산이라는 단어로 이루어진 '언어 번역'의 문제로 재해석했다.

이 혁신의 중심에는 '트랜스포머Transformer'라는 인공지능 모델이 있다. 흥미롭게도 이 모델은 원래 구글이 생물학 연구가 아니라, 영어를 프랑스어로 번역하는 것과 같은 자동 번역 서비스를 개선하기 위해 개발한 기술이었다. 트랜스포머가 가진 마법 같은 능력의 핵심은 문장 속에 숨겨진 '맥락Context'을 파악하는 데 있다. 인간의 언어를 예로 들어 보자. "그는 강둑에 앉아 낚싯대를 던졌다." 이 문장에서 '강둑'이라는 단어와 '낚싯대'라는 단어는 물리적으로는 문장의 앞과 뒤에 멀리 떨어져 있다. 하지만 의미상으로 이 둘은 떼려야 뗄 수 없는 끈끈한 관계다. '낚싯대'라는 단어가 있기에 우리는 앞의 '강둑Bank'이 돈을 맡기는 은행Bank이 아니라, 물이 흐르는 강가Riverbank임을 명확히 알 수 있다.

트랜스포머는 바로 이 보이지 않는 의미의 연결 고리를 찾아낸다. 이 모델은 '어텐션 메커니즘Attention Mechanism'이라는 독창적인 방식을 사용하여, 문장 속에 있는 모든 단어가 다른 모든 단어와 얼마나 긴밀하게 관련되어 있는지를 동시에 계산한다. 즉, 거리에 상관없이 서로 '주목Attention'해야 할 단어끼리 짝을 지어줌으로써 문장의 진짜 의미를 파악하는 것이다.

알파폴드 연구팀은 이 언어학적 아이디어를 생물학의 세계로 그대로 가져왔다. 그들은 아미노산들이 길게 늘어선 1차원 사슬을 하나의 '문장'으로, 꼬불꼬불하게 접힌 최종 3차원 구조를 그 문장이 품고 있는 '의미'라고 간주했다. 단백질의 세계에서도 언어와 똑같은 일이 벌어진다. 1차원 사슬에서는 아주 멀리 떨어져 있는 아미노산들이지만, 단백질이 3차원으로 접히고 나면 서로 바싹 붙어서 서로를 당기거나 밀어내는 중요한 상호 작용을 하는 경우가 많다. 마치 문장 속의 '강둑'과 '낚싯대'처럼 말이다. 이것이 바로 단백질 접힘을 지배하는 핵심 규칙, 즉 생물학의 '문법'이다. 알파폴드는 트랜스포머의 어텐션 메커니즘을 이용해, 멀리 떨어진 아미노산들이 공간상에서 어떻게 만나는지에 대한 이 문법을 학습했다.

알파폴드는 교과서를 보며 공부하지 않았다. 대신 '단백질 정보 은행PDB'에 저장된 17만 개의 '정답지'(실험으로 이미 밝혀진 3차원 구조)와, 수백만 개의 단백질 서열 데이터(진화의 역사가 담긴 참고서)를 닥치는 대로 읽어들였다. 이 방대한 학습 과정에서 AI는 어떤 아미노산과 어떤 아미노산이 짝을 이루어 가까이 붙어 있을 가능성이 높은지, 그들 사이의 거리는 정확히 몇 옹스트롬Å(0.1 나노미터)이 될지, 그들을 연결하는 화학적 결합의 각도는 몇 도가 되어야 하는지를 예측하는 법을 스스로 터득해 나갔다.

이것은 물리학자가 칠판에 복잡한 방정식을 써가며 하나하나 푸는 방식과는 차원이 달랐다. 그것은 수많은 예문을 읽으며 자연스럽게 언어의 패턴을 익히는 과정에 가까웠다. 마치 어린아이가 두꺼운 문법책을 달달 외우지 않고도, 수많은 대화를 듣고 따라 하면서 자연스럽게 유창한 모국어를 구사하게 되는 것과 같다. 알파폴드는 데이터라는 대화 속에서 생명의 언어를 스스로 터득한 것이다.

이러한 접근법의 진정한 위력은 인간이 가진 지식의 한계와 편견을 뛰어넘는다는 데 있다. 지난 수십 년간 과학자들은 단백질 접힘을 지배하는 완벽한 물리·화학적 원리를 찾아내려 애썼지만, 자연의 복잡성은 인간의 계산 능력을 비웃듯 번번이 우리를 좌절시켰다. 반면 알파폴드는 '이래야 한다'는 인간의 이론적 선입견 없이, 오직 데이터가 있는 그대로 보여 주는 패턴에만 집중했다. 그 결과, 과학자가 아직 완전히 이해하지 못하거나 놓치고 있었던 미세하고 복잡한 상호작용의 규칙까지도 기계가 스스로 찾아내어 학습했고, 마침내 놀라운 정확도에 도달할 수 있었다.

이는 과학적 발견의 패러다임이 인간이 지식을 주입하는 '지식 공학'에서, 기계가 지식을 찾아내는 '지식 발견'으로 넘어가고 있음을 보여 주는 가장 상징적인 사례다. 우리는 이제 인간이 아는 규칙을 기계에 가르치는 시대를 지나, 기계가 데이터의 바다에서 건져 올린, 인간이 몰랐던 새로운 규칙을 통해 세상을 다시 배우는 시대로 진입하고 있다.

독점이 아닌 공유로: 과학 역사상 가장 거대한 선물

CASP14에서의 압도적인 성공 직후, 전 세계 생물학계에는 환희와 함께 묘한 긴장감이 감돌았다. 그것은 압도적인 힘을 가진 새로운 지배자의 등장을 바라보는 두려움에 가까웠다. 과학자들의 뇌리에는 본능적인 질문이 스쳐 지나갔다. '만약 구글이 이 신의 도구를 독점한다면 어떻게 될까?'

신약 개발은 '황금알을 낳는 거위'와 같다. 단백질 구조 정보는 그 거위를 키우는 핵심 열쇠다. 만약 이 혁명적인 기술이 소수의 거대 기업이나 자본의 금고 속에 갇혀 버린다면, 인류의 지식 격차는 돌이킬 수 없이 벌어질 것이 뻔했다. 가난한 연구소는 도태되고, 자본을 쥔 자만이 생명의 비밀을 독점하는 '과학의 빈익빈 부익부' 시나리오는 결코 기우가 아니었다.

하지만 2021년 7월, 반전이 일어났다. 딥마인드는 모두의 예상을 뒤엎고, 이익 독점이 아닌 '완전한 공유'를 선택했다. 그들은 유럽 분자생물학 연구소EMBL-EBI와 손잡고, 알파폴드가 예측한 단백질 구조 데이터를 전 세계에 무료로 공개하겠다고 밝힌 것이다. 이는 인공지능이 만들어 낸 지식을 인류 공동의 자산으로 돌려놓겠다는 선언에 가까웠다. 과학 역사상 유례를 찾기 힘든, 가장 거대한 '지적 선물'이었다. 데이터베이스가 처음 문을 열었을 때, 그 안에는 인간의 모든 단백질(약 2만 개)을 포함해 무려 36만 5천 개의 구조가 담겨 있었다. 인류가 지난 50년 동안 PDB에 한 땀 한 땀 쌓아 올린 데이터의 총량(약 17만 개)을, AI는 단 한 번의 공개로 두 배 넘게 뛰어넘어 버린 것이다. 하지만 이것은 시작에 불과했다. 딥마인드는 이후 멈추지 않고 데이터를 기하급수적으로 확장해 나갔다. 현재 이 데이터베이스에는 지구상에 존재하는 동물, 식물, 박테리아 등 거의 모든 종의 단백질 구조가 약 2억 개 이상 담겨 있다. 실로 '생명의 지도' 전체를 인류의 손에 쥐어 준 셈이다.

이와 같은 결정은 과학 연구의 풍경을 하루아침에 송두리째 바꾸어 놓았다. 어제까지만 해도 단백질 구조 하나를 새로 밝혀내려면 수억 원짜리 실험 장비와 박사급 인력의 수년 치 노동이 필요했다. 하지만 오늘부터는 인터넷이 연결된 노트북 한 대만 있으면 충분하다. 개발도상국의 작은 대학 연구실 소속 학생도 글로벌 대형 제약사의 수석 연구원과 다름없는 조건에서 연구를 시작할 길이 열린 것이다.

이것이야말로 과학의 진정한 '민주화'다. 이제 위대한 발견을 위해 필요한 가장 중요한 자원은 '비싼 장비'나 '자본'이 아니다. 오직 연구자의 번뜩이는 '아이디어'와 '창의성'만이 승부를 가르는 시대가 열린 것이다.

전 세계 연구실에서는 탄성이 터져 나왔다. 이제 과학자들은 불확실한 실험에 매달리는 대신, 검색창에 단백질 이름을 입력하는 것만으로 수년간의 시간을 절약하게 되었다. 연구실의 풍경도 바뀌었다. 무언가를 검색할 때 "구글링Googling한다"라고 말하듯, 이제 생물학자들은 "그 구조, 알파폴딩AlphaFolding해 봤어?"라는 말을 일상적으로 주고받는다. 그리고 실험실, 학위 논문 심사, 학회 등에서 "I alphafolded it(내가 그것을 알파폴드했다)" 또는 "Can we AlphaFold our way out of the next pandemic(다음 팬데믹을 알파폴드로 해결할 수 있을까)?"과 같은 표현이 일상적으로 사용되고 있다. 현재 전 세계 190개국, 200만 명이 넘는 연구자가 이 무료 데이터베이스에 접속해 암 정복을 위한 신약, 신종 바이러스 백신, 플라스틱 분해 효소 등 인류를 구원할 연구에 박차를 가하고 있다.

결국 알파폴드가 보여 준 진정한 위력은, 50년 난제를 풀어낸 압도적인 '기술력' 그 자체에 머물지 않았다. 그 기술이 찾아낸 해법을 사유화하지 않고 인류 모두와 나누기로 한 그 대담한 '결정'에 있었다.

기술은 세상을 놀라게 했지만, 공유는 세상을 뿌리부터 바꾸고 있다.

거대한 파도의 첫 물결

알파폴드 데이터베이스라는 거대한 정보의 파도가 밀려온 후, 우리가 알던 과학의 해안선은 영원히 바뀌었다. 그 거대한 변화의 첫 물결이 세상에 미치는 영향은 몇 가지 사례만으로도 금세 드러난다. 그 안에서 우리는 새로운 시대가 품은 무한한 가능성을 읽어 낼 수 있다.

첫째, 인류의 숙적 말라리아와의 전쟁에서 마침내 승기를 잡게 해 줄 신무기가 등장하고 있다. 옥스퍼드 대학의 연구팀은 말라리아 원충이 모기를 통해 사람에게 전파되는 고리를 끊어 낼 '전파 차단 백신'을 개발하고 있었다. 그들의 공격 목표는 'Pfs48/45'라는 말라리아 원충의 표면 단백질이었다. 이 단백질을 무력화해야 하는데, 문제는 그 구조가 너무나 불안정하고 복잡하여 전체 모양을 파악하기가 극도로 어렵다는 점이었다. 수년에 걸친 집요한 실험과 사투에도 불구하고, 연구팀이 도달할 수 있는 지점은 극히 제한적이었다. 마치 지도 한 장 없이 안개 자욱한 낯선 지형을 헤매는 탐험가처럼, 단백질 구조의 파편화된 단서 몇 가지만을 간신히 짚어 낼 수 있었을 뿐이다. 전체 지도가 없으니, 공략법을 세울 수가 없었다.

바로 그때 구원 투수처럼 알파폴드가 등판했다. 연구팀은 알파폴드를 이용해 Pfs48/45의 전체 3차원 구조를 단숨에 예측해 냈다. 놀랍게도 AI가 그려 낸 예측 지도는 그들이 실험으로 힘겹게 얻은 부분적인 정보들과 퍼즐 조각처럼 완벽하게 들어맞았다. 마침내 전체 지도를 손에 쥔 연구팀은, 바이러스를 무력화하는 항체가 단백질의 어느 위치에 있는 급소를 공격해야 하는지를 정확히 이해하게 되었다. 이를 바탕으로 그들은 이전보다 훨씬 정교하고 효과적인 차세대 백신 후보 물질을 설계할 수 있었다.

둘째, 플라스틱 쓰레기로 뒤덮여 가는 지구를 구할 실마리가 분자 세계에서 보이기 시작했다. 과학자들은 자연계에서 특정 미생물이 플라스틱을 먹어 치우는 효소를 만들어 낸다는 사실을 발견했지만, 이 천연 효소들의 분해 속도는 너무 느려서 산더미처럼 쌓이는 쓰레기를 처리하기엔 역부족이었다. 진화의 속도가 인류의 오염 속도를 따라잡지 못한 것이다. 알파폴드는 이 효소들이 원자 수준에서 어떻게 생겼고, 어떤 원리로 플라스틱 사슬을 끊어 내는지를 시각적으로 명확하게 보여 주었다. 이 정밀한 설계도를 바탕으로, 연구자들은 마치 자동차 엔진을 튜닝하듯 효소의 특정 부품(아미노산)을 교체하고 변형시켜 분해 능력을 수십 배 향상시키는 '단백질 공학Protein Engineering'을 시도하고 있다. 심지어 최근에는 자연에 존재하지 않는, 오직 플라스틱 분해만을 위해 AI가 처음부터 새로 설계한 효소를 만드는 연구도 활발히 진행 중이다. 언젠가 석유를 시추해 새 플라스틱을 만드는 비용보다, 이 '분자 가위'들을 이용해 기존 플라스틱을 완벽히 분해하고 재활용하는 데 투입하는 비용이 더 저렴해지는 날이 올지도 모른다.

셋째, 기존 항생제가 듣지 않는 '슈퍼 박테리아'와의 전쟁에서 반격의 기회가 열리고 있다. 새로운 항생제 개발은 지난 수십 년간 사실상 정체 상태였다. 제약사들은 이미 알려진 세균의 약점(표적 단백질)만을 반복해서 공격했고, 영리한 세균들은 금세 방패를 만들어 내성을 키웠다. 이 치명적인 악순환을 끊으려면, 세균의 생존에 필수적이지만 아직 인류가 한 번도 공격한 적 없는 '새로운 약점'을 찾아내야 한다. 알파폴드는 그동안 베일에 싸여 있던 미지의 박테리아 단백질 구조들을 대량으로 해독하여 제공함으로써, 수많은 새로운 약물 표적을 발굴해 냈다. 이제 연구자들은 이 3차원 구조라는 '자물쇠'에 딱 들어맞는 새로운 '열쇠(약물 분자)'를 컴퓨터 시뮬레이션을 통해 정교하게 설계하고 탐색하게 되었다. 이는 항생제 내성이라는 인류 보건의 가장 큰 시한폭탄을 해체할 새로운 길을 열어 주고 있다.

말라리아 백신, 플라스틱 분해 효소 그리고 새로운 항생제. 이 세 가지 사례는 알파폴드가 단순히 인간이 묻는 말에 답만 하는 수동적인 도구가 아니라, 우리에게 새로운 질문을 던지고 가설을 세우게 만드는 창의적인 파트너임을 증명한다. AI가 방대한 데이터의 바다를 항해한 후 "이런 구조가 아닐까요?"라고 초기 가설을 제시하면, 과학자는 자신의 전문 지식과 직관을 발휘해 이를 해석하고 검증하며, 다음 단계에서 수행할 실험을 설계한다. 이처럼 '알파폴드 모멘트'는 일각의 우려처럼 인간 지성의 종말을 고하는 장송곡이 아니다. 그것은 인간과 기계가 긴밀하게 협력하여, 인류의 발견 속도를 이전과는 비교할 수 없는 차원으로 끌어올리는 새로운 과학 르네상스의 시작을 알리는 웅장한 신호탄이었다.

제3장

알파게놈:
생명의 악보를 읽다

우리는 생명의 설계도를 읽고 있다고 믿어 왔지만, 그 대부분은 외면해 왔다. 단백질을 만들지 않는다는 이유로 '쓸모없다'고 여겨졌던 유전체의 98%에는 사실 생명의 작동 원리가 숨어 있었다. 이제 한 인공지능이 그 침묵의 의미를 읽어 내기 시작한다. 외면해 온 98%를 다시 읽는 순간이다.

말의 눈동자에서 시작된 질문
그리고 버려진 땅의 기원

유전학이라는 거대한 지도를 펼쳐보았을 때, 가장 구석진 곳에 위치한 어두운 영토, 혹은 우리가 오랫동안 아무런 가치가 없는 '버려진 땅'이라 믿어 의심치 않았던 영역을 제대로 이해하기 위해서는 시계를 한 세기 전으로 돌려 한 남자의 유년 시절로 거슬러 올라가야 한다.

1928년, 아직은 '경성'이라 불리던 일제 강점기의 서울에서 태어난 스스무 오노 Susumu Ohno는 유난히 동물을 사랑하는 감수성 풍부한 소년이었다. 교육자 집안에서 자란 그는 아버지의 애마를 직접 타며 넓은 세상을 배웠고, 말의 맑고 깊은 눈동자를 들여다보며 생명이 품은 알 수 없는 신비에 마음을 빼앗겼다. 그는 어린 시절의 경험을 통해 '말의 타고난 자질이 형편없으면, 사람이 아무리 노력해도 할 수 있는 일은 그리 많지 않다'는 냉정한 자연의 섭리를 깨닫게 된다. 그리고 이 깨달음은 그를 수의학이라는 학문의 길로 이끌었다.

하지만 그의 호기심은 단순히 아픈 동물을 치료하는 것에 머물지 않았다. 그는 뛰어난 명마와 그렇지 못한 말 사이의 간극, 겉으로는 비슷해 보이지만 능력에서 천양지차를 만드는 그 보이지 않는 '혈통의 경계'가 도대체 어디서 오는지 알고 싶었다. 이 근원적인 호기심은 그를 수의학을 넘어, 생명의 설계도를 탐구하는 유전학이라는 더 깊고 방대한 학문의 세계로 안내했다.

오노는 하루 종일 현미경만 들여다보는 딱딱한 실험실의 과학자가 아니었다. 그는 승마를 즐기며 바람을 느끼고, 예술과 음악을 사랑하는 낭만주의자였다. 그는 DNA라는 생명체의 설계도 안에 담긴 복잡한 질서를, 마치 악보 위에 펼쳐진 아름다운 음악처럼 느끼고 해석하려 애썼던 독창적인 인물이었다.

그가 유전체의 비밀을 파헤치던 중 발견한 사실은 실로 기묘했다. 생명체가 하등 동물에서 고등 동물로 진화하며 복잡해질수록, 실제 생명 활동에 필요한 핵심 유전자의 수보다 아무런 기능도 하지 않는 것처럼 보이는 '잉여' 데이터가 훨씬 더 빠르고 방대하게 쌓인다는 점이었다. 마치 책의 내용보다 빈 페이지나 낙서가 더 많은 격이었다. 1972년, 그는 이 이해할 수 없는 데이터 덩어리에 '정크 DNA^Junk DNA', 즉 '쓰레기 유전자'라는 다소 도발적인 이름을 붙였다.

당시 과학계는 오노의 이 명쾌한 작명에 환호했다. '우리가 이토록 복잡하고 고등한 존재가 된 것은, 진화의 과정에서 필연적으로 쌓일 수밖에 없었던 유전적 쓰레기들 덕분'이라는 설명은 무척이나 그럴싸하게 들렸기 때문이다. 오노의 이론에 비추어 볼 때, 자연은 새로운 기능을 처음부터 완벽하게 설계하는 정교한 발명가가 아니었다. 오히려 기존의 유용한 설계도를 무수히 복사한 뒤, 그 복제본 위에 우연히 새겨지는 수많은 '오타(돌연변이)'를 그대로 방치하는, 다소 비효율적이고 시행착오적인 방식을 통해 생명의 지평을 넓혀 왔을 뿐이다.

이 과정에서 운 좋게 새로운 기능을 얻은 유전자는 살아남지만, 복제 과정의 실수로 기능이 망가진 수많은 유전자는 마치 지층 속의 화석처럼 게놈 속에 켜켜이 남게 된다. 이것들이 모이고 모여 결국 유전체의 대부분을 차지하게 된다는 것이 그의 논리였다. 이 강력한 은유 덕분에, 이후 수십 년간 단백질을 합성하는 직접적인 정보가 결여된 '비코딩^Non-coding' 영역은 생명의 원리를 논하는 자리에서 철저히 소외되었다. 그렇게 생명의 비밀을 품고 있던 거대한 대륙은 '쓰레기장'이라는 오명을 쓴 채, 인류 지성의 사각지대에 철저히 방치되고 말았다.

2003년, 인류 역사상 가장 거대한 생물학적 달 탐사로 불리던 '인간 게놈 프로젝트'가 마침내 종지부를 찍었을 때, 전 세계 과학계는 환호 대신 기묘한 충격과 침묵에 휩싸였다. 13년이라는 긴 시간과 천문학적인 예산을 쏟아부어 마침내 인간의 설계도를 낱낱이 해독했지만, 그 성적표가 우리의 예상과는 너무나 달랐기 때문이다.

최종적으로 밝혀진 인간의 단백질 코딩 유전자는 고작 2만여 개에 불과했다. 이것은 실로 자존심 상하는 결과였다. 만물의 영장이라 자부하는 인간의 유전자 개수가 뇌조차 없는 꼬마선충이나, 부엌을 날아다니는 초파리와 비교했을 때 별반 다를 바 없는 수준이었기 때문이다. 더욱 당혹스러운 것은 비율이었다. 우리가 생명 활동에 직접적으로 관여한다고 굳게 믿었던 '의미 있는' 영역은 전체 30억 쌍의 DNA 중 겨우 2%에 불과했다.

그렇다면 나머지 98%는 도대체 무엇이란 말인가? 인간이라는 고도로 복잡한 존재가 고작 2%의 정보로만 설명되고, 나머지는 진화 과정에서 버려진 무용지물, 즉 '쓰레기'란 말인가? 이 거대한 역설은 오랫동안 생물학자들을 괴롭혔다.

하지만 시간이 흐르며 이 98%의 광활한 영토가 사실은 버려진 쓰레기장이 아니라는 사실이 서서히 그리고 극적으로 드러나기 시작했다. 2012년 발표된 'ENCODE 프로젝트'는 게놈의 80% 이상이 생화학적으로 무언가 활발한 활동을 하고 있으며, 이곳이 바로 유전자가 언제 켜지고 꺼질지, 몸속 어느 장소에서 얼마만큼 작동할지를 결정하는 정교한 '통제 센터'라는 사실을 밝혀냈다.

이 관계를 이해하기 쉽게 웅장한 오케스트라에 비유해 보자. 2%의 유전자가 무대 위에서 직접 소리를 내는 바이올린이나 피아노 같은 '악기'라면, 그동안 침묵하고 있다고 여겨진 98%의 비코딩 영역은 그 악기들이 언제 연주를 시작해야 할지, 얼마나 빠르게 혹은 강하게 연주해야 할지를 지시하는 '지휘자'이자 거대한 '악보'였던 셈이다.

악기가 아무리 명기名器라 해도 악보가 엉망이거나 지휘자가 박자를 놓치면 음악은 소음이 된다. 실제로 현대 의학이 밝혀낸 바에 따르면 암이나 심장병 그리고 수많은 희귀 난치병의 원인은 악기(유전자) 자체의 결함보다는, 악보(비코딩 영역)를 잘못 읽거나 지휘가 꼬이는 조절의 실수에서 비롯되는 경우가 훨씬 많았다.

하지만 문제는 그 악보가 너무나 난해하다는 점이다. 30억 쌍이라는 끝이 보이지 않는 정보의 바다에서, 눈에 보이지 않는 미세한 조절 규칙과 문법을 찾아내는 것은 인간의 생물학적 인지 능력으로는 불가능에 가까운 도전이었다. 바로 이 절망적인 복잡성 앞에서, 그동안 침묵하던 유전체의 목소리를 우리에게 들려줄 새로운 차원의 동반자, 구글 딥마인드의 '알파게놈AlphaGenome'이 비로소 그 모습을 드러낸다.

알파게놈: 유전체의 어둠을 비추는 나침반

2026년 1월, 세계적인 과학 저널《네이처》의 표지를 장식하며 세상에 모습을 드러낸 '알파게놈'은 구글 딥마인드가 쌓아 올린 과학용 인공지능 기술의 정수라 평가받는다. 앞서 등장한 '알파폴드'가 단백질이라는 생명체의 블록이 어떻게 생겼는지, 즉 '부품의 3차원 형태'를 규명하는 데 혁명을 일으켰다면, 알파게놈은 그 차원을 넘어선다. 알파게놈은 그 부품들이 세포라는 거대한 공장 안에서 언제 조립되고, 어떻게 작동하며, 누구와 신호를 주고받는지를 해석하는 '유연한 운영체제OS'를 파헤치는 데 초점을 맞추고 있다. 비유하자면, 알파폴드가 자동차 엔진 부품의 정밀한 설계도를 그려 냈다면, 알파게놈은 그 자동차가 도로 위에서 어떻게 달리고 멈추는지 운전의 기술을 해독해 낸 셈이다.

그동안 유전체를 분석하려 했던 수많은 인공지능 모델이 치명적인 '시야의 한계'에 갇혀 있었다. 우리 몸속의 DNA는 실처럼 길게 늘어서 있다고 배우지만, 실제 세포핵이라는 좁은 공간 안에서는 실타래처럼 복잡하게 꼬이고 접혀 있다. 그래서 1차원적으로는 아주 멀리 떨어져 있는 유전자들이, 3차원 공간에서는 서로 맞닿아 신호를 주고받는 일이 비일비재하다. 하지만 기존 모델은 한 번에 읽어 내는 정보량이 수천 개에서 수만 개의 문자에 불과했다. 이 정도 시야로는 수십만 개의 염기쌍 건너편에서 날아오는 중요한 조절 신호를 도저히 포착할 수 없었다. 이는 마치 두꺼운 소설책을 읽으면서 앞뒤 문맥은 보지 못한 채, 눈앞의 단어 몇 개만 보고 전체 줄거리를 짐작하려는 것과 다름없는 '터널 시야'였다.

알파게놈은 이 답답한 한계를 극복하기 위해, 한 번에 무려 100만 개(1Mb)의 염기쌍을 동시에 파악할 수 있는 압도적인 '광각 렌즈'를 장착했다. 이것은 단순히 책의 한 페이지를 읽는 수준을 넘어, 책의 한 챕터 전체를 단번에 훑어 내려가는 비약적인 도약이다. 더 놀라운 것은 시야만 넓어진 것이 아니라, 그 해상도 또한 극한으로 높아졌다는 점이다. 알파게놈은 100만 개의 거대한 흐름을 보면서도, 동시에 단일 염기(1bp), 즉 유전자 문자 하나하나의 미세한 차이까지 놓치지 않는다. 숲을 보면서 동시에 나무의 나이테까지 읽어 내는 격이다. 덕분에 거시적인 유전체의 흐름을 놓치지 않으면서도, 문자 하나의 사

[표 3-1] 알파게놈과 기존 주요 모델의 성능 지표 비교

성능 지표	알파게놈	보르조이	엔포머	비고
분석 가능 염기서열 길이	1,000,000 bp (1Mb)	524,288 bp	196,608 bp	장거리 상호 작용 탐지 능력 향상
예측 해상도	1 bp (단일 염기)	32 bp	128 bp	미세 변이 식별의 정밀성 확보
예측 가능한 생물학적 영역	11개 도메인 (멀티모달 Multimodal)	일부 도메인 한정	일부 도메인 한정	발현, 스플라이싱, 염색질 등 통합 예측
변이 예측 속도	변이당 1초 미만	수십 분~수 시간	수십 분	대규모 유전체 스크리닝 가능

소한 오타(변이)가 생명 시스템 전체에 어떤 파장을 일으킬지 정확히 집어낼 수 있게 되었다.

　알파게놈의 위력은 속도에서 정점을 찍는다. 이 모델은 100만 개의 문자 중 단 하나의 글자가 바뀌었을 때, 세포 내부에서 어떤 변화가 일어날지를 단 1초 만에 예측해 낸다. 과거의 방식대로라면 수만 명의 환자 데이터를 모아 통계적으로 추론하거나, 실험실에서 쥐의 유전자를 편집하고 수년간 관찰해야 겨우 알 수 있었던 정보였다. 인류는 이제 그 지루하고 값비싼 실험 과정을 거치지 않고도, 디지털 시뮬레이션만으로 생명의 인과관계를 즉각적으로 파악하는 강력한 도구를 손에 쥐게 된 것이다.

설계의 미학: 유전체의 문법을 배우는 방식

알파게놈이 이처럼 압도적인 성능을 발휘해 생명의 난제를 풀어낼 수 있던 핵심 동력은 무엇일까? 그 답은 바로 인공지능 설계의 역사에서 가장 성공적이라 평가받는 두 가지 거대한 기술적 줄기를 유전학이라는 특수한 환경에 맞춰 완벽하게 융합해 낸 '하이브리드 아키텍처'에 있다. 구글 딥마인드 연구진은 이미지 속 시각적 패턴을 읽어내는 데 탁월한 'U-Net' 구조와, 긴 문장의 맥락을 파악하는 데 독보적인 '트랜스포머Transformer' 모델을 결합하여 전례 없는 시너지를 만들어 냈다.

알파게놈의 작동 방식은 우리가 두꺼운 대하소설을 읽고 이해하는 과정과 놀랍도록 닮아 있다. 첫 번째 단계인 '합성곱 계층Convolutional Layers'은 DNA 서열 속에 숨겨진 아주 짧고 반복적인 패턴, 비유하자면 유전적 '단어'를 탐지하는 역할을 맡는다. 우리가 책을 펼쳤을 때 '사과' '사랑' '이별' 같은 개별 단어의 형태를 눈으로 인식하는 것과 같은 원리다. 하지만 단순히 단어들을 나열한다고 해서 문장의 깊은 의미가 저절로 생기지는 않는다. 단어와 단어 사이의 관계를 파악해야 비로소 문맥이 형성된다.

바로 이 지점에서 두 번째 핵심 기술인 트랜스포머의 어텐션 메커니즘이 등판한다. 소설의 1권에 나온 복선이 10권의 결말에 결정적인 영향을 미치듯, 유전체에서도 물리적으로 아주 멀리 떨어진 요소들이 서로 긴밀하게 소통한다. 어텐션 기술은 무려 100만 개의 염기

쌍 중 1번에 위치한 신호가, 저 멀리 95만 번 뒤에 있는 유전자 발현에 어떤 영향을 주는지, 그 보이지 않는 의미의 연결 고리를 계산해 낸다. 즉, 합성곱 계층이 '단어'를 읽는 눈이라면, 어텐션은 그 단어들 사이의 '행간'을 읽어 내는 뇌인 셈이다.

특히 알파게놈의 구조는 정보를 압축했다가 다시 펼쳐 내는 독특한 방식을 채택하고 있다. 이는 거시적인 숲Global Context(전체적인 조절 흐름)을 조망하면서 동시에 나무의 나이테Local Resolution(개별 염기 단위의 미세한 변화)까지 놓치지 않고 포착하기 위한 매우 영리한 전략이다. 이러한 정교한 설계 덕분에 알파게놈은 이전 모델인 엔포머Enformer보다 훨씬 더 긴 서열을 한 번에 다루면서도, 훈련에 필요한 계산 자원은 오히려 절반으로 줄이는 비약적인 효율성을 보여 주었다. 더 적은 에너지로 더 넓고 깊게 보는 눈을 갖게 된 것이다.

여기에 주목해야 할 또 하나의 기술적 정수는 바로 '앙상블 증류Ensemble Distillation' 기법이다. 이는 무협지에서 여러 명의 고수가 제자 한 명에게 내공을 전수하는 과정과 흡사하다. 연구팀은 수많은 '스승 모델군'에 다양한 변이가 일어난 가상의 유전체 데이터를 학습시킨 뒤, 그들이 얻은 방대한 지혜를 하나의 '학생 모델(알파게놈)'에 압축하여 전수했다. 이 혹독한 수련 과정을 통해 알파게놈은 실제 실험실 데이터에서는 한 번도 본 적 없는 희귀한 변이나 질병 패턴에 대해서도 놀라울 만큼 정교하게 예측해 내는 능력을 갖추게 되었다.

구글 딥마인드의 연구 책임자인 푸시미트 콜리Pushmeet Kohli 박사는 이 새로운 기술의 의의를 발표하며 다음과 같이 설명했다. "유전체는 30억 개의 문자로 이루어진 거대한 텍스트입니다. 알파게놈의 목표는 단순히 그 글자를 기계적으로 읽어 내려가는 것이 아닙니다. 그 글자들이 어떻게 엮여서 '생명'이라는 복잡하고 아름다운 이야기를 만들어 내는지, 그 심오한 '문법' 자체를 이해하는 것입니다."

멀티모달 지능: 생명의 다중주를 해석하다

알파게놈이 가진 진정한 가치는 단순히 '특정 유전자 스위치가 켜질까, 꺼질까?'라는 1차원적인 질문에 답하는 수준을 넘어선다. 그것은 생명 활동이라는 거대하고 역동적인 드라마의 전 과정을 입체적으로 조망하는 '멀티모달' 예측 능력에 있다. 멀티모달이란 우리가 사물을 인식할 때 시각, 청각, 촉각을 동시에 사용하여 종합적으로 판단하듯, 인공지능이 여러 종류의 생물학적 데이터를 한 번에 통합하여 처리하는 능력을 말한다.

우리 몸속 유전체의 조절 과정은 마치 수백 명의 연주자가 지휘자의 손끝과 서로의 눈치를 숨 가쁘게 살피며 화음을 맞춰가는 거대한 오케스트라와 같다. 바이올린만 켠다고 음악이 되지 않듯, 유전자 또한 단독으로 작동하지 않는다. DNA가 얼마나 느슨하게 풀려 있는지, 조절 단백질이 어디에 달라붙는지 그리고 화학적 변형이 어떻게 일어나는지 등 수많은 요소가 동시에 맞아떨어져야 비로소 생명이라는 교향곡이 연주된다. 알파게놈은 이 복잡한 합주 과정에서 발생하는 11가지의 서로 다른 생물학적 신호들을 개별적으로 분석하는 것이 아니라, 그들 사이의 상호 작용까지 고려하여 동시에 예측해 낸다.

[표 3-2] 알파게놈이 동시에 예측하는 11가지 생물학적 양상(Modality)

분류	생물학적 신호	알파게놈의 역할 및 의미
유전자 발현	RNA-seq, CAGE, PRO-cap	유전자가 최종적으로 얼마나 많은 RNA를 생성하는지 양적 예측
RNA 스플라이싱	스플라이싱 패턴 및 접합부	RNA가 잘리고 붙는 위치와 그 빈도를 단일 염기 단위로 분석
염색질 접근성	ATAC-seq, DNase-seq	DNA가 얼마나 느슨하게 풀려 조절 단백질이 접근하기 쉬운지 판별
히스톤 수정	Histone ChIP-seq	DNA를 감싸는 단백질의 화학적 변화가 작동에 주는 영향 예측
전사 인자 결합	TF ChIP-seq	특정 조절 단백질이 DNA의 정확히 어느 부위에 달라붙는지 판별
3D 공간 구조	염색질 접촉 지도(Hi-C)	핵 내부에서 멀리 떨어진 두 지점이 어떻게 만나 상호 작용하는지 시각화

이 다양한 능력 중에서 전 세계 과학계가 특히 경탄해 마지않는 부분은 바로 '스플라이싱Splicing' 예측 능력이다. 스플라이싱은 정교한 '영화 편집' 작업과도 같다. DNA가 원본 필름이라면, 우리 몸은 이 긴 필름에서 필요한 장면만 골라내고 불필요한 장면은 과감히 잘라 낸 뒤 이어 붙여 상영본(단백질)을 만든다. 이 과정이 마법 같은 이유는 똑같은 원본 필름을 가지고도 어떻게 편집하느냐에 따라 로맨스가 되기도, 스릴러가 되기도 한다는 점 때문이다. 즉, 하나의 유전자 설계도로부터 상황에 따라 서로 다른 기능을 가진 여러 종류의 단백질을 만들어 내는 효율성의 극치인 셈이다.

하지만 이 정교한 편집실에서 아주 미세한 오타나 실수가 발생하면 재앙이 시작된다. 편집자가 졸다가 영화의 클라이맥스 장면을 잘라 버리거나, 엉뚱한 장면을 이어 붙인다고 상상해 보라. 영화는 엉망이 되고 관객은 내용을 이해할 수 없게 된다. 우리 몸도 마찬가지다. 조립되어야 할 유전 정보가 엉뚱하게 잘려 나가거나 잘못 연결되면, 기능을 잃은 불량 단백질이 생성되어 치명적인 질병을 일으킨다. 아이들의 근육이 점차 사라지는 척수성 근위축증이나, 폐와 소화기관에 문제가 생기는 낭성 섬유증 같은 난치병들이 바로 부품 자체의 문제라기보다는 이러한 '편집 실수'에서 비롯되는 대표적인 질환들이다.

놀랍게도 알파게놈은 복잡한 실험 없이, 오직 DNA 서열이라는 텍스트만 보고도 세포 내부의 편집자가 필름의 어느 부분을 자르고 이어 붙일지, 그 접합의 강도가 어느 정도일지를 직접 예측하는 모델링을 세계 최초로 성공시켰다. 이것이 갖는 의학적 의미는 실로 지대하다. 이제 우리는 질병의 원인을 규명할 때, 단순히 '망가진 부품(유전자 변이)'만 찾아 헤매던 과거의 방식에서 벗어나게 되었다. 부품은 멀쩡한 상태더라도 그것을 조립하는 '잘못된 편집(스플라이싱 오류)' 자체를 정밀하게 추적하고 교정하는 새로운 차원의 진단과 치료의 길이 열린 것이다.

암의 설계도를 폭로하다: TAL1 유전자의 비밀과 보이지 않는 손

알파게놈이 가진 실전 능력은 이론상의 수치가 아니라, 실제 암 환자의 생사가 걸린 임상 사례에서 그 진가를 유감없이 증명했다. 구글 딥마인드 연구진은 난치성 혈액암 중 하나인 'T-세포 급성 림프구성

백혈병T-ALL’ 환자들의 유전체 데이터를 알파게놈을 통해 정밀하게 재분석했다.

이 환자들의 공통점은 암을 유발하는 특정 유전자인 ‘TAL1’이 비정상적으로 과열되어 폭주하고 있다는 점이었다. 정상적인 세포라면 TAL1 유전자는 필요할 때만 켜져야 하는데, 이들의 몸속에서는 브레이크가 고장 난 자동차처럼 멈추지 않고 작동하며 암세포를 증식시키고 있었다. 하지만 의료진을 당혹스럽게 만든 미스터리는 따로 있었다. 정작 문제의 핵심인 TAL1 유전자 자체를 샅샅이 뜯어보아도, 아무런 돌연변이나 결함이 발견되지 않았기 때문이다. 부품은 멀쩡한데 기계가 오작동하는 기이한 상황이었다.

기존의 분석 방식으로는 도무지 원인을 알 수 없었던 이 미스터리를 알파게놈은 단숨에 풀어냈다. 알파게놈은 시야를 넓혀 TAL1 유전자 본체가 아닌, 그곳에서 한참 떨어진 98%의 ‘비코딩’ 영역을 훑어보았다. 그리고 그 어둠 속에서 결정적인 단서를 포착했다. 원래는 아무 기능이 없어야 할 공간에 단 몇 개의 염기 문자가 새로 끼어들면서, 이전에는 존재하지 않았던 강력한 조절 스위치, 전문 용어로 ‘네오 인핸서Neo-enhancer’가 형성된 것이다.

이 ‘가짜 스위치’의 작동 원리는 실로 교묘했다. 네오 인핸서는 세포 내를 떠돌던 ‘MYB’라는 조절 단백질을 마치 강력한 자석처럼 끌어당겼다. 1차원적인 DNA 서열상으로는 아주 멀리 떨어져 있었지만, 3차원으로 꼬인 세포핵 내부 구조에서는 이 스위치가 TAL1 유전자 바로 옆에 위치하게 된다. 자석에 이끌려 온 MYB 단백질은 이웃한 TAL1 유전자를 향해 ‘지금 당장 그리고 영원히 가동하라’는 파괴적인 명령을 쉴 새 없이 내리고 있었다. 결국 유전자 자체가 고장 난 것이 아니라, 유전자를 조종하는 '보이지 않는 손'이 잘못된 명령을 내린 것이 암의 진짜 원인이었다.

이전에는 수많은 과학자가 수년 동안 막대한 비용을 들여 복잡한 생화학 실험을 시행해야 겨우 밝혀낼 수 있었던 이 난해한 암의 발생 기전을, 알파게놈은 별다른 실험 없이 오직 서열 데이터 분석과 디지털 시뮬레이션만으로 완벽하게 재현해 냈다.

이번 연구에 참여한 유니버시티 칼리지 런던UCL의 마르크 만수르Marc Mansour 교수는 이 놀라운 결과에 대해 다음과 같이 평가했다.

"알파게놈은 비코딩 영역에 숨어 있는 미세한 돌연변이가 어떻게 나비 효과를 일으켜 암을 유발하는지 찾아내는 속도를 기존의 월 단위에서 일 단위로 단축시켰습니다. 이것은 우리가 질병의 뿌리를 찾는 방식 자체를 송두리째 뒤바꾼 엄청난 도약입니다."

이 성과는 앞으로 우리가 암을 진단하고 치료하는 패러다임이 어떻게 바뀔지를 예고한다. 이제 의사들은 단순히 눈에 보이는 암유전자(하드웨어)의 모양만 검사하는 것에 그치지 않을 것이다. 그 대신 알파게놈과 같은 도구를 통해, 그 유전자를 오작동하게 만든 배후의 '보이지 않는 조절 네트워크(소프트웨어)' 전체를 실시간으로 감시하며, 가장 정밀하고 효과적인 타격 지점을 찾아내게 될 것이다.

알파폴드가 그러했듯, 딥마인드는 알파게놈의 모든 결과물과 모델 소스 코드를 전 세계 과학계에 전면 공개하는 대담한 결정을 내렸다. 이 결정은 폐쇄적이었던 첨단 과학의 문을 활짝 열어젖힌 역사적 사건이었다. 현재 전 세계 3,000명 이상의 과학자가 이미 API를 통해 알파게놈의 초지능을 자신의 연구실로 가져다 쓰고 있으며, 매일 약 100만 건 이상의 예측 요청이 구글의 서버에서 처리되고 있다.

이러한 '지식 공유'는 단순한 편리함을 넘어 과학 연구의 진입 장벽을 낮추는 혁명으로 이어졌다. 과거에 유전체 실험을 하려면 수십억 원을 호가하는 고가의 장비와 대규모 세포 실험 시설이 필요했다. 자본이 없는 작은 연구실이나 개발도상국의 과학자들에게 생명과학의 최전선은 도저히 건널 수 없는 강 너머에 있었다. 하지만 이제는 상황이 완전히 달라졌다. 성능 좋은 노트북 한 대와 통신 환경만 갖춘다면, 작은 대학 연구실에 속한 학생도 글로벌 거대 제약사의 수석 연구원과 동등한 출발선상에서 유전체를 분석하고 혁신적인 가설을 검증할 수 있는 시대가 열렸다. 자본의 크기가 연구의 질을 결정하던 시대가 저물고, 순수한 아이디어와 통찰력이 승부하는 진정한 '과학의 민주화'가 아프리카 오지와 영국 스타트업 차고에서 동시에 시작된 것이다.

합성 생물학: 생명의 코드를 '쓰는' 시대로

나아가 알파게놈은 존재하는 생명의 코드를 단순히 '읽고 해석하는' 단계를 넘어, 우리가 원하는 목적에 맞춰 코드를 직접 '쓰고 편집하는' 합성생물학Synthetic Biology의 문을 활짝 열었다. 이는 마치 우리가 컴퓨터 프로그래밍 언어로 소프트웨어를 짜듯, DNA라는 생명의 언어로 새로운 생물학적 기능을 프로그래밍하는 것과 같다. 연구자들은 이제 알파게놈의 예측 능력을 역이용해, 수십억 년의 진화 과정 동안 자연계에 단 한 번도 존재한 적 없는 완전히 새로운 DNA 서열을 직접 설계한다.

대표적인 예가 '스마트 유전자 스위치'를 설계하는 일이다. 강력한 항암제를 투여하면, 암세포뿐 아니라 건강한 세포까지 공격받는 탓에 머리카락이 빠지고 구토를 하는 등 부작용을 겪게 된다. 하지만 알파게놈을 활용하면, 오직 간세포(표적)의 특정 환경에서만 약물 생성 스위치가 켜지고, 심장이나 근육 같은 다른 세포에서는 철저하게 잠잠한 상태를 유지하는 특수한 조절 서열을 디자인할 수 있다. 이것은 부작용은 극한으로 최소화하고 치료 효과는 극대화하는 '개인 맞춤형 정밀 의료'와 난치병 정복을 위한 '차세대 유전자 치료제' 개발을 돕는 강력하고 정교한 도구가 될 것이다.

데이터 속의 멜로디: 오노의 꿈이 현실이 될 때

여기서 잠시, 서두에 언급한 유전학자 스스무 오노에 관해 다시 이야기해 보자. 그는 냉철한 과학자이기도 했지만, 동시에 누구보다 예술 감수성이 풍부한 낭만주의자였다. 그는 생명의 설계도인 DNA가 단순한 화학 물질의 나열이 아닐 것이라 확신했고, DNA 염기 서열A, G, C, T 각각의 분자량에 따라 음계Note를 할당하여 생명의 코드를 악보 위의 음악으로 변환하는 독특하고 흥미로운 실험을 시도했다.

그 결과는 실로 놀라웠다. 오노가 맹렬하게 증식하며 생명을 위협하는 '암유전자'를 음악으로 옮겨 보았더니, 그 멜로디가 놀랍게도 프레데리크 쇼팽Frédéric Chopin의 어둡고 장엄한 '장송 행진곡'과 매우 유사한 흐름으로 들렸다고 한다. 반대로 우리 몸에서 당을 분해하여 에너지를 만드는 필수 효소의 유전자는 더없이 부드럽고 평화로운 '자장가'처럼 들렸다. 실제로 일본의 한 유치원에서 낮잠 시간에 이 효소의 멜로디를 아이들에게 들려주자, 아이들이 평소보다 훨씬 빠르고 평온하게 잠들었다는 신비로운 일화가 전해진다. 오노는 자신의 실험에 대해 다음과 같이 회고했다.

"나는 모든 생명 현상을 관통하는 어떤 근본적인 패턴을 찾고 싶었습니다. 그것은 수학 공식일 수도 있고, 때로는 마음을 울리는 음악일 수도 있습니다."

이 오래된 에피소드는 오늘날 우리가 최첨단 인공지능을 통해 유전체를 분석하는 본질적인 이유와 깊게 맞닿아 있다. 30억 쌍에 달하는 DNA 문자는 그저 무미건조하게 나열된 데이터 덩어리가 아니다. 그것은 생명이라는 거대한 오케스트라가 수십억 년에 걸쳐 작곡하고 연주해 온 웅장한 악보와 같다. 과거의 우리가 그 악보를 읽을 줄 몰라 98%를 소음이자 쓰레기라 부르며 외면했다면, 알파게놈은 그 어둠 속에 사실은 생명의 시작과 끝을 조율하는 가장 정교하고 아름다운 운율이 흐르고 있었음을 우리에게 증명해 보였다. 우리는 이제야 비로소 생명의 음악을 제대로 듣는 귀를 갖게 된 것이다.

한계와 성찰: 블랙박스 너머를 향하여

물론 우리가 명심해야 할 점은, 알파게놈이 인류가 안고 있는 모든 생물학적 난제를 단번에 해결해 주는 '마법의 지팡이'는 아니라는 사실이다. 기술의 정점이라 불리는 이 모델조차 여전히 넘어야 할 험준한 산이 존재한다. 전문가들은 알파게놈이 물리적으로 10만 개 이상의 염기쌍 거리에 떨어져 있는 아주 먼 유전자 간의 상호 작용을 완벽하게 예측하는 데는 아직 한계가 있다고 지적한다. 또한, 사람마다 제각각인 생활 습관이나 환경 변수 그리고 아주 드물게 존재하는 특수한 세포 타입에서 일어나는 미세한 변화까지 모두 포착해 내기에는 데이터의 해상도가 아직 부족한 것이 현실이다.

무엇보다 가장 본질적이고 철학적인 문제는 바로 '블랙박스Black Box'의 딜레마다. 알파게놈은 마치 천재적인 직관을 가진 예언자처럼 정답은 기가 막히게 맞히지만, 도대체 그 내부의 복잡한 신경망 속에서 어떤 연산 과정을 거쳐 그 답이 도출되었는지는 인간의 언어로 완벽하게 설명해 주지 못한다. 과정은 생략된 채 결과만 덩그러니 놓인 상황은, 인과관계와 논리적 설명을 생명으로 여기는 과학자에게 여전히 낯설고 불편한 숙제로 남아 있다.

하지만 역설적으로 이러한 인공지능의 한계는, 과학자에게 대체 불가능한 새로운 역할을 부여한다. 인공지능이 방대한 데이터의 바다를 지치지 않고 헤엄치며 유망한 가설의 원석들을 건져 올리는 뛰어난 '탐험가'라면, 인간은 그 원석을 받아 그 의미를 해석하고, 윤리적으로 옳은지 판단하며, 진실을 검증하는 냉철한 '비평가'이자 '지휘자'가 되어야 한다. 알파게놈이 우리에게 보여 주는 미래는 기술의 일방적인 승리가 아니다. 그것은 인간의 직관과 인공지능의 연산력이 서로의 치명적 약점을 보완하며, 더 높은 차원의 진리를 향해 함께 나아가는 '공동의 도약'이다.

98%의 귀환과 생명의 문해력

우리는 지난 수십 년간 유전체의 98%에 달하는 비코딩 영역을 아무런 쓸모가 없는 '쓰레기'로 여기며 오만하게 외면해 왔다. 우리가 아는 지식만으로 생명을 재단하려 했던 인류의 성급함이었다. 하지만 알파게놈은 그 어둠 속에 버려져 있던 영역이 사실은 쓰레기장이 아니라, 생명의 시작과 끝을 조율하는 가장 정교하고 아름다운 질서가 흐르는 곳이었음을 우리에게 뼈저리게 일깨워 주었다.

이제 인류는 알파게놈이라는 강력하고 신뢰할 만한 나침반을 손에 쥐었다. 덕분에 우리는 30억 쌍의 염기 서열이라는, 끝이 보이지 않는 광대한 미로 속에서도 더 이상 길을 잃지 않고 질병의 근원적인 뿌리를 찾아낼 수 있게 되었다. 생명의 오케스트라를 지휘하는 98%의 비코딩 영역이 그 긴 침묵을 깨고 우리 앞에 온전한 모습을 드러낸 지금, 과학의 역사는 다시 한번 거대하게 요동치고 있다.

알파게놈과 함께하는 이 새로운 여정은 단순히 암이나 난치병을 고치는 기술적 진보를 넘어설 것이다. 이것은 인류가 '생명'이라는 거대한 신비의 본질에 한 걸음 더 깊숙이 다가가는 장대한 지적 서사가 될 것이다. 바야흐로 우리는 생명의 책을 펼쳐 놓고도 겨우 글자 몇 개를 더듬거리며 읽던 '문맹'의 시대를 지나, 이제는 책 전체의 문맥과 깊은 의미를 유창하게 이해하고 해석하는 '유전체 문해력Genomic Literacy'의 시대로 진입하고 있다.

제4장

물질의 도서관: GNoME이 재창조한 재료과학

지금까지 '신물질 발견'은 연구자의 엉덩이 싸움과 직관, 그리고 우연에 의존하는 영역이었다. 그러나 이제 인공지능은 방대한 데이터 속에서 스스로 물질의 법칙을 학습하며, 인간의 상상을 뛰어넘는 미지의 구조를 설계하기 시작했다. 이른바 '설계된' 발견의 시대가 그 문을 연 것이다.

세렌디피티가 보내 준 선물

시곗바늘을 1839년의 어느 혹독한 겨울로 돌려 보자. 미국 매사추세츠의 한 허름한 잡화점, 빚더미에 올라앉은 한 남자가 핏기 없는 얼굴로 사람들 앞에 섰다. 그의 이름은 찰스 굿이어Charles Goodyear. 그는 손에 들린 거무튀튀한 덩어리를 흔들어 대며, 이것이 인류의 미래를 바꿀 무한한 가능성을 지닌 물질이라고 목청을 높여 열변을 토하고 있었다.

　하지만 돌아오는 것은 싸늘한 냉소와 비웃음뿐이었다. 그가 들고 있던 것은 '천연고무'였다. 당시 사람들에게 고무란 신기하기는 하지만 도무지 믿을 수 없는, 변덕스럽고 쓸모없는 골칫덩어리에 불과했다. 한여름 열기 속에서는 엿가락처럼 녹아내려 끈적거리고 악취를 풍겼으며, 반대로 한겨울 추위 속에서는 돌처럼 딱딱하게 굳어 버리거나 쉽게 갈라졌기 때문이다. 사람들의 냉담한 반응에 격분한 굿이어는 자신도 모르게 팔을 크게 휘저었고, 그 바람에 고무 덩어리가 활활 타오르는 뜨거운 난로 위로 떨어지고 말았다.

　바로 그 순간, 굿이어의 비루한 인생과 인류의 물질 문명사를 송두리째 바꾼 작은 기적이 일어났다. 보통 때 같았으면 흐물흐물 녹아서 역한 냄새를 풍겨야 했을 고무가, 이상하게도 까맣게 그을려 마치 가죽처럼 단단하고 탄력 있는 상태로 변한 것이다. 난로의 열기 속에서 고무와 섞여 있던 유황이 반응을 일으킨 결과였다. 이것은 굿이어가 5년 동안 미친 사람처럼 매달렸던 강박적인 실험, 가족의 생계마저 내팽개쳐야 했던 수없는 실패의 나날들 끝에 찾아온 완전한 우연이었다. 그가 그날 우연히 난로 위에서 발견한 것은 새카맣게 타 버린 고무가 아니었다. 유황과 열이 고무 분자를 단단히 결합해 성질을 완전히 바꾸는 '가황법Vulcanization'이었다. 그리고 이 발견은 훗날 자동차 타이어부터 신발 밑창, 각종 산업용 패킹에 이르기까지 현대 기계 문명을 지탱하는 거대한 고무 산업의 문을 여는 열쇠가 되었다.

　굿이어의 이 드라마틱한 이야기는 새로운 물질을 찾아 헤맨 인류의 오랜 역사를 상징적으로 보여 준다. 그것은 거대한 어둠으로 가득 찬 동굴 속에서 손으로 벽을 더듬거리며 보물을 찾는 과정과 같았다. 수많은 시행착오와 장인들의 직관 그리고 굿이어의 난로처럼 결정적인 순간에 찾아오는 '뜻밖의 행운Serendipity'에 기대야만 하는 지난한 여정이었다. 1938년, 듀폰의 화학자 로이 플렁킷Roy J. Plunkett이 냉매 가스를 연구하다가 압력 용기 안에서 미끌미끌한 흰색 가루를 우연히 발견해, 훗날 프라이팬 코팅의 대명사가 된 '테플론Teflon'을 발명한 것 또한 이러한 '계획되지 않은 발견'의 또 다른 대표적인 사례다.

이러한 발견들은 끈질긴 인간 정신의 위대함을 보여 주지만, 동시에 그 방식이 가진 근본적인 비효율성을 적나라하게 드러낸다. 기후 변화를 막기 위해 더 효율적인 태양전지를 만들거나, 에너지 손실을 없앨 상온 초전도체를 당장 개발해야 하는 절박한 오늘날, 우리는 더 이상 우연히 고무가 난로 위로 떨어지기를 기다릴 수만은 없다. 어둠 속에서 손으로 더듬거리며 길을 찾는 대신, 어둠 자체를 환히 밝힐 커다란 등불이 필요했다. 현대 과학은 이제 막연한 행운을 기다리는 수동적인 태도에서 벗어나, 그 행운을 체계적이고 공학적으로 만들어 내는 방법을 찾아야만 하는 과제에 직면한 것이다.

혁명의 메아리: 생명의 지도를 넘어 물질의 우주로

알파폴드가 지난 50년 동안 생물학계를 괴롭혀 온 난제, 단백질 접힘 문제를 거짓말처럼 해결했을 때, 과학계는 경이로움과 동시에 한 가지 근본적이고 중요한 질문을 던질 수밖에 없었다.

"이러한 성공은 과연 생물학이라는 특수한 동네에서 일어난, 단 한 번의 눈부신 기적에 불과한 것일까? 아니면 이 마법이 과학이라는 광대한 미지의 영토 전체를 탐험하는 데 필요한 '새로운 지도'가 되어 줄 수 있을까?"

사람들의 마음속에는 알파폴드의 성공이 단백질이라는 '생명의 기계'에만 통하는 특수한 열쇠가 아니라 과학적 발견 그 자체를 혁신할 '보편적인 마스터키'일지도 모른다는 강렬한 기대감이 피어오르기 시작했다.

이 거대한 질문에 답하기 위해, 딥마인드는 가장 완벽하고도 가혹한 시험대를 골랐다. 바로 '재료과학Materials Science'이다. 이곳은 생명의 분자 세계만큼이나, 아니 어쩌면 그보다 훨씬 더 복잡하고 광활한 가능성이 요동치는 세계다. 주기율표에 있는 원자를 어떻게 조합하고 어떤 구조로 배열하느냐에 따라 이론상 무한에 가까운 물질을 만들어 낼 영역이기 때문이다. 이것은 단순한 학문적인 도전이 아니었다. 주행 거리가 획기적으로 늘어난 전기차 배터리, 더 작고 빠르며 발열이 덜한 GPU, 태양광을 손실 없이 전기로 바꾸는 고효율 태양전지 등 인류 문명의 다음 페이지를 열어젖힐 미래 기술은 모두 아직 우리가 발견하지 못한 '새로운 물질'의 어깨 위에 놓여 있다. 단백질 접힘 문제가 생명의 비밀을 푸는 열쇠였다면, 새로운 안정적인 물질을 찾아내는 일은 우리 문명의 한계를 돌파하는 결정적 관문과도 같다.

딥마인드에 소속된 과학자들은 알파폴드의 성공을 생물학을 넘어선 보편적 성과로서 바라보았다. 그들은 자신들이 손에 쥔 강력한 도구, 즉 AI를 활용한 '발견 방법론'을 재료과학이라는 새로운 거대 난제에 과감하게 적용하기로 했다. 그들이 보기에 알파폴드의 성공 비결은 단순히 성능 좋은 AI 모델 하나를 잘 만든 것에 있지 않았다. 그 이면에는 다른 과학 영역에서도 얼마든지 반복해서 적용할 확실한 성공 방정식, 즉 '과학적 발견을 위한 보편적 설계도'가 숨어 있다고 확신했다. 그들이 정의한 이 승리의 설계도는 다음과 같은 네 단계의 치밀한 전략으로 구성되어 있다.

첫째, 인류의 지적 능력을 오랫동안 시험해 온 거대한 '과학적 난제'를 목표로 삼는다. 사소한 문제 해결에 머무는 것이 아니라, 해결되었을 때 인류 사회에 막대한 파급력을 가져올 근본적 과제에 도전한다.

둘째, 수십 년간 수많은 과학자가 묵묵히 쌓아 올린 '고품질의 공개 데이터'를 학습 교재로 삼는다. 맨땅에서 시작하는 것이 아니라, 앞선 연구자들의 유산을 존중하며 그 거인의 어깨 위에서 출발한다.

셋째, 최첨단 인공지능을 이용해 그 데이터 속에 숨겨진 '패턴'과 '원리'를 스스로 터득하게 한다. 인간의 편견을 주입하는 대신, 기계가 데이터의 바다에서 스스로 물리 법칙의 문법을 이해하게 한다.

넷째, 그렇게 얻은 발견을 다시 세상에 '공개'하여 과학계 전체의 발전을 가속한다. 성과를 독점하여 고인 물이 되는 대신, 흐르는 강물처럼 지식을 공유하여 또 다른 혁신의 씨앗이 되게 한다.

재료과학은 이 설계도를 검증할 가장 완벽한 무대였다. 생명 현상과는 전혀 다른, 양자역학이라는 차가운 물리 법칙이 지배하는 무기 결정의 세계에서도 이 방법이 통한다면? 그것은 인공지능이 특정 분야의 도구를 넘어, 제4 패러다임 과학을 이끄는 핵심 엔진임을 증명하는 결정적인 증거가 될 것이다. 바야흐로 알파폴드가 일으킨 혁명의 메아리는, 이제 부드러운 생명의 세계를 넘어 단단한 물질의 세계로 웅장하게 울려 퍼지기 시작했다.

원자가 쌓아 올린 도서관: 머티리얼스 프로젝트

앞서 알파폴드의 기적 뒤에 '단백질 정보은행', PDB라는 든든한 버팀목이 있었듯, 재료과학의 새로운 혁명 뒤에도 그에 못지않은 숨은 영웅이 존재한다. 바로 '머티리얼스 프로젝트Materials Project'다. 만약 이 거대한 디지털 도서관이 존재하지 않았다면, 인공지능이 물질의 비밀을 풀겠다는 시도는 애초에 성립조차 할 수 없었을 것이다.

우리가 학교에서 배우는 원소 주기율표를 떠올려 보자. 그 안에 있는 원자들을 레고 블록처럼 이리저리 조합해 만들 수 있는 물질의 경우의 수는 사실상 무한에 가깝다. 하지만 이 광활한 '가능성의 우주' 앞에서 인간의 실험 능력은 너무나 초라했다. 비커를 흔들고 가열하는 전통적인 방식으로는 평생을 바쳐도 쓸모 있는 신소재를 단 한 가지라도 발견할까 말까였다. 실제로 21세기 초까지 인류가 실험을 통해 구조와 성질을 명확히 파악하고 있던 안정적인 무기 결정 물질은 고작 수만 종에 불과했다. 우리가 안다고 자부했던 물질의 세계는, 실제 존재하는 거대한 우주의 먼지 한 톨만큼도 되지 않았던 셈이다.

2011년, 로렌스 버클리 국립 연구소Lawrence Berkeley National Laboratory, LBNL의 크리스틴 퍼슨Kristin Persson 교수는 이 답답한 한계를 돌파하기 위해 대담한 프로젝트를 시작했다.

“실험실에서 실제로 만들어 보기 전에 컴퓨터 화면 속에서 먼저 만들어 보자.”

그녀의 아이디어는 실험복 대신 슈퍼컴퓨터를 무기로 삼는 것이었다. 머티리얼스 프로젝트는 양자역학의 복잡한 원리를 컴퓨터로 계산하는 ‘밀도 범함수 이론Density Functional Theory’, DFT라는 정교한 시뮬레이션 기법을 도입했다. 이것은 현실에서 물질을 합성하지 않고도 가상 공간에서 원자를 배치해 보고 그 물질이 안정적으로 존재하는지, 전기는 잘 통하는지, 배터리 재료로 적합한지 등을 예측하는 기술이다.

그리고 무엇보다 위대한 점은, 이 프로젝트가 생산해 낸 모든 귀중한 데이터를 소수의 과학자가 독점하지 않고 전 세계 누구나 자유롭게 사용하도록 완전 공개했다는 사실이다. 이는 PDB가 보여 주었던 과학계의 숭고한 ‘공유 정신’을 재료과학 분야에서 그대로 재현한 것이었다. 전 세계의 배터리 연구자, 태양전지 엔지니어들은 이 데이터베이스에 접속해 연구 시간을 획기적으로 단축했다. 그렇게 10여 년이 흐르는 동안, 머티리얼스 프로젝트는 약 15만 개에 달하는 검증된 물질의 설계도를 보유한, 명실상부한 재료과학계의 ‘원자들의 도서관’으로 성장했다.

이 도서관의 가치는 단순히 데이터의 양에 있지 않다. 그것은 지난 수십 년간 물리학과 화학의 법칙들을 컴퓨터 언어로 번역해 온 수많은 계산과학자의 땀과 집단 지성이 응축된 결정체다. 그리고 바로 이 정제된 지식의 보고 덕분에, 딥마인드의 AI는 물질세계의 복잡한 문법을 체계적으로 학습할 수 있는 유일한 교과서를 손에 넣었다.

알파폴드가 거둔 성공처럼, 딥마인드라는 민간 기업이 일군 화려한 기술 성취 이면에는 수십 년간 세금을 투입해 구축하고 묵묵히 지탱해 온 거대 공공 인프라가 성장의 연료로 타오르고 있었다. 이는 제4 패러다임 시대를 맞이하는 과학 정책 입안자들에게 묵직한 교훈을 던진다. 미래의 노벨상을 만들고 세상을 바꿀 위대한 발견을 원한다면, 때로는 화려한 개별 연구 과제보다 연구자들이 마음껏 뛰어놀 단단하고 평평한 '데이터 운동장'을 조성하는 일이 가장 확실하고 효율적인 투자라는 사실을 말이다.

우연을 필연으로 바꾸는 알고리즘

머티리얼스 프로젝트라는 방대한 교과서를 손에 쥔 딥마인드 연구팀은 이제 본격적으로 AI에게 물질세계의 언어를 가르쳐야 했다. 그런데 여기서 한 가지 근본적인 고민에 봉착했다. 앞서 단백질 문제를 해결했던 '트랜스포머' 모델을 그대로 가져다 쓸 수는 없었기 때문이다. 단백질이 한 줄로 길게 이어진 실(1차원)이라면, 우리가 다루려는 무기 결정은 3차원 공간에 원자들이 빽빽하게 들어찬 입체 구조물이기 때문이다. 그래서 그들이 선택한 도구는 '그래프 신경망Graph Neural Networks', GNN이라는 여러 개체 간의 관계를 파악하는 데 특화된 특별한 종류의 인공지능이었다.

이 개념을 이해하기 위해 간단한 비유를 들어 보자. 알파폴드가 다루었던 단백질의 아미노산 사슬이 단어의 고리, 즉 '문장'과 같다면, 원자들이 3차원으로 결합한 결정 구조는 개별 원자들이 복잡하게 연결된 거대한 '소셜 네트워크'나 '지하철 노선도'와 같다. 페이스북이나 인스타그램에서 '나'라는 존재가 누구와 친구를 맺고 있는지, 그 친구의 친구는 또 누구인지에 따라 나의 사회적 영향력이 결정되듯, 물질의 세계에서도 원자들 간의 연결 관계가 그 물질의 성질을 결정한다.

GNN은 바로 이런 네트워크 구조를 이해하는 데 천재적인 재능을 가진 인공지능이다. 이 AI는 단순히 '여기에 탄소 원자가 있고, 저기에 산소 원자가 있다'는 식으로 목록을 외우지 않는다. 대신 어떤 원자가 다른 원자와 '친분(화학 결합)'을 맺고 있는지, 그들이 모여 어떤 '동네(분자 구조)'를 이루고 있는지 그리고 그 동네들이 모여 전체 '도시'(결정)를 어떻게 형성하는지를 입체적으로 파악한다. 더 나아가 GNN은 원자들 사이의 거리와 결합 각도, 즉 '관계의 기하학'을 학습한다. 친구와 멀리 떨어져 있으면 관계가 소원해지기 마련이듯, 원자들 사이의 거리가 멀어지거나 각도가 틀어지면 그만큼 물질이 불안정해진다는 물질세계의 '작동 원리'를 스스로 터득해 내는 것이다.

이 GNN 모델의 이름이 바로 '그놈Graph Networks for Materials Exploration', GNoME이다. 연구팀은 먼저 머티리얼스 프로젝트에 있는 수만 개의 데이터를 교과서 삼아 GNoME을 훈련시켰다. 수많은 '정답'을 공부한 GNoME은 어떤 원자 배열이 안정적인 구조를 만드는지에 대한 기본적인 감각을 익혔다. 하지만 연구팀의 목표는 단순히 기존 지식을 달달 외워 요약하는 모범생을 만드는 것이 아니었다. 그들이 진정으로 원한 것은, 지금까지 인류가 단 한 번도 본 적 없는 새로운 물질을 창조해 내는 '발명가'를 탄생시키는 일이었다.

이를 위해 그들은 '능동적 학습Active Learning'이라는 독창적이고 혹독한 훈련 방식을 도입했다. 이 과정은 마치 혈기 왕성하고 창의적인 학생(AI)과, 깐깐하고 엄격한 노교수(물리 법칙)가 나누는 끝없는 대화와 같다.

1단계: 대담한 상상(창의적인 학생)

먼저, 기본기를 익힌 GNoME이 수백만 개의 새로운 결정 구조를 마음껏 '상상'하여 제안한다. 이것은 마치 윤동주 시인의 모든 작품을 읽고 감명받은 학생이, 그 스타일을 본떠 자신만의 새로운 시를 창작해 보는 것과 같다. 물론 개중에는 엉터리 시도 있겠지만, 놀랍도록 참신한 시도 섞여 있을 것이다.

2단계: 냉정한 검증(엄격한 교수)

다음으로, GNoME이 제안한 이 수많은 아이디어를 기존의 계산 방식인 DFT를 사용해 하나하나 검증한다. DFT는 계산 속도는 느리지만 정확도는 매우 높은, 일종의 '정답 판독기'다. 이는 노교수가 학생이 써 온 습작 시를 한 줄 한 줄 읽으며, 문법이 맞는지, 운율은 적절한지 빨간 펜으로 꼼꼼하게 채점하는 과정이다.

3단계: 피드백과 성장(깨달음)

가장 중요한 단계다. 검증 결과, 안정적이라고 판명된 '좋은 아이디어'뿐만 아니라, 불안정해서 실패한 '나쁜 아이디어'까지 모두 성적표와 함께 GNoME에게 다시 학습 데이터로 돌려보낸다. GNoME은 자신의 성공(정답)에서만 배우는 것이 아니라, 실패(오답)로부터도 배

운다. '아, 탄소 옆에 규소를 이런 각도로 붙이면 구조가 무너지는구
나' 하고 깨닫는 것이다.

이 치열한 대화의 순환 고리는 GNoME을 단순한 지식의 모방자에
서 진정한 지식의 창조자로 변모시켰다. 이러한 능동적 학습 과정 덕
분에, GNoME이 '이 물질은 안정적일 거야'라고 예측했을 때 실제로
맞을 확률(정확도)은 초기 50% 수준에서 80% 이상으로 극적으로 향
상되었다. 이는 동전 던지기 수준의 찍기 실력이, 베테랑 전문가의 직
관을 뛰어넘는 수준으로 진화했음을 의미한다.

인공지능은 이제 단순히 데이터 속에 숨은 패턴을 찾는 수동적인
도구를 넘어섰다. 스스로 가설을 세우고, 검증하고, 실패에서 배우며
성장하는, 과학적 발견의 전 과정을 자동화한 강력한 지적 엔진이 된
것이다. 1839년, 찰스 굿이어가 끓는 난로 앞에서 기다려야 했던 '우
연한 행운'의 시대는 끝났다. 바야흐로 인공지능이 '필연적인 발견'을
공장처럼 대량 생산해 내는 새로운 시대가 열리고 있다.

800년 세월을 압축하다

GNoME이 혹독한 수련(능동적 학습)을 거듭한 끝에 내놓은 결과는
과학계의 상상을 초월하는, 말 그대로 '지식의 빅뱅'이었다. GNoME
은 총 220만 종류에 달하는, 인류가 단 한 번도 본 적 없는 완전히 새
로운 결정 구조를 예측해 냈다. 이 숫자가 얼마나 압도적인지 감이 오
는가? 딥마인드 측 계산에 따르면, 이는 인류가 실험실에서 비커를 흔
들며 지난 800년 동안 축적해 온 지식의 총량과 맞먹는 규모다. 단 하

나의 인공지능 모델이, 수 세기에 걸쳐 수만 명의 과학자가 쌓아 올린 피와 땀의 역사를 단숨에 따라잡고 추월한 것이다.

물론, AI가 예측한 220만 종류에 달하는 후보가 모두 현실 세계에서 유용한 것은 아니다. 개중에는 너무 불안정해서 만들자마자 부서져 버릴 물질도 섞여 있다. 중요한 것은 '옥석 가리기'다. GNoME은 열역학적 계산을 통해 실험실에서 실제로 합성하고, 안정적으로 존재할 가능성이 매우 높은 '핵심 물질'만 38만 1천 가지를 추려 냈다.

이 숫자 하나만으로도 인류가 가진 물질에 대한 지식 체계는 하루아침에 근본적으로 뒤집혔다. 생각해 보라. 인류 문명이 시작된 이래 머티리얼스 프로젝트 등을 통해 가까스로 찾아내 데이터베이스에 등록한 안정적인 물질의 종류는 고작 4만 8천 가지였다. 그런데 AI가 하루아침에 그 목록을 아홉 배 가까이 확장해 버린 것이다. 인류가 알고 있던 '물질의 도서관' 옆에 그보다 아홉 배 더 큰 별관이 순식간에 지어진 셈이다.

이는 마치 천문학자가 성능을 열 배 높인 새 망원경으로 밤하늘을 관측하다가 이제껏 헤아려 온 수많은 별이 실은 광활한 우주 속 먼지 한 톨에 불과함을 깨달으며 마주한 충격과도 같다. 인간의 제한된 직관과 상상력으로는 도저히 닿을 수 없었던 저 광대한 어둠 속에, 사실은 수십만 개의 빛나는 새로운 물질들이 숨어 있었던 것이다.

[표 4-1] GNoME을 통한 물질 지식의 확장

물질 종류	GNoME 이전에 알려진 물질의 수	GNoME이 발견한 물질의 수	증가율
안정적인 결정 구조	48,000개	381,000개	900%
층상 화합물	1,000개	52,000개	5,200%
리튬 이온 전도체	20개	528개	2,600%

AI가 열어젖힌 이 새로운 보물창고에는 미래 기술 판도를 뒤흔들 잠재력을 지닌 '슈퍼 물질'들이 가득했다. 가장 먼저 눈에 띄는 것은 '층상 화합물Layered Compounds'이다. 이는 꿈의 신소재라 불리는 '그래핀Graphene'처럼 원자들이 샌드위치같이 얇은 층을 이루고 있는 물질이다. GNoME은 무려 5만 2천 가지 새로운 층상 화합물을 발견했다. 이전까지 인류가 알고 있던 것이 고작 1천여 가지에 불과했음을 상기하면, 이는 실로 경이로운 수치다. 이 물질들은 전자가 막힘없이 흐르게 하여 차세대 반도체를 만들거나 전력 손실이 없는 초전도체를 개발하는 데 핵심적인 재료가 될 수 있다.

하지만 더욱 극적이고, 우리 피부에 와닿는 발견은 배터리 분야에서 나왔다. 현대 문명의 심장인 스마트폰과 전기차의 성능을 결정짓는 것은 바로 리튬 이온 배터리다. GNoME은 배터리 내부에서 이온이 이동하는 고속도로 역할을 하는 '리튬 이온 전도체'의 유력한 후보 물질을 528가지나 찾아냈다. 이는 기존 연구들이 찾아낸 것보다 25배 이상 많은 수치다. 이 발견이 중요한 이유는 이것이 배터리 기술의 '성배'라 불리는 '전고체 배터리' 개발의 열쇠이기 때문이다. 이 새로운 물질들을 활용하면, 폭발 위험은 사라지고 충전 속도는 획기적으로 빨라지며, 한 번 충전으로 며칠을 가는 꿈의 배터리가 현실이 될 수 있다.

GNoME이 거둔 성취는 단순히 도서관 장서를 몇 권 늘린 수준에 머무르지 않는다. 인류가 나아갈 기술 방향을 밝히는 거대하고 정밀한 '새로운 지도'를 그려 낸 것이다. 우리는 이제 그 지도를 들고, 더 강력한 반도체와 더 오래가는 에너지를 향한 구체적인 항해를 시작하게 되었다.

디지털 청사진에서 물리적 현실로: 로봇 연금술사의 등장

아무리 뛰어난 인공지능이 수백만 가지의 신소재를 발견했다고 한들, 그것이 컴퓨터 화면 속의 화려한 그래픽으로만 남는다면 무슨 소용이 있을까? GNoME이 그려 낸 그 수십만 가지 물질이 단순한 디지털 환각Hallucination이 아니라, 우리가 만질 수 있는 '물리적 실체'임을 증명하는 것은 프로젝트의 성패를 가르는 가장 중요한 과제였다. 이론(지도)이 현실(영토)과 일치함을 입증해야만 했다.

첫 번째 결정적인 증거는 전혀 예상치 못한 곳에서 찾아왔다. GNoME 프로젝트가 그 방대한 예측 결과를 세상에 공개했을 때, 전 세계 각지의 연구소에서 놀라운 소식이 들려왔다. 다른 연구자들이 별개의 실험을 통해 이미 합성에 성공한 물질 중 무려 736가지가 GNoME의 예측 목록과 정확히 일치한다는 사실이 확인된 것이다. 이것은 일종의 완벽한 '블라인드 테스트'였다. 이 736가지 물질은 GNoME의 예측 결과가 발표되기 전에, 혹은 AI가 학습하지 않은 상태에서 인간 연구자들이 독자적으로 발견한 것들이었다. 서로 다른 탐험가들이 각자의 직관으로 항해하다가 우연히 발견한 보물섬의 위치가, GNoME이 수학적으로 계산해 그려 놓은 지도 위에 정확한 좌표로 표시되어 있었던 셈이다. 이는 인공지능의 예측이 공상과학적인 추측이 아니라, 실제 자연계의 물리 법칙에 단단히 뿌리내리고 있음을 보여 주는 가장 강력하고 객관적인 성적표였다.

하지만 딥마인드와 협력 기관 연구자들은 이런 식의 단순 확인에 만족하지 않았다. 그들은 예측을 넘어, 발견의 전 과정을 자동화하는 미래를 직접 보여 주고자 했다. 이 야심 찬 계획을 위해 무대는 캘리포니아 버클리에 위치한 로렌스 버클리 국립 연구소의 'A-Lab^{Auto-nomous Laboratory}'으로 옮겨진다.

A-Lab은 말 그대로 '완전 무인 실험실^{Self-driving Lab}'이다. 이곳의 풍경은 우리가 알던 실험실과는 판이하다. 흰 가운을 입고 분주하게 오가는 연구원들은 보이지 않고, 오직 인공지능 두뇌와 정교한 로봇 팔들만이 묵묵히 움직인다. 이곳의 작업 방식은 마치 최고급 레스토랑의 주방과 흡사하다. 먼저, 두뇌(AI)가 GNoME과 머티리얼스 프로젝트의 데이터를 분석해 새로운 물질을 만들 최적의 '레시피'를 짠다. 그러면 손(로봇 팔)들이 지시에 따라 분말 형태의 원료들을 마이크로그램 단위로 정확하게 계량하고 혼합한 뒤, 고온의 용광로(오븐)에 넣어 구워 낸다.

진정한 마법은 그다음부터다. 합성이 끝나면 로봇은 자동으로 결과물의 구조를 엑스선 등으로 분석하고, 그 성적표를 다시 두뇌인 AI로 전송한다. 만약 합성에 실패했다면? AI는 좌절하지 않고, 즉시 레시피를 수정한다. '구울 때 온도가 너무 낮았나? 아니면 비율을 바꿔 볼까?' 가설 수립, 실험 수행, 결과 분석 그리고 다시 새로운 가설 수립으로 이어지는 과학적 발견의 순환 고리 전체가 인간의 개입 없이 24시간 내내 쉼 없이 자동으로 돌아가는 것이다.

A-Lab에 주어진 첫 번째 임무는 GNoME이 예측한 새로운 물질들을 실제로 만들어 내는 것이었다. 결과는 충격적이었다. A-Lab은 단 17일 동안 밤낮없이 작동하여, 이전에 지구상에 존재하지 않았던 41종의 새로운 물질을 성공적으로 합성해 냈다. 아무리 숙련된 인간 연구팀이라도 밥도 먹고 잠도 자야 하기에 수개월, 어쩌면 수년이 걸렸을 일을 로봇들은 불과 2주 남짓한 기간 안에 해치운 것이다. 실패를 두려워하지 않고 24시간 내내 실험을 반복할 수 있는 기계만의 압도적인 퍼포먼스였다.

GNoME이 내놓은 이론적 청사진이 A-Lab이라는 '로봇 연금술사'의 손을 거쳐 구체적인 '물리적 현실'로 튀어나오는 이 장면은 과학의 미래를 가장 압축적으로 보여 준다. 아이디어를 내는 단계부터 그것을 실제 물질로 구현하는 단계까지, 발견의 속도가 인간의 생물학적 한계를 뛰어넘어 기계의 속도로 가속되는 시대. 우리는 지금 과학 연구의 패러다임이 근본적으로 바뀌고 있음을 알리는 가장 확실한 신호탄을 목격하고 있는 것이다.

알파폴드가 생물학계에 던진 거대한 충격파가, 불과 몇 년 뒤 GNoME을 통해 재료과학 분야에서 그대로 재현되는 것을 목격하며 우리는 한 가지 분명한 사실을 깨닫게 되었다. 딥마인드가 인류에게 선물한 것은 단지 단백질이나 신소재라는 특정 문제에 대한 일회성 해법이 아니었다. 그것은 분야를 막론하고 과학적 발견 그 자체를 재정의하는, 강력하고도 보편적인 '발견의 설계도'였다.

그들이 보여 준 성공 방정식은 명쾌하다. 첫째, 인류의 지성을 시험하는 거대한 난제를 설정한다. 둘째, 수십 년간 축적된 고품질의 공개 데이터를 학습의 토대로 삼는다. 셋째, 인간의 편견이 배제된 최첨단 인공지능으로 미지의 영역을 탐험한다. 넷째, 그렇게 얻은 지식을 다시 세상에 투명하게 공유하여 혁신의 속도를 올린다. 이 네 단계의 순환 고리는 이제 데이터 중심의 제4 패러다임 시대를 항해하는 모든 과학자에게 잃어버린 길을 찾아주는 새로운 나침반이 되었다.

GNoME의 성공은 우리에게 찰스 굿이어가 살았던 19세기와는 완전히 다른 방식으로 물질세계를 탐험할 수 있음을 증명했다. 과거의 과학이 칠흑 같은 어둠 속에서 손을 휘젓다 우연히 무언가에 걸려 넘어지기를 기대하는 '운'의 영역이었다면, AI 시대의 과학은 대낮에 정밀한 지도를 들고 목적지를 향해 직진하는 '계획'의 영역이다. 우리는 더 이상 난로 위에 고무를 실수로 떨어뜨리는 것과 같은 뜻밖의 행운만을 막연히 기다릴 필요가 없다. 우리는 이제 체계적으로 가능성의 우주 전체를 훑어 보고, 가장 유망한 금광이 어디에 있는지를 핀셋으로 집어내듯 정확히 찾아낼 수 있는 강력한 '보물지도'를 손에 쥐게 된 것이다.

하지만 이 모든 화려한 혁신의 이면, 그 가장 깊은 뿌리에는 우리가 결코 잊지 말아야 할 존재들이 있다. 바로 PDB와 머티리얼스 프로젝트 같은 거대한 도서관을 짓기 위해, 지난 수십 년간 묵묵히 데이터를 실험하고 기록하고 쌓아 올린 수많은 '이름 없는 과학자'의 헌신이다. 그들이 구축한 '공개 데이터'라는 단단한 활주로가 없었다면, 인공지능이라는 최첨단 비행기는 결코 이륙조차 할 수 없었을 것이다.

이는 다가올 미래를 위해 우리가 무엇을 해야 하는지, 가장 현명한 투자가 무엇인지를 명확히 일깨워 준다. 그것은 당장 눈앞의 성과를 좇는 것이 아니라, 우리 모두의 발견을 위해 다음 세대가 딛고 설 수 있는 '데이터의 도서관'을 짓는 일이다. 선배 과학자들이 남긴 유산 위에서 AI라는 엔진을 장착한 인류의 지성. 이 강력한 탐사선이 과연 또 어떤 미지의 세계를 우리 눈앞에 펼쳐 보일지, 그 가슴 벅찬 가능성의 시대는 이제 막 시작되었을 뿐이다.

제2부

AI 망원경: 보이지 않는 것을 보다

망원경이 우주를 확장했다면,

인공지능은 우리의 인식을 확장한다.

데이터의 바다에서 인간이 놓친 패턴을 찾아내며,

AI는 외계 행성·암흑 물질·태양 폭풍·지구 기후까지

우주의 숨겨진 질서를 드러낸다.

보이지 않던 세계가 이제 하나씩 모습을 드러내고 있다.

제5장

우주를 보는 새로운 눈: 외계 행성과 암흑 물질 탐사

우주에는 우리가 아직 발견하지 못한 비밀이 얼마나 더 남아 있을까? 인간의 눈으로는 그냥 지나쳐 버린 미묘한 신호가 방대한 천문 데이터 속에 여전히 숨어 있을지 모른다. 이제 인공지능이 그 보이지 않던 흔적들을 하나씩 찾아내기 시작했다.

별빛이라는 거대한 건초 더미

오늘날 현대 천문학자들이 마주한 딜레마는 지극히 역설적이다. 인류는 우주 망원경이라는, 신의 시력에 버금가는 강력한 '눈'을 통해 밤하늘을 올려다보고 있다. 하지만 정작 그 강력한 눈이 받아들이는 감당하기 힘든 엄청난 양의 '데이터의 폭포' 아래서, 우리는 무엇이 중요하고 무엇이 소음인지 제대로 가려내지 못한 채 허우적대고 있다.

기술의 발전으로 우리가 우주를 관측하고 데이터를 수집하는 능력은 기하급수적으로 향상되었지만, 그 데이터를 해석하고 이해하는 인간의 능력은 제자리걸음을 하고 있기 때문이다. 관측 능력이 해석 능력을 훌쩍 앞질러 버린, 이른바 '풍요 속의 빈곤' 상태에 빠진 것이다.

이 거대한 아이러니의 서막은 2009년, 미 항공우주국 나사NASA가 야심 차게 쏘아 올린 '케플러 우주 망원경'에서 시작된다. 케플러에게 주어진 임무는 단순하면서도 무모했다. 지구에서 수백 광년 떨어진 밤하늘의 한 구석, 백조자리와 거문고자리 부근의 손바닥만 한 공간에 시선을 고정한 채, 그 안에 있는 15만 개가 넘는 별들을 4년 내내 단 한 번도 눈을 깜빡이지 않고 노려보는 것이었다. 말하자면 우주를 감시하는 '초고성능 CCTV'였던 셈이다.

케플러가 이토록 집요하게 별들을 응시한 이유는 아주 사소하고 미세한 변화를 찾기 위해서였다. 만약 어떤 별 주위를 공전하는 행성이 있다면, 그 행성이 우리 지구와 별 사이를 가로지르는 순간(공전) 별빛이 아주 미세하게 어두워질 것이다. 마치 거대한 등대 앞을 작은 모래알이 지나갈 때 순간적으로 빛이 가려지는 것과 같은 원리다. 과학자들은 이 찰나의 '통과 현상Transit'을 포착해 행성의 존재를 증명하려 했다.

하지만 이 단순하고 우아한 원리 뒤에는 감당하기 힘든 현실의 무게가 숨어 있었다. 케플러는 수년간 밤하늘을 응시하며, 인류 역사상 유례를 찾아볼 수 없을 만큼 방대한 양의 '별빛 밝기 데이터'를 지구로 쏟아부었다. 4년간의 임무가 끝났을 때, 과학자들의 책상 위에는 "행성일지도 모릅니다"라고 아우성치는 3만 4천여 건의 후보 신호가 담긴 하드디스크가 산더미처럼 쌓여 있었다.

이는 단순히 '건초 더미에서 바늘 찾기' 수준의 문제가 아니었다. 문제의 본질은 건초 더미가 에베레스트산만큼 거대하고, 찾아야 할 바늘은 현미경으로 들여다봐야 할 만큼 작다는 데 있었다. 천문학자들은 이 방대한 신호 그래프를 일일이 눈으로 확인하고 분석하려 애썼지만, 인간의 시간과 집중력에는 명백한 한계가 있었다. 수만 개의 그래프를 매일 들여다보면, 눈은 침침해지고 판단력은 흐려지기 마련이다.

결국 연구자들은 살아남기 위해 타협해야만 했다. 당연히 가장 확실하고 강한 신호, 즉 목성처럼 크기가 커서 눈에 잘 띄는 거대한 '바늘'에만 집중할 수밖에 없었다. 반면, 지구처럼 작아서 신호가 미약하거나 우주의 잡음과 구분하기 힘든 희미한 깜빡임은 '확실하지 않다'는 이유로 폐기되거나 무시되었다. 진짜 제2의 지구가 숨어 있을지도 모르는 그 귀중한 가능성이 거대한 데이터의 바다 아래로 소리 없이 가라앉고 있었던 것이다.

인류의 관측 기술은 눈부신 속도로 발전하여 이제 감당할 수 없을 만큼 방대한 정보를 퍼 올리고 있지만, 그것을 소화할 우리의 위장은 턱없이 작았다. 우리는 깨달았다. 이제 우리에게 필요한 것은 더 멀리 보는 더 큰 망원경이 아니다. 이 데이터의 홍수 속에서 길을 잃지 않고, 모래알 속에 숨겨진 다이아몬드를 찾아낼 수 있는 '새로운 종류의 눈'이었다.

천문학의 역사를 바꿀 새로운 '눈'은 거대한 돔이나 산꼭대기의 관측소가 아닌, 전혀 뜻밖의 장소에서 조용히 눈을 떴다. 2017년, 구글 본사가 위치한 실리콘밸리. 그곳의 인공지능 연구원 크리스토퍼 샬루Christopher Shallue는 우주와는 무관한 삶을 살던 엔지니어였다. 하지만 그는 문득 한 가지 강렬한 호기심에 사로잡혔다. 자신이 매일 다루는 신경망 기술, 즉 고양이 사진을 분류하거나 언어를 번역하는 데 쓰이는 이 강력한 도구가, 자신의 전공 분야가 아닌 거대한 데이터 문제를 해결하는 데에도 쓰일 수 있지 않을까 궁금했다.

그는 틈이 날 때마다 구글 검색창에 '대용량 데이터셋' '과학 난제' 같은 키워드를 넣어 보며 AI가 활약할 새로운 무대를 찾았다. 그러던 어느 날, 그의 모니터에 나사의 케플러 우주 망원경이 지구로 전송한 데이터에 관한 정보가 떴다.

"무척 흥미로웠어요. 케플러가 보낸 데이터는 인간이 도저히 수작업으로 감당할 수 없을 만큼 방대했습니다. 데이터가 너무 많아서 인간이 허우적대는 상황, 그것이야말로 제가 다루는 머신 러닝이 가장 눈부시게 빛을 발할 수 있는 순간이거든요."

그는 천문학계에 아는 사람이 단 한 명도 없었지만, 주저하지 않고 무작정 텍사스 대학교의 천문학자 앤드루 밴더버그Andrew Vanderburg에게 이메일 한 통을 보냈다. 서로 다른 언어를 쓰던 두 세계의 만남이었다. 쏟아지는 데이터의 홍수에 휩쓸려 익사 직전이던 천문학자와, 그 물살을 헤쳐 나갈 강력한 모터보트를 가진 AI 공학자의 운명적인 협업은 그렇게 시작되었다.

그들의 전략은 명확했다. 갓 입문한 수습생에게 일을 가르치듯, 먼저 AI에게 '외계 행성처럼 보이는 것'이 무엇인지 알아보는 법을 가르치는 것이었다. 연구팀은 케플러 데이터 아카이브를 뒤져, 이미 인간 전문가들이 수년에 걸쳐 '이것은 행성이 맞다' 혹은 '이것은 행성이 아니다(오인 신호)'라고 판정한 1만 5천 개의 신호 데이터를 확보했다. 이것이 AI가 보고 배울 교과서였다. 인공지능은 교과서에 담긴 수많은 예제를 밤새워 공부하며 미묘한 차이를 익혀 나갔다. 진짜 행성이 별 앞을 지나갈 때 별빛이 어두워지는 특유의 U자형 패턴과, 우주 공간에서 날아오는 고에너지 입자인 우주선Cosmic Ray이나 쌍성계가 만들어 내는 가짜 신호 사이의 미세한 '질감' 차이를 구분하는 감각을 스스로 터득한 것이다. 훈련을 마친 AI는 테스트에서 무려 96%의 판별 정확도를 기록했다. 이는 평생 별만 바라본 베테랑 인간 전문가와 거의 대등한 수준이었다.

하지만 진짜 시험은 그다음이었다. 연구팀은 이 똑똑해진 AI 탐정에게 새로운 임무를 부여했다. "이미 인간들이 샅샅이 뒤져서 행성을 발견했다고 보고한 670개의 항성계를 다시 한번 조사해라. 단, 이번에는 인간의 눈으로는 놓쳤을 법한 아주 희미하고 약한 신호까지 놓치지 말고 찾아봐라." AI는 지치지도 않고 데이터의 바다 밑바닥을 훑기 시작했고, 마침내 '케플러-90'이라는 별(항성)의 데이터 잠음 속에 숨죽이고 있던 미약한 신호 하나를 포착해 냈다. 그 신호는 너무나 희미해서, 기존의 컴퓨터 프로그램이나 인간의 눈으로는 '이건 그냥 잡음이야’라고 무시하고 지나쳤을 가능성이 컸다.

정밀 분석 결과, 그것은 진짜 행성이었다. ‘케플러-90i’라고 이름 붙여진 이 행성은 지구보다 약 30% 정도 크고, 항성에 너무 가까이 붙어 있어 표면 온도 430℃가 넘는 뜨거운 지옥 같은 암석 행성이었다. 비록 생명체가 살 수 있는 곳은 아니었지만, 이 발견이 갖는 상징성은 천문학의 역사를 다시 쓰기에 충분했다. 케플러-90i는 그 항성계에서 발견된 여덟 번째 행성이었다. 이로써 우리 태양계는 더 이상 우주에서 유일하게 여덟 개의 행성을 거느린 특별한 대가족이 아니게 되었다. 저 멀리 우주에도 우리와 똑같은 규모의 형제 태양계가 존재한다는 것이 밝혀진 것이다.

더욱 중요한 것은 행성을 발견한 ‘방식’ 그 자체였다. AI는 단순히 인간이 하던 분류 작업을 더 빨리 처리한 것이 아니었다. 그것은 인간의 감각적 한계와 편견 때문에 사실상 ‘볼 수 없었던’ 영역, 즉 데이터의 심해 속에 가라앉아 있던 신호를 건져 올렸다. 이로써 AI는 유리를 깎아 만든 광학 렌즈가 아닌, 데이터라는 우주를 들여다보는 ‘소프트웨어 렌즈’이자, 우리의 시야를 무한히 확장하는 ‘새로운 종류의 망원경’으로 확고히 자리매김했다.

앞서 소개한 케플러-90i의 발견이 AI라는 새로운 우주 탐정의 화려한 데뷔를 알리는 짧은 ‘예고편’이었다면, 나사가 야심 차게 준비한

'엑소마이너ExoMiner' 프로젝트는 그 탐정이 아예 흥신소를 차리고 본격적으로 대규모 수사에 착수했음을 보여 주는 '블록버스터 본편'과도 같다. 이것은 단순히 운 좋게 행성 하나를 더 찾았다는 식의 성공담이 아니다. AI를 이용한 행성 발견 시스템을, 장인 정신에 의존하던 수공업 단계에서 공장처럼 찍어 내는 체계적이고 산업적인 규모로 확장하려는 거대한 시도였다.

전설적인 케플러 우주 망원경은 2018년, (망원경의 자세를 바로잡고 시선을 고정하는 데 필요한) 연료 고갈로 현역에서 은퇴하며 우주의 심연 속으로 사라졌다. 하지만 그 몸체는 사라졌어도 그가 남긴 유산, 즉 수많은 미지의 행성 신호를 품고 있는 방대한 데이터 아카이브는 지구의 서버 속에 고스란히 남았다. 엑소마이너는 바로 이 차가운 서버 속에 잠들어 있는 데이터에 새로운 생명을 불어넣기 위해 탄생한 고도로 훈련된 심층 신경망Deep Neural Network이다. 엑소마이너는 앞선 모델들처럼, 인간 전문가들이 이미 검증을 마친 수만 건의 '진짜 행성 신호'와 '가짜 신호(오인 신호)'를 교과서 삼아, 행성 특유의 지문을 식별해 내는 능력을 극한까지 키웠다.

그렇게 훈련된 AI가 현장에 투입되자, 결과는 놀라웠다. 엑소마이너는 케플러와 그 후속 임무인 K2(케플러의 부품 고장 이후 진행된 2차 관측 임무)가 아주 오래전에 보내왔던 묵은 데이터들을 다시 파헤치기 시작했다. 그 안에는 인간 전문가들이 행성인 것 같기는 한데, 확신할 수는 없다며 '후보'라는 표시만 해 놓고 최종 확인을 미뤄 둔 수많은 신호가 섞여 있었다. 엑소마이너는 이 애매모호한 신호들을 정밀 재검토하여, 무려 301개의 신호가 진짜 외계 행성을 가리킨다는 사실을 단숨에 검증해 냈다. 이후 데이터의 연관성을 파악하는 '다중성 증폭'이라는 개념을 장착한 개선된 버전은 여기에 69개의 행성을 추가로 발견해 냈다.

이는 마치 경찰서 서고 깊숙한 곳에 수십 년간 먼지를 뒤집어쓴 채 방치되어 있던 '미제 사건Cold Case' 파일들을 다시 꺼내 든 베테랑 탐정이, 흩어진 단서들 사이의 새로운 연결 고리를 찾아내어 순식간에 수백 건의 사건을 해결해 버리는 것과 같았다. 인류가 이미 축적했으나 역량이 부족해 미처 소화하지 못했던 거대한 지식 창고에서 AI가 잊혀졌던 보물을 다시 세상 밖으로 꺼내 온 셈이다.

하지만 엑소마이너가 과학계에서 진정으로 높게 평가받는 이유는 단순히 성능이 좋아서가 아니다. 연구팀은 이 AI가 과학자들이 가장 기피하는 '블랙박스'가 되지 않도록 설계 단계부터 각별히 신경 썼다. 사실 많은 최신 AI 모델이 정답은 기가 막히게 잘 맞히지만, "도대체 왜 그런 결정을 내렸습니까?"라고 물으면 침묵하는 경우가 많다. 내부의 연산 과정이 너무 복잡해서 인간이 도저히 이해할 수 없기 때문이다. 과학에서 '이유를 모르는 정답'은 가치가 떨어진다.

반면 엑소마이너는 다르다. 이 AI는 특정 신호를 행성이라고 판단하거나 혹은 기각할 때, 데이터의 어떤 특징적인 부분에 주목했는지를 인간 연구자들이 명확하게 이해하고 설명할 수 있도록 투명하게 설계되었다. 나사 에임스 연구센터의 저명한 외계 행성 과학자 존 젠킨스Jon Jenkins는 이 지점을 다음과 같이 강조했다.

"엑소마이너는 블랙박스가 아닙니다. 바로 이 부분이 외계 행성 탐지를 위한 다른 AI 모델과 결정적으로 차별화되는 지점이죠. 엑소마이너가 분석한 결과를 보면 '도대체 AI가 왜 이것을 행성이라고 결정했을까?'라는 미심쩍음이 남지 않아요. 그 덕분에 저희 인간 과학자들은 이 행성이 데이터 측면에서 어떤 특징을 보이는지를 아주 쉽고 자신 있게 설명할 수 있습니다.”

이와 같은 '설명 가능성'은 과학 연구에서 그 무엇보다 중요한 가치다. AI가 내놓은 답을 맹목적으로 믿고 따르는 것이 아니라, 그 추론 과정을 인간이 이해하고 검증할 수 있을 때, 비로소 AI는 단순한 계산기를 넘어 신뢰할 수 있는 진정한 '과학 연구 파트너'가 될 수 있기 때문이다. 엑소마이너 프로젝트의 책임자인 하메드 발리자데간 Hamed Valizadegan은 이와 같은 신뢰를 한 문장으로 요약했다.

“엑소마이너가 무언가를 행성이라고 콕 집으면, 여러분은 그냥 믿으셔도 됩니다.”

이 자신감 넘치는 한마디는, AI가 과학 연구를 위한 도구로서 얼마나 진일보했는지를 가늠해 볼 수 있는 상징적인 대목이다.

보이지 않는 것을 볼 수 있게 한다는 것

인류에게는 희미한 별빛 속에서 숨어 있는 외계 행성을 찾아내는 일보다 훨씬 더 근본적이고 거대한 과제가 남았다. 그것은 바로 눈에 전혀 보이지 않는 것을 찾아내야 하는 일이다. 우리가 밤하늘을 올려다볼 때 눈에 들어오는 모든 별과 은하는 우주의 아주 작은 일부, 즉 '빙산의 일각'에 불과하다. 우주 전체 질량의 약 85%를 차지하는 진짜 주인은 따로 있다. 바로 '암흑 물질 Dark Matter'이다. 문제는 이 물질이 빛을 내지도 않고, 빛을 반사하지도 않으며, 그 어떤 빛과도 상호 작용하지 않는다는 점이다. 말 그대로 완벽한 투명 인간과 같다. 눈에 보이지 않는 유령 같은 존재가 어디에 얼마나 분포해 있는지를 파악해서 지도로 그려 낸다는 것은, 희미하게나마 빛을 내는 행성을 찾는 일과는 차원이 다른 난이도의 문제다.

우리는 이 암흑 물질이 우주 공간에 남기는 단 하나의 발자국, 바로 '중력'을 통해서만 간접적으로 그 존재를 파악할 수 있다. 아인슈타인의 일반 상대성 이론에 따르면, 질량이 큰 물체는 주변의 시공간을 휘게 만든다. 이를 이해하기 위해 팽팽하게 당겨진 고무판을 상상해 보자. 그 위에 무거운 볼링공(거대 은하)을 올려놓으면 고무판이 볼링공을 중심으로 움푹 패게 된다. 이때 고무판 위로 작은 구슬을 굴리면, 구슬은 움푹 팬 굴곡을 따라 휘어지며 움직일 것이다. 우주에서는 빛이 바로 이 구슬과 같다. 질량이 만든 시공간의 굴곡을 따라 직진하던 빛의 경로가 휘어지는 것이다.

이렇게 거대한 질량에 의해 빛이 굴절되는 현상을 과학자들은 '중력 렌즈Gravitational Lensing 효과'라고 부른다. 아주 먼 옛날, 저 우주 끝에 있는 은하에서 출발한 빛이 지구로 오는 도중에 거대한 은하단처럼 질량이 큰 물체(렌즈)를 지나가게 되면, 그 은하단의 강력한 중력 때문에 빛의 경로가 뒤틀린다. 마치 돋보기를 통과한 빛처럼 말이다. 그 결과, 지구에 있는 우리 눈에는 원래 은하의 모습이 길게 늘어지거나Arc, 여러 개로 나뉘어 보이거나Cross, 혹은 아름다운 고리 모양Ring 으로 심하게 왜곡되어 보인다.

이 왜곡된 이미지의 모양은 굴곡이 있는 와인잔 바닥을 통해 촛불을 볼 때 불꽃이 일그러져 보이는 것과 매우 비슷하다. 여기서 가장 중요한 포인트가 있다. 천문학자들은 그 이미지가 일그러진 정도를 역으로 정밀하게 계산하면, 렌즈 역할을 한 은하단의 '총질량'이 얼마인지를 알아낼 수 있다. 빛을 이 정도로 휘게 만들려면 도대체 얼마나 무거워야 하는지를 계산하는 것이다. 그런데 충격적인 사실은, 이렇게 중력으로 계산된 질량이 우리가 망원경으로 확인한 별과 가스의 질량을 모두 합친 것보다 훨씬 크다는 점이다. 계산서가 맞지 않는 것이다. 이 사라진 질량, 즉 빛을 휘게 만들었지만 눈에는 보이지 않는 거대한 추가 질량의 주범이 바로 암흑 물질이다. 따라서 중력 렌즈 현상은 투명 인간인 암흑 물질의 분포를 추적할 수 있는 유일하고도 가장 강력한 도구다. 우리는 중력 렌즈를 통해서만 비로소 보이지 않는 우주의 뼈대를 그려 낼 수 있다.

하지만 이 결정적인 단서를 찾는 과정에도 앞서 케플러 망원경의 데이터 폭증 사태와 유사한 거대한 장벽이 존재했다. 중력 렌즈 현상은 우주에서 극히 드물게 일어나는 '우주쇼'이기 때문이다. 이 현상이 관측되려면 세 가지 요소가 필요하다. 관측자인 우리(지구), 가운데서 렌즈 역할을 하는 무거운 은하, 그 뒤편에 있는 아주 멀리 떨어진 배경 광원(다른 은하)이 이 광활하고 텅 빈 우주 공간에서 거의 완벽하게 일직선으로 정렬되어야만 한다. 이렇게 세 지점이 정확히 맞아떨어질 확률은 우주적 로또 당첨과도 같다. 실제로 강력한 중력 렌즈 현상을 만들어 낼 확률은 거대 은하 1만 개 중 하나꼴이다.

이런 까닭에 수백만, 수억 장의 은하 사진을 뒤져가며 이 희미하고 기이하게 왜곡된 이미지를 찾아내는 것은, 그야말로 모래사장 속에서 바늘을 찾는 것과 같은 엄청난 인내와 노력이 필요한 일이었다. 숙련된 전문가 한 명이 하나의 중력 렌즈 후보를 분석하고 검증하는 데만 수주에서 길게는 수개월이 걸리기도 했다. 그 결과 인류가 지금까지 확보한 확실하고 강력한 중력 렌즈의 수는 고작 수백 개에 불과했다. 이렇게 듬성듬성한 데이터로는 우주 전체를 아우르는 정교한 암흑 물질 지도를 그려 낼 수 없었다. 우리는 지도를 그릴 펜은 쥐었지만, 정작 그릴 종이가 부족한 상황에 처했던 것이다.

휘어진 시공간을 읽어 내는 인공지능

도저히 풀릴 기미가 보이지 않던 이 답답한 교착 상태를 단숨에 깨뜨린 주인공 또한 인공지능이었다. 스탠퍼드 대학과 SLAC 국립가속기연구소의 과학자들은 앞서 외계 행성을 찾을 때 사용했던 전략과 비슷한 아이디어를 떠올렸다. 바로 AI에게 중력 렌즈가 어떤 모양으로 생겼는지를 가르치는 것이었다.

하지만 문제가 있었다. AI를 가르치려면 수많은 '정답 데이터'가 필요한데, 인류가 확보한 중력 렌즈 이미지는 고작 수백 개에 불과했기 때문이다. 교과서가 너무 얇았던 것이다. 그래서 연구팀은 기발한 우회로를 택했다. 컴퓨터 시뮬레이션을 이용해 가짜 중력 렌즈 이미지, 즉 '합성 데이터'를 직접 만들어 내기로 한 것이다. 그들은 중력 렌즈의 원리를 역이용해, 멀쩡한 은하 이미지를 일부러 일그러뜨리고 휘게 만들어 약 50만 개의 가상 학습 자료를 생성했다. AI는 이 방대한 가상훈련장에서 밤낮없이 이미지를 들여다보며 수련했다. 그 과정에서 어떤 형태의 왜곡이 진짜 중력 렌즈 효과인지, 어떤 것이 그저 모양이 특이한 평범한 은하인지를 구별해 내는 예리한 '패턴 인식' 능력을 스스로 길러 냈다.

실전에 투입된 AI가 보여 준 퍼포먼스는, 인간의 상식을 아득히 초월하는 수준이었다. 숙련된 인간 전문가가 눈이 빠져라 데이터를 들여다보며 몇 달, 아니 몇 년에 걸쳐 수행해야 했던 분석 작업을, AI는 단 1초도 안 되는 찰나의 순간에 해치워 버렸다. 단순 계산으로 따져도 기존 방식 대비 무려 천만 배나 빠른 속도였다. 이것은 걷는 속도와 빛의 속도의 차이만큼이나 거대한 격차였다.

자신감을 얻은 천문학자들은 이제 AI라는 이 강력한 엔진을 더 큰 무대, 즉 인류 역사상 가장 방대한 우주 지도 데이터에 적용하기로 결정했다. 바로 'DESI 레거시 이미징 서베이DESI Legacy Imaging Survey'였다. 이 프로젝트는 우주의 팽창을 가속화하는 미지의 힘인 '암흑 에너지'의 정체를 밝히기 위해 하늘의 별들을 정밀하게 관측하여 만든, 일종의 '초대형 3D 우주 지도'다. 인간의 눈으로 전수 조사한다는 것은 애초에 불가능에 가까운 이 거대한 데이터의 바다에, 훈련된 AI 탐사선을 띄운 것이다.

그 결과, 천문학계에서는 말 그대로 '지식의 대폭발'이 일어났다. 한 연구팀은 AI를 이용해 이 끝없는 데이터 속에서 무려 1,200개가 넘는 새롭고 강력한 중력 렌즈 후보들을 단숨에 찾아냈다. 인류가 망원경을 발명한 이래 수백 년 동안 찾아낸 중력 렌즈의 수가 고작 수백 개였는데, AI는 단 한 번의 연구로 그 숫자를 순식간에 두 배 이상으로 불려 버린 것이다. 이는 비유하자면, 어제까지 성능이 좋은 망원경을 새로 발명했더니 밤하늘에 보이는 별의 숫자가 갑자기 두 배로 늘어난 것과 같은 충격적인 사건이었다.

이 극적인 발견의 과정은 앞서 우리가 살펴보았던, 생명의 비밀을 푼 '알파폴드'나 새로운 물질의 지도를 그려 낸 'GNoME'의 이야기와 소름 돋을 정도로 닮았다. 패턴은 명확하다. 언제나 인류의 지적 능력을 시험하는 거대한 난제(암흑 물질 지도 제작)가 있었고, 수십 년간 과학자들이 묵묵히 축적해 온 고품질의 공개 데이터(대규모 천체 지도)가 있었다. 그리고 마지막 퍼즐 조각으로 최첨단 인공지능이 투입되어, 그 방대한 데이터의 소음 속에 숨어 있던 인간이 미처 발견하지 못한 패턴을 찾아내고 지식의 총량을 폭발적으로 증가시켰다.

우리는 여기서 다시 한번 확신하게 된다. 이것은 생물학이나 재료과학 같은 특정 분야에만 우연히 통하는 마법이 아니다. '난제+데이터+AI=혁신적 발견'이라는 이 공식은, 이제 제4 패러다임 시대를 맞이한 과학적 발견 자체를 위한 가장 강력하고도 보편적인 방법론으로 자리 잡았음을 보여 주는 명백한 증거다.

우주 거미줄의 첫 가닥을 잡다

AI가 찾아낸 1,200개의 새로운 중력 렌즈들은 단순히 천문학자들의 수집 목록에 몇 줄을 더 추가한 정도의 의미에 그치지 않는다. 이것은 흐릿했던 우주의 지도를 4K 고화질로 업그레이드하는 것과 같은 혁명적 변화다. 이 수많은 렌즈라는 등대들을 통해, 우리는 이전과는 비교할 수 없는 정밀도로 우주 곳곳에 투명 인간처럼 숨어 있는 암흑 물질의 분포 지도를 그릴 수 있게 되었다.

이 정밀한 지도는 현대 천문학의 가장 아름답고도 거대한 이론인 '우주 거대 구조^{Cosmic Web}'를 강력하게 뒷받침하는 결정적인 증거가 된다. 이 이론에 따르면 우주는 무질서하게 흩어진 별들의 집합이 아니다. 보이지 않는 암흑 물질이 먼저 우주 공간에 거대한 거미줄(필라멘트)처럼 뼈대를 형성하면, 우리가 눈으로 보는 찬란한 은하들은 그 거미줄을 따라 맺힌 작은 이슬방울들처럼 분포하게 된다는 것이다. 중력 렌즈는 바로 눈에 보이지 않는 이 거대한 거미줄의 위치를 우리에게 알려 준다.

더 나아가 이 지도는 우주론의 가장 큰, 최후의 수수께끼인 '암흑 에너지'의 정체를 밝히는 데도 결정적인 단서를 제공한다. 지금, 이 순간에도 우주라는 거대한 무대에서는 치열한 '줄다리기'가 벌어지고 있다. 우주를 자신의 중력으로 끌어당겨 뭉치게 하려는 암흑 물질과, 반대로 우주를 찢어질 듯이 팽창시키려는 미지의 힘인 암흑 에너지 사이의 힘겨루기다. 우리가 중력 렌즈를 통해 암흑 물질이 우주를 얼마나, 어디서 꽉 붙들고 있는지를 정확히 파악하게 된다면, 그 반대편에서 우주를 밀어내고 있는 암흑 에너지의 힘과 성질을 역으로 추론해 낼 수 있다. 적(암흑 물질)의 위치와 힘을 알면, 보이지 않는 상대(암흑 에너지)의 실체도 드러나는 법이다.

결국 AI라는 새로운 눈 덕분에, 인류는 이제 우주의 가장 미시적인 구성원인 외계 행성의 미약한 깜빡임을 포착하는 동시에, 우주의 가장 거시적인 구조물인 암흑 물질의 웅장한 뼈대까지 가늠할 수 있는 '완전한 시야'를 갖게 되었다. 보이는 것과 보이지 않는 것, 모래알같이 작은 것과 우주 전체를 아우르는 거대한 것을 모두 포함하는 '가장 완벽한 우주 지도'가 바야흐로 인공지능의 손끝에서 그려지기 시작한 것이다.

물론 이 지도는 우리가 품었던 수많은 질문에 대한 답을 줄 것이다. 하지만 그보다 더 중요한 것은, 이 지도가 알려 줄 '새로운 질문'들이다. 우리가 아직 무엇을 모르는지조차 몰라서 감히 던지지 못했던 질문들 말이다. 진정한 탐험은 지도가 완성되었을 때 끝나는 것이 아니라, 그 지도를 들고 미지의 영역으로 첫발을 내디딜 때 비로소 시작된다. 우주를 향한 인류의 위대한 여정은, 어쩌면 이제 막 진짜 출발선에 섰는지도 모른다.

제6장

태양의 분노 예측: AI 태양물리학의 부상

문명을 무너뜨릴 수 있는 폭발이 태양에서 시작된다면 우리는 그것을 미리 알 수 있을까? 인류는 오랫동안 이 질문 앞에서 무력했다. 하지만 이제 인공지능이 태양의 언어를 배우며, 우주의 가장 위험한 신호를 읽어 내기 시작했다.

태양의 경고 사격

시곗바늘을 1859년 9월 1일의 평화로운 아침으로 돌려 보자. 런던 근교의 한적한 사설 천문대에서, 영국의 아마추어 천문학자 리처드 캐링턴Richard Carrington은 여느 때와 다름없이 태양의 얼굴을 관측하고 있었다. 그가 보고 있던 것은 태양 표면에 검게 피어난 거대한 주근깨, 즉 흑점이었다. 매일 반복되던 지루한 관측 루틴이 인류 천문학사를 뒤흔들 순간으로 뒤바뀐 찰나의 순간이었다.

평온하던 흑점들 사이에서 갑자기 눈을 멀게 할 듯한 두 줄기의 강렬한 섬광이 뿜어져 나왔다. 그것은 마치 태양 표면에 거대한 구멍이 뚫려, 그 깊은 곳에서 끓고 있던 지옥의 용광로가 우주 밖으로 그대로 노출된 듯한 충격적인 광경이었다. 이것이 바로 인류 역사상 최초로 기록된 '태양 플레어Solar Flare', 즉 태양 표면 대폭발의 순간이었다.

캐링턴이 목격한 이 섬광은 단순한 빛이 아니었다. 그것은 우주가 지구를 향해 쏘아 보낸 거대한 경고 사격이었다. 그로부터 불과 17.6시간 후, 태양이 토해 낸 수십억 톤의 고에너지 입자 구름이 지구를 덮쳤다. 보통 3~4일이 걸리는 거리를 단숨에 주파한 엄청난 속도였다. 19세기 중반, 증기기관과 전신으로 막 연결되기 시작했던 지구촌은 순식간에 대혼란에 빠져들었다. 북미와 유럽 대륙을 잇고 있던 22만 5천 킬로미터에 달하는 전신망이 일제히 마비되었다. 전신국 내부의 풍경은 아비규환이었다. 기계 장치에서는 불꽃이 튀었고, 전신 기사들은 헤드셋을 통해 흘러 들어온 강력한 전기 충격에 비명을 지르며 쓰러졌다. 심지어 전신 용지가 저절로 발화하여 화재가 발생하기도 했다. 가장 기이한 현상은 그다음이었다. 공포에 질린 기사들이 기계의 전원을 끄기 위해 배터리를 분리했음에도 불구하고, 전신기는 멈추지 않고 계속 작동했다. 대기 중에 흐르는 강력한 유도 전류만으로 통신이 가능한, 이른바 '유령 전력'이 흐른 것이다. 마치 하늘 전체가 거대한 배터리로 변해 버린 것과 같았다.

밤하늘은 더욱 초현실적인 무대가 되었다. 차가운 극지방의 전유물로만 여겨졌던 오로라가 전 세계의 밤하늘을 점령했다. 쿠바, 콜롬

비아, 하와이 같은 적도 부근의 뜨거운 열대 지방에서조차 붉고 푸른 오로라의 커튼이 밤하늘을 화려하게 수놓았다는 기록이 남아 있다. 그 빛은 너무나 강렬하고 밝아서, 한밤중에 잠을 자던 로키산맥의 광부들은 아침이 온 줄 착각하고 일어나 식사를 준비하고 출근 채비를 서둘렀다. 미국 북동부의 시민들은 가로등 하나 없는 거리에서 오로라 불빛만으로 신문을 읽을 수 있을 정도였다. 일순간 밤이 사라져 버린 것이다.

훗날 '캐링턴 사건Carrington Event'으로 명명된 이 현상은 단순한 과거의 흥미로운 일화가 아니다. 그것은 인류가 처음으로 온몸으로 체험한, 우주가 인간의 기술 문명에 직접적이고 파괴적인 타격을 가할 수 있다는 사실을 증명한 거대한 '자연 실험'이었다. 캐링턴이 태양의 분노를 목격한 지 하루도 채 지나지 않아 지구의 통신망이 불타올랐던 이 사건은, 태양 활동과 지구의 전자기 환경 사이에 떼려야 뗄 수 없는 명확한 인과관계가 있음을 보여 주는 첫 번째 결정적 증거였다.

이 사건을 기점으로 태양 관측은 별을 바라보는 순수한 학문적 호기심의 영역을 넘어섰다. 그것은 이제 언제 닥칠지 모르는 재난을 대비해야 하는, 인류 문명의 생존과 직결된 실용적이고 절박한 문제로 바뀌었다. 1859년에 우주가 인류에게 보낸 이 거대한 경고장은 역사의 한 페이지에 기록된 채 우리를 응시하고 있다. 그리고 우리에게 서늘하고 섬뜩한 질문 하나를 던진다. 고작 전신망 하나에 의존하던 그때도 지구가 마비되었다. 하물며 전기와 통신 없이는 단 1초도 유지될 수 없는, 초연결 사회를 사는 21세기의 우리에게 당장 오늘 밤 그때와 똑같은 일이 벌어진다면? 과연 우리의 문명은 무사할 수 있을까?

깨지기 쉬운 첨단 문명

1859년, 전신국을 불태우고 이른바 '캐링턴 사건'을 일으킨 주범은 태양물리학에서 '코로나 질량 방출Coronal Mass Ejection', CME라 부르는 현상이다. 이름은 어렵지만 원리는 거대한 재채기와 비슷하다. 태양의 가장 바깥쪽 대기인 코로나(수백만 도에 달하는 초고온의 가스층)가 불안정해지면서, 그 일부를 거대한 플라스마 거품 형태로 우주 공간을 향해 '토해 내는' 것이다.

이때 방출되는 에너지는 수천만 개의 수소 폭탄이 동시에 터지는 것과 맞먹는다. 수십억 톤에 달하는 고에너지 입자와 자기장 덩어리가 시속 수백만 킬로미터의 속도로 우주를 가로질러 지구와 정면충돌한다. 그러면 지구를 보호하고 있던 자기장 방패는 마치 종처럼 격렬하게 진동하며 요동친다. 문제는 이 진동이 땅 위에 있는 금속선에는 치명적인 '유도 기전력'을 만든다는 점이다. 마치 발전기가 전기를 만들어 내듯, 요동치는 자기장은 지표면에 길게 늘어진 도체(전력선, 통신 케이블, 송유관 등)를 거대한 '안테나'로 삼아 그 내부에 강력한 전류를 강제로 흐르게 만든다.

1859년의 세상은 이런 엄청난 우주적 공격을 받고도 비교적 무사했다. 당시 인류의 기술 문명은 갓 태어난 아기와 같아서, 전기를 사용하는 인프라라고는 고작 전신망 하나밖에 없었기 때문이다. 전신이 며칠 끊긴다고 해서 사람이 굶어 죽거나 도시가 마비되지는 않았다. 하지만 지금 우리가 살고 있는 21세기는 상황이 180도 다르다. 현대 문명은 공기처럼 전기에 의존하는, 온통 전력망과 전자기기로 촘촘히 짜인 '초연결 사회'다. 우리는 수도꼭지를 틀면 물이 나오고, 스위치를 켜면 빛이 쏟아지는 것을 당연하게 여기지만, 이 모든 것은 전력망이라는 단 하나의 혈관에 의존하고 있다. 이러한 환경은 우리에게 유례없는 편익을 가져다주었지만, 역설적으로 제2의 캐링턴 사건이 발생한다면 언제든 와르르 무너져 내릴 수 있는 '유리성'을 지은 꼴이 되었다. 현대 문명을 떠받치는 가장 강력한 기반이, 가장 치명적인 약점이 되어 버린 것이다.

그중에서도 가장 큰 아킬레스건은 바로 '초고압 변압기'다. 발전소에서 만든 전기를 가정과 공장으로 보내기 위해 전압을 바꿔주는 이 거대한 장치들은 국가 전력망의 심장과도 같다. 하지만 이 심장은 태양 폭풍이 유도하는 직류 전류Geomagnetically Induced Currents, GIC에 극도로 취약하다. 설계 용량을 초과하는 과도한 전류가 갑자기 흘러들어오면, 변압기 내부의 절연유가 끓어오르고 구리 코일이 녹아내려 금세 거대한 고철 덩어리로 변해 버린다.

진짜 공포는 바로 그다음에 찾아온다. 초고압 변압기는 마트에서 건전지를 사듯 쉽게 구할 수 있는 물건이 아니다. 개당 무게가 수백 톤에 달하는 이 정밀 설비는 주문 제작에만 1년에서 2년이 걸리며, 워낙 고가라 여분을 쌓아 두는 경우도 거의 없다. 만약 캐링턴급 슈퍼 폭풍이 다시금 휘몰아쳐서, 한 국가 혹은 대륙의 핵심 변압기 수백 개가 동시에 녹아내린다면? 우리는 며칠이 아니라 수개월, 어쩌면 수년간 전기가 없는 암흑천지에서 살아야 할지도 모른다.

우리는 이미 그 재앙의 예고편을 목격한 바 있다. 1989년 3월, 캐링턴 사건의 고작 3분의 1 정도 위력에 불과했던 태양 폭풍이 캐나다 퀘벡주를 강타한 것이다. 결과는 충격적이었다. 단 90초 만에 퀘벡주의 전력망 전체가 도미노처럼 붕괴되었고, 600만 명의 시민이 무려 9시간 동안 난방이 끊긴 채 영하의 추위 속에서 떨어야 했다.

만약 1859년 수준의 '진짜 폭발'이 오늘날 다시 발발한다면, 그 피해는 퀘벡 사태와는 차원이 다를 것이다. 미 국립과학원NAS의 시뮬레이션에 따르면, 미국에서만 발생할 경제적 피해가 최대 2조 6천억 달러(약 3,800조 원)에 달하고, 무너진 인프라를 복구하는 데 짧게는 4년에서 길게는 10년이 걸릴 수 있다고 경고한다.

이는 단순한 정전이나 불편함의 문제가 아니다. 전력망 붕괴는 현대 사회 시스템 전체의 셧다운Shut-down을 의미한다. 우주에서는 지구 대기가 가열되어 부풀어 오르면서 저궤도를 도는 수천 개의 인공위성을 덮칠 것이다. 위성들은 마찰열에 타 버리거나 궤도를 이탈해 우주 미아가 된다. 위성이 사라지면 GPS와 전 세계 통신 시스템이 마비된다. 단순히 내비게이션이 먹통이 되는 게 아니다. GPS 시각 동기화에 의존하는 금융 시스템이 멈추고, 항공과 해운 물류가 올스톱된다. 결국 마트의 진열대는 비어 가고, 수도 공급이 끊기며, 병원의 생명 유지 장치가 멈추는, 이른바 '적시생산Just-in-time' 글로벌 공급망이 완전히 무너져 내리는 비극이 찾아올 것이다.

우리가 이룩한 눈부신 기술적 진보는 역설적으로 우리 문명을 전례 없이 취약하게 만들었다. 이제 우주 기상을 예측하고 대비하는 일은 선택 사항이 아니다. 그것은 현대 문명의 생존을 위한 필수 과제가 되었다.

태양 폭풍이라는 이 거대한 우주적 위협에 맞서기 위한 인류의 응전은, 무기를 만드는 것이 아니라 방대한 지식을 체계적으로 수집하는 일에서부터 시작되었다. 우리가 앞서 목격한 모든 AI 과학 혁명의 이야기가 그랬듯, 눈부신 알고리즘의 도약 뒤에는 언제나 수십 년간 묵묵히 데이터를 쌓아 올린 거대한 공공 인프라의 헌신이 숨어 있다. 태양물리학 분야에서 그 위대한 지식의 기반, 즉 든든한 활주로가 되어 준 것은 바로 나사의 '태양 역학 관측 위성Solar Dynamics Observatory', SDO다.

2010년 2월 11일, SDO는 '별과 함께 살아가기Living With a Star'라는 나사의 야심 찬 프로그램의 일환으로 우주로 쏘아 올려졌다. 이 프로그램의 이름에는 태양을 멀리 있는 천체가 아니라, 우리 삶과 사회에 직접적인 영향을 미치는 '이웃'으로 바라보겠다는 철학이 담겨 있다. SDO의 목적은 단 하나였다. 우리에게 생명을 주기도 하지만 때로는 문명을 파괴할 수도 있는 저 두 얼굴의 별, 태양에 관한 가장 완벽하고 상세한 전기傳記를 집필하는 것이다.

이를 위해 SDO는 지구 상공 3만 6천 킬로미터 높이의 '지구 동기 궤도Geosynchronous Orbit'라는 아주 특별한 자리를 차지했다. 이곳은 위성이 지구가 자전하는 속도와 똑같은 속도로 공전하는 궤도다. 덕분에 지구에서 보면 위성은 마치 하늘의 한 지점에 못 박힌 듯 멈춰 있는 것처럼 보인다. 이 특별한 위치 선정 덕분에 SDO는 지구의 그림자에 가려 시야가 차단되는 시간을 최소화할 수 있었고, 미국 뉴멕시코에 있는 전용 지상국과 24시간 내내 끊김 없이 통신하며 태양을 단 1초도 놓치지 않고 노려보는 '결코 눈 감지 않는 감시자'가 될 수 있었다.

엄밀히 말해 SDO는 단순한 망원경이 아니다. 여러 개의 눈을 가진 우주 공간의 정교한 종합 검진 센터와 같다. SDO에 탑재된 대기 영상 장치AIA와 태양 지진 및 자기 영상 장치HMI 같은 첨단 장비들은, 우리 눈에 보이는 가시광선뿐만 아니라 자외선, 자기장 등 각기 다른 파장의 빛을 통해 태양의 여러 측면을 동시에 꿰뚫어 본다. 어떤 눈은 태양의 피부 아래에서 끓어오르는 복잡한 자기장 활동을 감시하고, 다른 눈은 수백만 ℃에 달하는 태양 대기의 가장 바깥층인 초고온 코로나를 촬영한다. 마치 의사가 환자의 몸을 MRI와 CT, 엑스레이로 동시에 촬영하듯, 이 다중 파장 관측 능력 덕분에 과학자들은 태양 활동이 내부 깊은 곳에서 어떻게 시작되어, 대기를 거쳐 거대한 폭발로 이어지는지를 입체적으로 추적할 수 있게 되었다.

하지만 무엇보다 SDO가 가진 대체 불가능한 가치는 무서울 정도의 '꾸준함'과 압도적인 '데이터 품질'에 있다. SDO는 지난 15년 가까이 거의 하루도 쉬지 않고, 12초마다 한 번씩 셔터를 눌러댔다. 그것도 그냥 사진이 아니라, 아이맥스IMAX 영화 화면보다 해상도가 높은 4096×4096 픽셀의 초고화질 이미지를 10가지 이상의 다른 파장으로 동시에 찍어 지구로 전송해 왔다. 이렇게 매일 지구로 쏟아지는 데이터의 양만 1.4 테라바이트TB에 달한다. 이 데이터들은 차곡차곡 쌓여, 태양 활동이 가장 격렬해졌다가 다시 잠잠해지는 11년의 거대한 호흡 주기Solar Cycle를 온전히 포함하는, 인류 역사상 가장 길고 일관되며 정밀하게 보정된 태양 데이터 아카이브를 구축했다.

이 거대한 '태양을 위한 도서관'은 그 자체로 인류의 위대한 자산이다. 인공지능이라는 새로운 독자는 이 도서관의 방대한 장서를 교과서 삼아 별의 언어를 익혔고, 그 덕분에 태양의 분노를 미리 읽어 내는 법을 스스로 터득할 수 있었다. 오늘날 우리가 목격하는 AI 태양물리학의 눈부신 성공은 단순히 천재적인 알고리즘이 하늘에서 떨어진 결과가 아니다. 그것은 수십 년 전부터 시작된, 고품질의 공개 데이터를 체계적으로 구축하려는 선구적인 비전과, 당장의 성과가 보이지 않더라도 묵묵히 지원한 막대한 공적 투자가 있었기에 비로소 가능했다. 미래의 위대한 발견을 위한 가장 확실하고 현명한 투자는, 때로는 화려한 기술 개발보다 다음 세대가 딛고 설 수 있는 단단한 '데이터의 기반'을 마련하는 일임을 SDO는 명확히 증명하고 있다.

태양의 언어를 독학하는 기계: 수리야Surya의 등장

십수 년간 쓰여진, 태양에 관한 가장 완벽한 이력서를 손에 쥔 과학자들은 이제 기존과는 전혀 다른 차원의 질문을 던지기 시작했다. "컴퓨터에게 복잡하고 난해한 플라스마 물리 방정식을 억지로 가르치는 대신, 그냥 이 방대한 이미지 데이터를 보여 주고 스스로 태양의 행동 패턴을 '발견하게' 할 수는 없을까?" 이것은 마치 평생 바다에서 산 노련한 뱃사람에게 기상학 이론을 가르치는 것이 아니라, 그저 구름의 모양과 바람의 냄새만으로 다가올 폭풍을 직감하게 하는 것과 같다. 기계가 태양 표면의 미세한 변화를 눈으로 보고, 그 뒤에 이어질 폭발을 스스로 예측하도록 가르치는 것이다.

이 대담한 발상의 전환을 현실로 구현한 것이 바로 나사와 IBM이 공동으로 개발한 '수리야Surya'라는 인공지능 모델이다. '태양'을 뜻하는 산스크리트어에서 그 이름을 따 온 수리야는, 단지 태양 폭발(플레어) 하나만을 예측하기 위해 설계된 좁은 의미의 AI가 아니다. 이것은 SDO 위성이 기록한 9년간의 방대한 데이터를 닥치는 대로 학습하여, 태양 활동 전반에 대한 깊은 이해를 갖춘 '태양물리학 파운데이션 모델Foundation Model'이다. 마치 기초 체력이 튼튼한 운동선수가 축구, 농구, 달리기 등 다양한 종목을 잘할 수 있는 것처럼, 수리야는 태양 플레어 예측뿐만 아니라 활성 영역 탐지, 태양풍 속도 계산, 자외선 스펙트럼 모델링 등 태양과 관련된 다양한 하위 작업을 능수능란하게 수행할 수 있는 단단한 기반을 갖추고 있다.

수리야가 태양을 배우는 방식은 전통적인 과학의 방법론과는 그 뿌리부터 다르다. 기존의 '수치 예보 모델'이 복잡한 물리 법칙을 방정식으로 세우고 슈퍼컴퓨터를 총동원해 그 방정식을 풀어 미래를 계산하는 '연역적' 방식이었다면, 수리야는 수많은 과거의 관측 데이터를 보고 미래에 일어날 일을 통계적으로 추론하는 '귀납적' 방식을 택했다. 수리야의 두뇌에 탑재된 '시공간 트랜스포머Spatiotemporal Transformer' 기술은 태양 이미지 속에서 특정 자기장의 꼬임이나 밝기 패턴이 시간의 흐름에 따라 어떻게 변해가는지를 학습한다. 그리고 이 학습된 패턴들을 바탕으로, 앞으로 몇 시간 뒤에 태양이 어떤 표정을 짓고 있을지를 예측해 낸다. 이는 물리학자가 칠판에 수식을 써가며 계산하는 것이 아니라, 별이 지금까지 써 내려간 장편 소설을 읽고, 문맥을 파악해 그다음에 나올 문장을 미리 가늠해 보는 문학적 추론에 더 가깝다.

이러한 새로운 접근법은 즉각적이고 구체적인 성과로 증명되었다. 수리야는 기존 물리 모델보다 태양 플레어 예측 정확도가 16%나 높다. 그리고 폭발하기 무려 두 시간 전, 신뢰할 수 있는 경보를 보냄으로써 사전에 충분히 대비할 수 있게 해 주었다.

그러나 이 기술이 가져온 진정한 혁신은 숫자에 있지 않다. 역사상 최초로 '시각적 예보'를 구현했다는 점이다. 기존 시스템이 단순히 '내일 태양 폭발 확률 70%'라는 건조한 텍스트로 경고했다면, 수리야는 태양 표면의 '정확히 어느 지점'에서 폭발이 일어날 것인지를 이미지로 생성해서 보여 준다. 마치 기상청에서 '비가 올 겁니다'라고 말하는 것과, 위성지도에서 비구름이 이동하는 모습을 직접 보여 주는 것의 차이다. 이는 예보관들이 AI가 내놓은 예측 결과를 직관적으로 이해하고, 확신을 가지고 경보를 발령할 수 있게 해 준 결정적인 진보였다.

수리야의 등장은 태양 활동 예측 분야에서 과학의 패러다임이 수식을 푸는 제3 패러다임, 계산과학에서, 데이터에서 답을 찾는 제4 패러다임, 데이터집약적과학으로 거대하게 이동하고 있음을 보여 주는 가장 극적인 사례다. 태양처럼 인간이 아직 완벽히 이해하지 못한, 극

[표 6-1] 태양 활동 예측의 패러다임 변화

구분	기존 수치 예보 모델	AI 기반 모델 (수리야)
기반 원리	물리 방정식 기반 시뮬레이션	데이터 기반 패턴 인식
데이터 활용	시뮬레이션의 초기 조건 입력	시공간적 패턴 학습
예측 속도	슈퍼컴퓨터로 수 시간 소요	단 몇 분 내에 생성
주요 강점	물리적 인과관계 설명	빠르고 정확한 예측, 시각적 예보

도로 복잡하고 혼란스러운 시스템을 다룰 때는, 불완전한 물리 법칙을 가정해 시뮬레이션하는 것보다 시스템의 과거 행동 기록 전체를 통째로 학습하여 그 패턴을 읽어 내는 방식이 훨씬 더 빠르고 효과적일 수 있다는 것을 증명한 셈이다. 기계는 이제 단순한 수학적 계산을 넘어, 방대한 데이터를 바탕으로 한 '압축적 경험'을 통해 인간 전문가와 유사한 일종의 '직관'을 발달시키기 시작했다.

미래를 엿보는 눈

태양 폭발을 사건 발발 두 시간 전에 미리 알 수 있게 되었다는 것. 과연 이러한 사실이 의미하는 바는 무엇일까? 수십억 년을 이어 온 우주적 시간의 관점에서 본다면 두 시간은 눈 깜짝할 새도 안 되는 찰나에 불과하다. 하지만 초 단위로 연결된 현대 기술 문명을 지켜 내야 하는 우리 인류에게, 이 120분은 생존과 파멸을 가를 수 있는 결정적인 '골든 타임'이다. 수리야가 제공하는 이 사전 경고는, 우리가 불가항력이라 여겼던 예견된 재앙 앞에서 속수무책으로 당하지 않고, 능동적으로 움직여 피해를 최소화할 기회의 창을 활짝 열어 준다.

이 120분 동안 인류는 일사불란하게 움직일 것이다. 위성 관제사들은 수십억 달러짜리 통신위성이나 GPS 위성의 민감한 전자 눈(센서)을 잠시 감기거나 안전 모드로 전환할 것이다. 소나기가 그칠 때까지 처마 밑으로 피하는 것이다. 이를 통해 위성은 태양 입자의 맹폭격 속에서도 영구적인 뇌사 상태에 빠지는 것을 피할 수 있다. 지상의 전력망 운영자들은 '전략적 후퇴'를 감행한다. 전력 부하를 미리 낮추고, 태양 폭풍에 가장 취약한 핵심 변압기의 연결을 차단할 것이다. 변압기를 살리기 위해 잠시 전기를 끊는 고육지책이지만, 이를 통해 국가 전력망 전체가 도미노처럼 붕괴되어 수년 동안 암흑천지가 되는 대재앙만큼은 막을 수 있다.

하늘길도 바뀐다. 항공사들은 방사선 피폭 위험이 매우 큰 극지방 항로를 폐쇄하고, 비행 중인 항공편의 기수를 안전한 위도로 돌릴 것이다. 이는 단순히 비행기라는 기체를 보호하는 것을 넘어, 탑승한 승객과 승무원의 육체를 보이지 않는 우주 방사선의 우박으로부터 지켜 내는 일이다. 결국 이 두 시간은 예측 불가능했던 천재지변을, 우리가 통제하고 관리할 수 있는 '예측 가능한 위기'로 바꾸어 놓는 황금 같은 시간이다.

하지만 수리야가 가진 진정한 가치는 기술 그 자체보다, 그것이 세상과 만나는 방식, 즉 '공유'와 '확장'에서 더욱 빛을 발한다. 나사와 IBM은 이 강력한 AI 모델과 그 학습의 기반이 된 데이터를 금고 속에 숨기지 않고, 허깅페이스Hugging Face와 깃허브GitHub 같은 개방형 플랫폼을 통해 전 세계에 전면 공개했다. 태양 폭풍은 국경을 가리지 않고 지구 전체를 덮치기 때문이다. 이는 특정 기관이나 국가가 이 강력한 기술을 독점하여 무기화하지 않고, 전 세계의 과학자들이 집단 지성을 통해 이 도구를 함께 발전시키고 각자의 필요에 맞게 활용할 수 있도록 한 진정한 '과학의 민주화' 선언이었다.

결국 태양의 분노를 예측하는 이 이야기는, 인류가 직면한 거대하고 복잡한 위기를 관리하는 새로운 방법론의 등장을 알리는 신호탄이다. 캐링턴 사건처럼 일어날 확률은 낮지만 한번 터지면 문명을 멸망시킬 수도 있는 '낮은 빈도, 높은 충격'의 시스템적 위험은 현대 문명의 가장 큰 골칫거리다. 이러한 거대한 위험에 대비하기 위해 지구상의 모든 전선을 땅에 묻거나 모든 변압기를 방호벽으로 둘러싸는 '완벽한 방어'는 경제적으로 불가능하다. 하지만 AI를 이용한 정밀한 조기 경보 시스템은 우리에게 새로운 대안을 제시한다. 막을 수 없다면 피하는 것, 즉 '완벽한 방어' 대신 '지능적인 회피' 전략이다. 소나기를 멈출 수 없다면, 우산을 펼칠 시간을 벌면 되는 것이다.

SDO라는 지칠 줄 모르는 성실한 파수꾼이 우주에서 수집한 방대한 데이터를, 수리야라는 총명한 AI 분석가가 지상에서 읽어 내는 협업 시스템. 이것은 이제 태양을 넘어 인류를 위협하는 다른 복잡한 난제들을 해결하는 미래의 청사진이 될 수 있다. 팬데믹을 일으킬 전염병의 확산 경로를 예측하고, 기후 변화가 돌이킬 수 없는 선을 넘는 티핑 포인트를 감지하며, 지구를 향해 조용히 날아오는 소행성을 추적하는 일까지. 인간의 끝없는 호기심과 끈질기게 축적한 데이터, 패턴을 꿰뚫어 보는 인공지능의 파트너십은 우리 문명을 지키는 가장 강력한 지적 방패가 되어 가고 있다. 태양의 위협은 지구가 수명을 다해 소멸하는 그날까지 계속될 것이다. 하지만 두려워할 필요는 없다. 이제 우리 손에는 그 분노를 미리 내다볼 수 있는 '인공지능 망원경'이 들려 있기 때문이다.

제7장

지구 규모
디지털 쌍둥이:
기상·기후 예측의 재창조

우리는 스마트폰으로 날씨를 확인한다. 하지만 지구의 대기는 나비의 날갯짓에도 흔들리는 거대한 혼돈의 시스템이다. 인공지능은 이제 그 혼돈을 통째로 복제한 '디지털 지구'를 만들어 미래를 먼저 실험하고 있다.

손바닥 위의 지구

매일 아침, 우리는 잠이 덜 깬 눈으로 습관처럼 스마트폰 화면 위로 손가락을 쓸어 올린다. 화면 속 작은 태양 아이콘 옆에는 오늘의 최고 기온이, 회색 빗방울 아이콘 옆에는 오후의 강수 확률이 무심하게 떠 있다. 우리는 이 손톱만 한 정보 하나에 안도하며 우산을 챙기기도 하고, 여행 계획을 취소하며 가볍게 실망하기도 한다. 너무나 일상적이어서 지루하기까지 한 풍경이다.

하지만 우리는 잠시 멈추어 생각해 볼 필요가 있다. 우리가 아무렇지 않게 들여다보는 이 1인치 남짓한 작은 창은, 사실 인류가 수천 년에 걸쳐 쌓아 올린 과학적 지성과 계산 능력이 총동원된, 가장 거대하고 복잡한 시뮬레이션의 결과물이다. 도대체 저 차가운 액정 속의 작은 아이콘은 어떻게 알고 있는 걸까? 우리 머리 위 수십 킬로미터 상공에서, 눈에 보이지 않는 거대한 대기의 소용돌이가 당장 몇 시간 뒤, 혹은 며칠 뒤에 어떤 표정을 짓고 있을지를 말이다. 그것은 마치 끓어오르는 냄비 속의 물방울이 어디로 튈지를 예측하는 것보다 훨씬 더 불가능에 가까운 도전이다.

이 질문에 대한 답을 찾아가는 여정은, 지금 인공지능이 과학의 풍경을 어떻게 뒤바꾸고 있는지를 보여 주는 가장 극적이고도 우리 피부에 와닿는 무대다. 특히 지금처럼 기후 변화가 가속화되어 전례 없는 폭염과 기습적인 홍수가 우리의 일상을 위협하는 시대에, 날씨를 정확히 예측하는 능력은 이제 단순한 생활 편의를 넘어섰다. 그것은 우리의 생명과 안전, 나아가 문명의 지속 가능성을 담보하는 생존의 문제로 직결되었다.

인류는 오랫동안 이 변덕스러운 대기의 혼돈에 맞서 질서를 부여하고자 했다. 그리고 이제, 우리는 AI라는 강력하고 새로운 파트너와 손을 잡고 그 예측의 역사를 처음부터 다시 쓰고 있다. 이것은 단순히 비가 올지를 맞히는 수준의 이야기가 아니다. 이것은 지구 전체를 0과 1로 이루어진 가상 공간에 완벽하게 복제하여, '지구 규모의 디지털 쌍둥이Digital Twin'를 만들고 그 미래를 먼저 살아 보려는, 인류 역사상 가장 야심 차고 거대한 시도에 관한 이야기다.

물리 법칙으로 짠 거대한 그물: 수치 예보 모델의 명과 암

오랫동안 인류에게 날씨 예측이란 신의 뜻을 묻는 제의가 아니라, 차가운 물리학의 산물이었다. 과학자들은 둥근 지구를 이해하기 위해 거대한 상상력을 발휘했다. 그들은 지구 전체를 가로, 세로, 높이로 쪼개어 수십억 개의 '보이지 않는 상자'로 나누는 상상을 했다. 마치 행성 전체를 거대한 루빅스 큐브 수십억 개로 빈틈없이 감싸는 것과 같다.

이 수많은 투명한 상자(격자) 안에서는 매 순간 치열한 계산이 벌어진다. 과학자들은 각 칸 안에서 대기가 어디로 흐르는지, 태양열을 받아 온도는 얼마나 오르는지, 수증기가 언제 뭉쳐 구름으로 변하는지를 설명하는 엄밀한 물리 법칙들을 적용했다. 유체 역학의 난제인 나비에-스토크스 방정식Navier-Stokes Equation이나 열역학 법칙들이 바로 그 도구다. 한 칸의 공기 덩어리가 바람을 타고 옆 칸으로 이동하면, 그 옆 칸의 값도 바뀐다. 이렇게 도미노처럼 연결된 변화를 계산하고, 그 결과를 바탕으로 1분 뒤, 한 시간 뒤의 상태를 예측하는 과정을 끝없이 반복하는 것이다.

이러한 방식을 우리는 '수치 예보 모델Numerical Weather Prediction', NWP이라 부른다. 이것은 자연의 복잡한 현상을 이론과 수식으로 바꾼 뒤, 컴퓨터라는 가상의 실험실에서 모의실험하는 '계산과학' 시대가 낳은 가장 빛나는 지적 성취였다. 지구 전역을 덮은 수백만 개의 격자점에서 동시에 일어나는 변화를 실시간으로 풀어내려면 상상을 초월하는 연산 능력이 필요하다. 각국 기상청이 천문학적인 비용을 들여 세계에서 가장 강력한 슈퍼컴퓨터를 도입해 24시간 돌리는 이유가 바로 여기에 있다. 이 방식은 지난 수십 년간 꾸준히 발전하며, '내일 비가 올 확률'을 꽤 믿을 만한 수준으로 끌어올렸다.

하지만 인간이 물리 법칙으로 짠 이 정교한 그물에도 빠져나갈 수 없는 근본적인 구멍, 즉 한계는 존재했다.

첫째, 대기는 본질적으로 '통제 불가능한 혼돈'의 시스템이다. '브라질에서 나비가 날갯짓하면 텍사스에 토네이도가 불 수 있다'는 그 유명한 나비 효과의 비유처럼, 대기는 너무나 예민하다. 현재의 날씨 상태를 측정할 때 발생하는, 기계조차 감지하지 못할 아주 미세한 오차―소수점 아래의 작은 먼지 같은 숫자―조차도 시간이 지나면 눈덩이처럼 불어나 예측 결과를 완전히 엉뚱한 곳으로 데려간다. 이것이 우리가 사흘 뒤의 날씨는 꽤 정확히 맞히지만, 2주 뒤 날씨를 맞히는 것은 사실상 불가능한 이유다.

둘째, 해상도의 문제다. 슈퍼컴퓨터가 아무리 강력해도, 지구 전체를 원자 단위 하나하나까지 계산할 수는 없다. 우리가 나눈 가상의 상자(격자) 크기는 여전히 수 킬로미터에서 수십 킬로미터에 달한다. 문제는 이 상자보다 작은 크기에서 일어나는 현상들이다. 예를 들어 국지적인 소나기를 만드는 작은 비구름 조각이나, 산비탈을 타고 흐르는 좁은 골바람 같은 것들은 격자의 눈보다 작아서 컴퓨터가 제대로 '보지' 못한다. 결국 과학자들은 이런 미세한 현상들을 복잡한 수식 대신 단순화된 근사치로 뭉뚱그려 계산할 수밖에 없는데(이를 '모수화'라 한다), 마치 정밀화를 그려야 할 붓이 너무 두꺼워 세밀하게 표현해야 할 부분을 뭉개 버리는 것과 같다. 이 과정에서 필연적으로 오차가 쌓인다.

마지막으로, 가장 치명적인 것은 속도 문제다. 이 복잡한 물리 방정식을 푸는 데는 슈퍼컴퓨터로도 수 시간이 걸린다. 우리가 아침 아홉 시에 넣은 데이터로 계산을 시작해서 오후 한 시에 결과를 얻었다고 치자. 하지만 그 네 시간 동안 현실의 하늘은 이미 변해 버렸다. 특히 여름철 급격하게 발달하는 소나기나 폭풍처럼 분 단위로 변하는 현상을 실시간으로 따라잡기에, 물리 모델의 연산 속도는 너무 느리고 무겁다. 수치 예보 모델은 물리 법칙이라는 가장 확실한 원리를 바탕으로 미래를 가늠하는 정공법이었지만, 시시각각 변하는 현실의 복잡성과 속도전 앞에서는 늘 한발 늦을 수밖에 없는 숙명을 안고 있었다.

바람과 비의 연대기: 40년 치의 날씨를 담은 도서관

인공지능이 그토록 복잡하고 혼란스러운 날씨 예측 분야에서 예상보다 훨씬 빠르게 새로운 장을 열어젖힐 수 있었던 비결은 무엇일까? 이 분야에 인공지능이 보고 배울 수 있는 '완벽한 교과서'가 이미 존재했기 때문이다. 그 위대한 교과서의 이름은 바로 'ERA5'다. 그리고 이 이야기의 숨은 영웅은 런던 근교에 본부를 둔 유럽중기예보센터European Centre for Medium-Range Weather Forecasts', ECMWF다. ECMWF가 개발한 수치 예보 모델은 지난 수십 년간 전 세계 기상청들이 목표로 삼는, 가장 정확하고 신뢰할 수 있는 예보의 '황금 표준'

으로 군림해 왔다. 그리고 그들이 예보를 위해 묵묵히 쌓아 온 방대하고 정제된 과거 데이터가, 오늘날 AI 혁명을 싹틔운 결정적인 씨앗이 되었다.

엄밀히 말해 ERA5는 단순히 창고에 쌓아둔 과거 관측 기록의 모음집이 아니다. 이것은 '재분석Reanalysis'이라는 아주 특별하고 정교한 보정 과정을 거쳐 재탄생한 데이터셋이다. 재분석이라는 낯선 개념을 이해하기 위해, 낡고 훼손된 '오래된 흑백 무성영화'를 최신 기술을 동원해 선명한 '4K 컬러 영화'로 복원하는 작업을 상상해 보자.

지난 수십 년간 인류가 수집해 온 날씨 데이터는 마치 제각각 다른 카메라로, 다른 장소에서, 다른 화질로 찍은 수많은 필름 조각과 같다. 어떤 데이터는 최첨단 인공위성이 우주에서 찍은 초고화질 디지털 사진이고, 어떤 것은 태평양 한가운데 외딴섬의 관측소에서 사람이 직접 눈으로 보고 기록한 투박한 온도계 숫자이며, 또 어떤 것은 거친 파도 위를 떠다니는 부표가 간헐적으로 쏘아 올린 풍속 정보다. 이 데이터는 수집 시점이 일정하지 않고 관측 위치도 균일하게 분포되어 있지 않으며, 측정 장비의 성능 차이로 인해 품질도 제각각일 수밖에 없다.

재분석은 이렇게 누더기처럼 조각난 필름들을 하나의 최신 물리 모델, 즉 '복원 소프트웨어'에 입력하는 과정이다. 물리 모델은 유체역학 같은 물리 법칙을 이용해 데이터가 비어 있는 시공간을 논리적으로 채워 넣고, 서로 모순되는 데이터 간의 충돌을 해결한다. "이곳의 바람이 이렇게 불었고 저곳의 기압이 저랬다면, 그 사이 공간의 날씨는 물리적으로 이럴 수밖에 없다"라고 계산하여 빈틈을 메우는 것이다. 이 과정을 통해, 찢어지고 빛바랜 과거의 기록들은 전체 시공간에 걸쳐 모순 없이 일관성을 갖춘 완벽한 한 편의 영화로 재탄생한다.

그 결과물이 바로 ERA5다. 1979년부터 현재까지, 40년이 넘는 긴 시간 동안 지구 전체의 대기 상태를 한 시간 간격으로 촘촘하고 매끄럽게 기록한, 인류 역사상 가장 완벽하고 일관된 '날씨의 연대기'인 셈이다.

이 거대한 '날씨 도서관'은 AI에게 더할 나위 없는 최고의 학습 자료가 되었다. 인공지능은 데이터 품질에 매우 민감하다. 인터넷에서 무작위로 긁어모은 출처 불명의 데이터와 달리, ERA5는 하나의 엄격하고 일관된 물리적 기준으로 검증되고 보정된 고품질 데이터다. 앞서 생명의 비밀을 푼 알파폴드에게 단백질 정보 은행PDB이라는 보물 창고가 있었고, 새로운 물질의 지도를 그려 낸 GNoME에게 머티리얼스 프로젝트가 있었던 것처럼, 기상 예측의 혁명 뒤에도 수십 년간 공공의 노력으로 축적된 이 위대한 데이터 인프라가 굳건히 버티고 있었다.

이는 우리에게 중요한 교훈을 던진다. 오늘날 우리가 목격하는 AI 시대의 눈부신 성과들은 단지 몇몇 거대 테크 기업의 천재적인 알고리즘만으로 이루어진 것이 아니다. 그것은 화려해 보이지 않는 곳에서, 모두가 딛고 설 수 있는 단단한 '데이터의 기반'을 묵묵히 쌓아 올린 선구적인 비전과 지속적인 공적 투자 위에서만 비로소 피어날 수 있다는 사실을 다시 한번 명확히 일깨워 준다.

경험으로 배우는 새로운 기상학자들

완벽한 교과서인 ERA5를 손에 쥔 인공지능은 이제 기존의 기상학과는 완전히 다른 차원의 접근법으로 날씨를 배우기 시작했다. 지금까지의 과학이 대기 중에 작용하는 중력, 마찰력, 전향력 같은 복잡한 물리 방정식을 칠판 가득 써가며 푸는 '수학 시간'이었다면, AI의 방식은 40년 분량의 '날씨 영화'를 밤새워 돌려보며 대기가 움직이는 패턴을 통째로 암기하고 몸으로 익히는 '영화 감상 시간'에 가깝다. 이는 마치 아이가 문법책을 달달 외워서 말을 배우는 것이 아니라, 부모와 주변 사람들이 나누는 수많은 대화를 듣고 따라 하며 자연스럽게 언어의 규칙을 터득하는 것과 같은, 철저히 '귀납적인' 접근 방식이었다. 이 혁명의 최전선에 선 주인공이 바로 구글 딥마인드가 개발한 '그래프캐스트 GraphCast'다.

그래프캐스트의 작동 원리를 이해하기 위해 복잡한 수식 대신 상상력을 동원해 보자. 이 모델의 핵심 아이디어는 지구 표면을 수많은 사람이 연결된 거대한 '소셜 네트워크'로 바라보는 것이다. 지구를 수백만 개의 격자점으로 나누고, 그 점 하나하나를 '사람'이라고 상상해 보자. 소셜 미디어에서 한 사람의 행동이나 기분이 주변 친구들에게 영향을 미치고, 그것이 다시 그 친구의 친구에게로 퍼져나가듯, 날씨 또한 마찬가지다. 그래프 신경망은 바로 이런 관계망을 학습하는 데 천재적인 재능을 가진 인공지능이다.

예를 들어, 서울의 내일 기온과 기압을 예측하려 한다고 해 보자. 그래프캐스트는 단순히 서울의 과거 데이터만 들여다보지 않는다.

서울과 '친구' 관계인 도쿄, 베이징은 물론, 멀리 떨어진 시베리아의 기압골이나 태평양의 수온까지 동시에 살핀다. '시베리아 친구가 재채기(기압 변화)를 하면 사흘 뒤 서울 친구가 감기(한파)에 걸리더라'라는 식의, 지구 전체의 거대한 연결망 속에서 정보가 어떻게 전파되는지를 입체적으로 파악하는 것이다. 즉, 물리 법칙으로 기상 변화를 한 땀 한 땀 계산하는 것이 아니라, 수십 년간 축적된 데이터 속에서 온 '원인과 결과의 관계' 그 자체를 학습해 버린 것이다.

그 결과는 기상학계를 충격에 빠뜨리기에 충분했다. 2023년 9월, 거대한 허리케인 '리Lee'가 대서양을 가로질러 북상하고 있을 때였다. 그래프캐스트는 이 허리케인이 9일 뒤 캐나다 노바스코샤 지역에 상륙할 것이라고 정확히 예측해 냈다. 당시 세계 최고 수준을 자랑하던 수치 예보 모델들조차 고작 6일 전에야 같은 경로를 예측할 수 있었다는 점을 감안하면, 이는 실로 놀라운 차이다. 고작 3일 차이라고 말할 수도 있겠지만, 재난 대비 관점에서 3일은 수만 명의 생명을 구하고 도시를 방비할 수 있는 엄청난 골든 타임이다. AI는 인간 전문가들이 수십 년간 공들여 쌓아 올린 물리 모델의 예측 한계를 단숨에 뛰어넘은 것이다.

속도의 혁신은 더욱 경이로웠다. 기존의 거대한 슈퍼컴퓨터가 몇 시간 동안 윙윙거리며 매달려야 했던 10일 치 예보를, 그래프캐스트는 방 하나를 가득 채우는 슈퍼컴퓨터도 아닌 단일 컴퓨터 한 대에서 1분도 채 안 되는 사이에 생성해 냈다. 정확도 역시 압도적이었다. 업계의 '황금 표준'이라 불리는 ECMWF 모델과 정면 대결을 펼친 결과, 온도, 기압, 풍속 등 1,300개가 넘는 기상 변수 중 90% 이상에서 더 높은 정확도를 기록했다. 이제 AI는 단순히 계산을 더 빨리해 주는 도구가 아니었다. 그것은 수만 년의 경험을 압축해 놓은 듯한 '직관'과 '통찰력'을 갖춘, 완전히 새로운 종류의 기상학자로 진화했다.

이러한 데이터 기반 접근 방식의 등장은 과학이 무엇인지에 대한 우리의 오랜 믿음에 근본적인 질문을 던진다. 갈릴레오와 뉴턴 이래로, 전통적인 과학은 현상을 설명하는 '이론(법칙)'을 먼저 세우고, 그 이론을 바탕으로 '예측'하고, 결과를 '검증'하는 과정이었다. 수치 예보 모델이 바로 그 전형이다. 하지만 그래프캐스트는 그 순서를 뒤집었다. 이론적 이해 없이 데이터로부터 직접 '예측'하는 능력을 먼저 확보해 버린 것이다. 물론 AI는 정답을 내놓는다. 하지만 그 예측이 왜 맞는지에 대한 물리적 '이해'는 신경망의 수백만 개 가중치 속에 암호처럼 복잡하게 숨겨져 있을 뿐, 인간이 이해할 수 있는 깔끔한 방정식의 형태로 나타나지 않는다.

정답지는 주는데, 풀이 과정은 보여 주지 않는 셈이다. 이는 과학의 궁극적 목표가 자연 현상에 대한 인간의 지적 '이해'인지, 아니면 실용적이고 정확한 '예측' 그 자체인지에 대한 깊은 성찰을 요구한다. 우리는 이제 정답을 맞히지만 그 이유는 설명하지 못하는 거대한 지성, 즉 '블랙박스'와 공존해야 하는 새로운 과학의 시대를 맞이하고 있다.

디지털 지구를 위한 합주: 르네상스가 시작되다

구글 딥마인드의 그래프캐스트가 쏘아 올린 성공의 신호탄은, 결코 홀로 터졌다가 얼마 못가 사라지고 마는 단발성 축포가 아니었다. 그것은 거대한 변화의 서막이었다. 곧이어 엔비디아가 '포캐스트넷 FourCastNet'과 '어스-2 Earth-2'를 들고 나왔고, 소프트웨어의 거인 마이크로소프트는 '오로라 Aurora'라는 아름다운 이름의 모델을 세상에 공개했다. 마치 르네상스 시대에 수많은 예술가가 경쟁하며 문화를 꽃피웠듯, 기상 예측 분야에서도 바야흐로 인공지능을 통한 새로운 르네상스가 시작된 것이다. 이 거대 기술 기업들의 참전은 AI가 날씨를 이해하고 예측하는 방식을 얼마나 다각도로 혁신하고 있는지를 여실히 보여 준다.

가장 먼저 주목할 변화는 엔비디아가 주도한 '예측의 민주화'다. 지금까지 날씨를 예측한다는 것은 선택받은 소수만의 특권이었다. 수치 예보 모델을 돌리기 위해서는 국가 차원에서 관리하는, 수백억 원을 호가하는 거대한 슈퍼컴퓨터가 꼭 필요했기 때문이다. 날씨 정보는 사실상 정부 기관의 전유물이나 다름없었다. 하지만 엔비디아의 AI 모델은 이 높은 진입 장벽을 단숨에 허물어 버렸다. AI 모델은 기존 방식보다 훨씬 적은 계산 자원만 사용해도 쌩쌩 돌아간다. 이제는 대학의 작은 연구실이나 스타트업, 심지어 고성능 그래픽 카드를 꽂은 개인용 컴퓨터에서도 국가 기상청 수준의 고품질 전 지구 기상 예보를 직접 생성할 수 있는 시대가 열린 것이다. 이는 소수의 거대 기관이 독점하던 날씨 정보의 권력이 대중에게로 분산됨을 의미한다. 누구나 자신만의 예보 모델을 돌릴 수 있게 되면서, 우리는 앞으로 기상 정보를 활용한 더 창의적이고 다양한 혁신 서비스가 봇물 터지듯 쏟아져 나오는 광경을 목격하게 될 것이다.

　한편, 마이크로소프트의 오로라는 여기서 한 걸음 더 나아가 ‘지구 시스템을 위한 파운데이션 모델’이라는 웅장한 개념을 제시했다. 이 차이를 이해하기 위해 비유를 들어 보자. 구글의 그래프캐스트가 날씨 예측이라는 한 우물을 깊게 파고든 ‘최고의 장인’이라면, 오로라는 지구라는 행성 전체에 대해 폭넓은 지식을 섭렵한 ‘박식한 교양인’과 같다. 오로라는 단순히 ERA5 날씨 데이터만 공부한 것이 아니다. 장기 기후 변화 시뮬레이션 데이터부터 대기 화학 모델에 이르기까지, 무려 100만 시간 분량이 넘는 훨씬 더 방대하고 다양한 데이터를 닥치는 대로 사전 학습Pre-training했다.

　이토록 폭넓고 탄탄한 ‘기초 교육’을 마친 덕분에, 오로라는 놀라운 유연성을 갖게 되었다. 마치 기초 체력이 좋은 운동선수가 종목을 바꿔도 금방 적응하듯, 오로라는 특정 목적에 맞게 약간의 추가 학습(미세 조정)만 거치면 전혀 다른 임무도 능수능란하게 수행해 낸다. 실제로 오로라는 10일간의 날씨 예보를 척척 해내는 것은 물론, 5일 뒤 전 지구의 미세먼지나 오염 물질이 어디로 흘러갈지, 혹은 태평양의 파도 높이가 어떻게 변할지와 같은 완전히 다른 종류의 문제에서도 기존의 전용 모델들을 압도하는 성능을 증명해 보였다. 이는 잘 만들어진 하나의 거대 AI 모델이, 날씨를 넘어 환경, 해양, 기후 등 지구과학의 모든 난제를 해결하는 공통 플랫폼이 될 수 있다는 파운데이션 모델의 무한한 잠재력을 명확히 보여 주는 사례다.

[표 7-1] 날씨 예보 모델의 패러다임 변화

구분	수치 예보 모델 (Numerical Weather Prediction)	인공지능 기반 모델 (AI-based Models)
기반 원리	연역적 접근: 물리 법칙(유체 역학, 열역학)을 기반으로 미래 상태를 계산. '이론'에서 '예측'으로 진행.	귀납적 접근: 방대한 과거 데이터에서 대기 변화의 패턴을 '경험적'으로 학습. '데이터'에서 직접 '예측'으로 진행.
학습 자료	물리 이론과 방정식. 과거 데이터는 주로 시뮬레이션의 '초기 조건'으로 사용됨.	고품질의 시계열 데이터셋: ECMWF의 ERA5 재분석 데이터가 핵심. 40년 이상의 일관된 과거 날씨 기록.
계산 방식	지구를 3D 격자로 나누고, 각 격자점에서 편미분 방정식을 반복적으로 풀어 다음 시간의 상태를 계산.	패턴 인식: 그래프 신경망 등이 지구 전체의 시공간적 상관관계를 하나의 거대한 네트워크로 파악하여 미래 상태를 추론.
예측 속도	느림: 슈퍼컴퓨터에서 수 시간 소요. 실시간 대응에 한계.	매우 빠름: 단일 고성능 컴퓨터에서 10일 치 예보를 1분 이내에 생성 가능 (그래프캐스트 기준).
강점	물리적 일관성: 물리 법칙에 기반하므로 예측 결과가 현실적으로 타당함. 전례 없는 현상에 대해 원칙에 입각한 추론 가능.	압도적인 속도와 정확도: 특정 변수에 대해 기존 모델을 능가하는 정확도를 보이며, 계산 비용이 극적으로 낮음. '예측의 민주화'를 가능케 함.
약점	혼돈성, 해상도, 속도의 한계: 초기 오차 증폭, 국지 현상 포착의 어려움, 계산 시간으로 인한 지연.	과거 데이터 의존성: 훈련 데이터에 없는 전례 없는 기상 현상('회색 백조') 예측에 취약. 해석 불가능성('블랙박스'): 예측의 근거를 인간이 이해하기 어려움.

이처럼 각 기업의 AI 모델들은 저마다의 개성과 강점을 가졌지만, 그들이 서 있는 기반은 동일하다. 그들은 모두 물리 방정식에 의존하던 과거의 방식과 결별하고, 데이터가 들려주는 이야기에 귀를 기울이는 새로운 패러다임 위에서 작동하고 있다.

아직 오지 않은 폭풍우

AI가 기상 예측 분야에서 보여 준 성과는 분명 눈부시다. 하지만 우리가 샴페인을 터뜨리며 축배를 들기에는 아직 이르다. 오히려 AI 기상학자들은 지금껏 경험해 보지 못한 거대한 폭풍우 앞에서 중대한 시험대에 올라와 있다. 역설적으로 AI의 가장 치명적인 약점은 그들의 가장 강력한 무기인 '과거의 데이터'에서 비롯된다. AI는 과거에 일어났던 일들을 학습하고 패턴을 찾는 데는 타의 추종을 불허하지만, 인류 역사상 단 한 번도 일어난 적 없는 완전히 새로운 현상 앞에서는 나침반을 잃고 길을 잃을 수 있기 때문이다.

이것은 마치 평생 맑은 날씨에 포장도로만 달려 본 자율주행 자동차가, 갑자기 몰아치는 눈보라와 비포장도로를 만났을 때 멈춰 서 버리는 것과 같다. 기후 변화가 가속화되면서 우리는 과거의 통계로는 설명할 수 없는 극한 기상, 이른바 '회색 백조Gray Swan' 현상을 점점 더 자주 마주하게 될 것이다. 훈련 데이터에 존재하지 않는, 전례 없는 규모의 슈퍼 태풍이나 살인적인 폭염이 닥쳐올 때, 과거의 경험에만 의존하는 AI 모델이 과연 이를 제대로 예측할 수 있을까? 많은 연구 결과는 비관적이다. AI 모델들은 학습한 데이터의 범위를 벗어나는 극단적인 값Outlier을 예측하는 데 어려움을 겪으며, 종종 앞으로 벌어질 재앙의 크기를 과소평가하는 경향을 보인다. '과거에 이 정도였으니, 이번에도 이 정도겠지'라는 경험의 함정에 빠져, 다가오는 재앙의 진짜 얼굴을 보지 못할 수 있는 것이다.

바로 이 위태로운 지점에서, 수십 년간 우리가 의지해 왔던 물리 법칙에 단단히 뿌리내린 전통적인 수치 예보 모델의 가치가 다시금 빛을 발한다. 물리학의 방정식은 과거에 그런 일이 있었는지 없었는지를 따지지 않는다. 조건만 갖춰지면 계산 결과는 냉정하게 재앙을 예고하기 때문이다.

따라서 미래의 기상 예측은 AI가 기존 방식을 완전히 밀어내고 대체하는 것이 아니라, 서로의 약점을 보완하는 '하이브리드 모델'로 나아갈 가능성이 매우 높다. 작동 방식은 이렇다. 먼저 AI가 압도적인 속도와 패턴 인식 능력으로 1차적인 '예측의 초안'을 빠르게 그려 낸다. 그러면 수치 예보 모델이 등판하여 물리적 법칙이라는 잣대를 들이대고, 그 예측이 과학적으로 타당한지 꼼꼼하게 '검증'하고 보정한다. 최근 구글이 발표한 '뉴럴GCMNeuralGCM'은 이러한 접근법의 가능성을 보여 주는 대표적인 사례다. 이는 AI의 직관과 물리학의 엄밀함이 손을 맞잡은 새로운 형태의 협업이다.

이러한 거대한 기술적 변화는 인간 기상학자의 역할 또한 근본적으로 재정의하고 있다. 이제 예보관에게 요구되는 가장 중요한 임무는 컴퓨터가 뱉어 내는 숫자를 그대로 읽어 주는 앵무새 역할이 아니다. 그들은 서로 다른 원리로 작동하는 여러 모델(AI 모델, 물리 모델, 하이브리드 모델)의 특성을 꿰뚫어 보고, 지금 같은 상황에서는 어떤 모델의 목소리에 더 귀를 기울여야 할지를 판단하는 고도의 '메타 분석가Meta-analyst'이자 오케스트라의 '지휘자'가 되어야 한다.

더 나아가 그들은 '통역사'가 되어야 한다. '강수 확률 80%'라는 건조한 확률 정보를, '지금 당장 대피하지 않으면 위험하다'라는 사회적 행동 언어로 번역해 낼 수 있어야 한다. 단순한 정보 전달을 넘어, 예측된 재난 앞에서 기술이 인간의 생명과 안전을 최우선으로 보호하는 방향으로 쓰이도록 결정하는 '윤리적 안내자'로서의 무게감 또한 그 어느 때보다 무거워지고 있다.

결국 AI 혁명은 인간 역할의 종말을 고하는 것이 아니다. 오히려 더 높은 차원의, 인간과 기계의 새로운 파트너십을 요구하고 있다. AI는 방대한 데이터를 게걸스레 먹어 치우며 가장 가능성이 높은 미래 시나리오를 계산해 낸다. 인간은 그 결과를 비판적으로 해석하고 '만약 틀렸다면?'이라는 질문을 던진다. 나아가 최종 판단에 책임을 지는 결정권자의 자리로 점차 이동하고 있다. 우리 머리 위에서 펼쳐지는 기상이라는 거대한 드라마를 시뮬레이션하는 기술은 날이 갈수록 정교해지겠지만, 그 복잡한 지도를 읽어 내고 우리가 나아가야 할 길을 최종적으로 결정하는 것은 여전히 그리고 앞으로도 우리 인간의 몫으로 남을 것이다.

직관과 엄밀한 논리가 만나는 순수과학의 성벽을 넘어,
AI는 이제 분자를 설계하는 21세기 연금술사이자
수학적 진리를 개척하는 선구자가 되었다.
그리고 1억 °C의 인공 태양을 길들이는
지능형 파일럿의 손끝에서, 자연의 근원적인 법칙은
이제 인간과 기계가 함께 설계하고 통제하는
새로운 영역으로 들어서고 있다.

제3부

AI와 순수과학의 만남

제8장

분자를 설계하는 21세기 연금술

수백 년 동안 화학자는 거의 연금술사처럼 일해 왔다. 수많은 실패와 직관 속에서, 단 하나의 성공적인 분자를 찾아내기 위해서였다. 이제 인공지능이 그 신비로운 작업을 거대한 계산과 자동화의 문제로 바꾸기 시작했다.

영감의 병목을 넘어: 아이디어의 풍요가 낳은 역설

유기화학자의 연구실은 언뜻 보면 유리 플라스크와 복잡한 기계들이 가득한 과학의 공간처럼 보이지만, 그 본질은 수백 년 전 도자기를 빚던 고독한 장인의 공방과 다르지 않다. 그들이 의지하는 도구는 눈에 보이는 실험 기구들이 아니다. 수년간의 혹독한 훈련을 통해 뼈에 새긴 지식, 수없는 실패를 거듭하며 체득한 날카로운 직관, 결정적인 순간에 번뜩이는 영감. 화학자는 오직 이 보이지 않는 세 가지 도구에 의지해 무에서 유를 창조해 낸다.

세상을 구할 신약을 개발하든, 태양광을 전기로 바꾸는 더 효율적인 소재를 설계하든, 그들의 작업은 언제나 하나의 근본적이고도 무거운 질문 앞에서 시작된다. "도대체 어떻게 해야 우리가 원하는 용도에 딱 맞는 분자를 만들어 낼 수 있을까?"

이 질문은 입구는 있지만 출구가 보이지 않는 거대한 '미로' 앞에 서는 것과 같다. '목표 분자'라는 출구는 정해져 있다. 하지만 그곳에 도달하기 위해 선택할 수 있는 경로는 사실상 무한에 가깝게 펼쳐져 있다. 수만 가지의 출발 물질 중 무엇을 첫 단추로 끼워야 할지, 또 알려진 수백만 가지의 화학 반응 중 어떤 반응을 선택해서 어떤 순서로 연결해야 할지를 결정해야 한다. 그 과정의 모든 갈림길에는 폭발이나 불순물 생성 같은 수많은 난관과 함정이 도사리고 있다.

물론 산전수전 다 겪은 베테랑 화학자는 경험에서 우러나온 '감'을 통해 성공 가능성이 가장 큰 길이 무엇인지를 어림짐작할 수는 있다. 하지만 그조차도 확신할 수 없는 길을 더듬어 가며 수개월, 길게는 수년의 시간을 쏟아부어야 하는 고된 고행길이다. 결국 지금까지의 화학적 발견은 개인의 천부적인 재능, 끈질긴 인내 그리고 약간의 '천운'이 따라 줘야만 성공할 수 있는 영역이었다. 문제는 이러한 방식이 너무나 느리고, 엄청나게 큰 비용이 든다는 점이다. 암이나 치매 같은 질병, 기후 변화라는 시시각각 다가오는 거대한 위협 앞에서 예측 불가능하고 느릿느릿한 인간의 수공업 방식은 인류가 신속하게 대응하지 못하게 발목을 잡는 결정적인 요인이었다.

하지만 이제, 인공지능이 이 복잡한 미로의 지도를 그리기 시작했
다. AI는 화학자의 작업을 천재적인 영감이 필요한 단 하나의 신비로
운 창조 행위가 아니라, 논리적으로 분해 가능한 여러 단계의 지적 과
제들이 연결된 하나의 '인지적 공급망Cognitive Supply Chain'으로 재해석
하고 있다. 마치 공장에서 제품이 생산되듯, 아이디어의 탄생부터 완
성까지의 전 과정을 체계적인 흐름으로 파악하는 것이다. 이 공급망
은 다음과 같은 사고의 단계들을 포함한다.

타당성 검토 "과연 이 분자를 실제로 만드는 것이 가능한가?"라는 현
실적인 질문에서 시작한다.

경로 설계 "어떤 재료와 반응을 거쳐야 가장 빠르게 만들어 낼까?"
라는 최적의 레시피를 짠다.

결과 예측 "이것들을 섞으면 폭발하지 않고 원하는 반응이 일어날
까?"라는 미래를 시뮬레이션한다.

공정 최적화 "어떻게 해야 더 싸고, 순도 높게 그리고 대량으로 생산
할까?"라는 산업적 효율성을 고민한다.

과거에는 이 모든 것이 화학자 한 사람의 머릿속에서 일어나는 고도
의 인지 노동이었지만, AI는 이제 이 공급망의 각 단계를 그리고 마침
내는 전체 과정을 무인화하고 자동화하고 있다. AI가 앞서 단백질 구

조나 신소재 GNoME처럼 광활한 '가능성의 우주'를 탐사하는 법을 익혔듯이, 이제는 수백만 가지 화학 반응의 규칙으로 이루어진 훨씬 더 복잡하고 까다로운 우주를 항해하는 법을 마스터하고 있는 것이다.

이는 '발명'이라는 행위 자체의 본질을 바꾸는 혁명이다. 우연과 직관, 장인의 손끝에 의존하던 예술의 영역에서 체계적이고 예측 가능하며 반복 가능한 '공학'의 영역으로 거대한 전환이 일어나고 있다. 이러한 변화는 혁신의 경제학 자체를 뿌리째 뒤흔든다. 과거에는 '좋은 아이디어' 하나를 떠올리는 것이 가장 힘들었다. 하지만 AI를 통해 지적 노동을 대규모로 가속할 수 있게 된 지금, 진보의 병목 구간은 이동하고 있다. 더 이상 '영감의 부족'이 문제가 아니다. 이제 우리는 'AI가 쏟아 내는 수천 개의 유망한 아이디어를 검증할 자원과 시간의 부족'이라는, 행복하지만 벅찬 새로운 과제를 마주하게 되었다.

AI, 거꾸로 생각하는 법을 배우다

복잡하고 미묘한 맛이 나는 소스를 한 숟갈 맛본 마스터 셰프를 상상해 보자. 그는 레시피를 보지 않고도, 오직 혀끝의 감각만으로 그 안에 어떤 향신료가 들어갔는지, 재료를 어떤 순서로 볶고 끓였는지를 머릿속으로 완벽하게 역추적해 낸다. 화학자들이 지난 수십 년간 연마해 온 '역합성 분석Retrosynthesis analysis'은 바로 이 셰프의 미각과 같은 고도의 지적 예술 행위다.

보통의 사고방식이 "밀가루와 설탕으로 무엇을 만들까?"(순방향)라면, 역합성은 완성된 케이크를 보고 "이것은 무엇으로부터 만들어졌을까?”(역방향)라고 거꾸로 질문하는 것이다. 복잡한 목표 분자를 더 단순하고 저렴하며 구하기 쉬운 ‘출발 물질’이 될 때까지 논리적으로 분해해 나가는 이 과정은 유기화학의 정수이자 가장 어려운 난제였다. 1990년 노벨 화학상을 받은 거장 E. J. 코리E. J. Corey가 정립한 이 방법론은 화학자들에게 필수적인 도구였지만, 워낙 변수가 많고 복잡하여 오직 오랜 경험과 직관을 겸비한 소수의 전문가만이 능숙하게 구사할 수 있는 마법과도 같은 기술이었다.

그런데 이제, AI가 이 섬세한 기술을 전수받는 수제자가 되었다. AI는 인간 학생처럼 화학 교과서에 실려 있는 규칙을 달달 외우는 방식으로 배우지 않는다. 대신 지난 수십 년간 전 세계의 수많은 화학자가 실험실에서 땀 흘려 수행하고 기록한 수백만 건의 화학 반응 데이터를 통째로 삼키고 학습한다. 수천만 장의 특허 문서나 학술 논문에 흩어져 있던 이 방대한 기록은 AI에게 살아 있는 최고의 교과서가 된다. AI는 이 데이터의 바다를 헤엄치며, 어떤 분자 구조(완성품)가 어떤 재료들(반응물)로부터 만들어지는지에 대한 심층적인 패턴과 인과관계를 스스로 터득한다. 이는 앞서 알파폴드가 단백질 서열 데이터를 통해 생명의 입체적인 구조를 터득한 것과 정확히 같은 원리다.

이러한 AI 기술은 더 이상 먼 미래의 이야기가 아니다. 이미 실험실의 화학자들 곁에는 각기 다른 개성과 강점을 지닌 AI 조수들이 상용화되어 활약하고 있다.

첫 번째 주자는 독일의 머크Merck사가 개발한 ‘신시아SYNTHIA’다. 무려 20년이 넘는 긴 개발 기간을 거치며 완성도를 극한으로 끌어올린 이 분야의 선구자다. 신시아의 가장 큰 특징은 이것이 ‘하이브리드 지성'이라는 점이다. 신시아는 데이터만 학습한 순수한 AI에 의존하지 않는다. 여기에 숙련된 인간 화학자들이 한 줄 한 줄 코드로 구현한 수만 개의 정교한 화학 반응 규칙을 결합했다. 마치 패기 넘치는 신입사원(AI)과 산전수전 다 겪은 베테랑 부장님(규칙)이 한 팀을 이룬 것과 같다. 덕분에 신시아가 제안하는 합성 경로는 신뢰도가 매우 높으며, 심지어 경쟁사가 선점한 특허를 우회하여 새로운 경로를 탐색하는 전략까지 제안한다. 이는 기업 현장에서 무엇보다 중요한 가치다.

두 번째 주자는 IBM의 'RXN^{Reaction} for Chemistry'이다. 이 플랫폼은 '언어의 마술사'로 불린다. RXN은 화학 반응을 마치 구글 번역기가 언어를 번역하는 것처럼 예측한다. 분자의 구조를 알파벳으로 이루어진 하나의 '언어'로 간주하고, 목표 분자(영어)를 만드는 데 필요한 반응물들의 조합(프랑스어)으로 '번역'해 버리는 것이다. '화학은 또 하나의 언어다'라는 철학에서 출발한 이 접근법은 놀라울 정도로 효과적이어서, 90%가 넘는 높은 예측 정확도를 자랑하며 화학계에 신선한 충격을 안겨 주었다.

세 번째 주자는 중국의 스타트업 케미컬.AI^{Chemical.AI}가 개발한 '켐에어스^{ChemAIRS}'다. 이 AI는 현실 감각이 뛰어난 '스마트한 살림꾼'이다. 대부분의 AI가 이론적으로 완벽한 경로를 찾는 데 집중할 때, 켐에어스는 "그래서 그걸 실제로 만들 수 있어? 재료는 얼마짜리인데?"라는 현실적인 질문을 던진다. 이 AI는 화합물 데이터베이스이자 온라인 마켓인 '엠큘^{Mcule}'과 실시간으로 연동되어 있다. 덕분에 사용자는 AI가 제안한 경로대로 실행하는 데 필요한 출발 물질의 현재 가격, 재고 현황, 배송 기간까지 한 화면에서 즉시 확인할 수 있다. 과거 화학자가 멋진 이론적 경로를 설계해 놓고도, 정작 재료를 구할 수 없어 공급사 웹사이트를 일일이 뒤져야 했던 그 번거로운 노동을 자동화한 것이다. 이 기능은 추상적인 아이디어를 예산과 물류 제약이라는 차가운 현실의 문제와 곧바로 연결한다. 결과적으로 연구자는 단순히 '이론적으로 아름다운 길'이 아니라, '비용과 시간을 고려했을 때 가장 효율적인 길'을 선택하는, 더 높은 차원의 경영학적 의사결정을 할 수 있게 된다.

이러한 강력한 AI 도구들의 등장은 역합성 분석의 본질을 뿌리째 바꾸고 있다. 과거 화학자의 목표가 광활한 건초 더미를 뒤져 바늘 하나(실행 가능한 유일한 합성 경로)를 힘겹게 찾아내는 것이었다면, 이제는 AI가 순식간에 건초 더미 전체를 투시하여 가능한 모든 바늘의 위치를 지도로 그려 준다. 이제 화학자는 길을 찾는 탐험가가 아니다. 그는 AI가 밥상처럼 차려준 수십, 수백 개의 경로들을 내려다보며 비용, 시간, 효율성, 독창성, 혹은 친환경성 같은 다양한 기준을 저울질하여 최적의 경로를 '선택'하는 전략적 의사결정자가 된다. 인간의 인지 능력 한계 때문에 감히 상상할 수조차 없었던, 완벽히 최적화된 합성의 설계도가 이제 우리 손안에 들어온 것이다.

실수를 저지르는 견습생에서 엄격한 과학자로

복잡한 미로와도 같은 화학의 세계를 탐색할 때, 화학자에게는 크게 두 가지의 선택지가 주어진다. 앞서 우리가 살펴본, 목표 지점(완성품)에서 거꾸로 출발점(재료)을 찾아오는 '역합성'이 그중 하나라면, 반대로 출발점에서 앞으로 나아가는 '순방향 예측Forward Prediction'이 나머지 하나다. 순방향 예측은 "이 재료와 저 재료를 섞고 온도를 높이면, 과연 무엇이 만들어질까?"라는 가장 원초적인 질문에 답하는 과정이다. 이것은 역합성을 통해 AI가 설계한 레시피가, 종이 위에서만 그럴듯한 것이 아니라 실제 실험실에서도 작동할지 검증하는 필수적인 절차다. IBM의 RXN과 같은 언어 기반 모델들은 이 분야에서도 90% 이상의 높은 정확도를 보여 주며, AI가 훌륭한 시뮬레이터가 될 수 있음을 입증해 왔다.

하지만 바로 이 지점에서, 언어 모델을 기반으로 한 AI의 근본적인 한계이자 치명적인 위험이 드러난다. 일반적인 거대 언어 모델, LLM을 아무런 안전장치 없이 '날 것' 그대로 화학 분야에 적용하면, AI는 종종 과학의 성역이나 다름없는 '질량 보존의 법칙'을 보란 듯이 무시하는 오류를 저지른다. 화학 반응식의 왼쪽(반응 전)에 있던 탄소 원자가 오른쪽(반응 후)에서는 감쪽같이 사라지거나, 반대로 넣지도 않은 엉뚱한 원자가 갑자기 생성물에 나타나기도 한다. 이는 현실 세계에서는 절대 일어날 수 없는, 말 그대로 무에서 유를 창조하는 '디지털 연금술'과 같은 황당한 결과다.

도대체 왜 똑똑한 AI가 이런 기초적인 실수를 저지르는 걸까? 그것은 AI가 화학을 '물리적 현상'이 아닌 '텍스트의 나열'로 배웠기 때문이다. 언어 모델에게 원소 기호 C(탄소)나 O(산소)는 그저 알파벳 문자에 불과하다. 소설을 쓸 때 등장인물이 갑자기 사라지거나 나타나도 문법적으로는 틀리지 않은 것처럼, AI는 텍스트 데이터의 통계적 패턴(문법)만 학습했을 뿐, 그 패턴이 발 딛고 있는 물리적 현실(자연법칙)은 본질적으로 이해하지 못하고 있다. 이것이 바로 AI가 그럴듯해 보이지만 사실은 거짓인 정보를 생성하는 일종의 '환각' 현상이다.

이 문제는 AI가 과학자의 신뢰할 수 있는 파트너가 되기 위해 반드시 넘어야 할 거대한 산이었다. 그리고 그 해법은 최첨단 AI 기술과 먼지 쌓인 책장 속에 있던 고전적인 화학 이론의 예기치 않은 만남에서 탄생했다. MIT 연구팀이 개발한 '플라워FlowER' 모델이 바로 그 주인공이다. 이름처럼 그 내용도 아름다운 이 모델은 기존 AI와는 세상을 보는 눈이 다르다.

플라워는 단순히 반응의 시작과 끝만 보지 않는다. 대신 반응이 일어나는 동안 모든 원자와 전자가 어떻게 움직이고 재배치되는지, 그 미세한 '흐름'을 끈질기게 추적한다. 이를 위해 연구팀은 1970년대에 제안되었지만 잊혀가던 '결합-전자 행렬Bond-electron Matrix'이라는 고전적인 화학 표기법을 꺼내 들어 최신 AI의 아키텍처에 이식했다. 이 행렬은 마치 꼼꼼한 '회계 장부'와 같다. 분자 내의 모든 원자 간 결합 상태와 전자의 위치를 숫자로 정밀하게 기록하여, 반응 전과 후에 원자와 전자의 총합이 단 하나도 오차 없이 일치하도록 강제한다. 물리적인 제약 조건을 AI의 사고 과정에 족쇄처럼 채운 것이다. 이로써 AI는 비로소 제멋대로 상상하는 몽상가나 연금술사가 아닌, 물리 법칙을 엄격하게 준수하는 진정한 화학자로 거듭날 수 있었다.

AI가 보여 준 이러한 실패 그리고 그것을 인간이 바로잡아 가는 과정은 AI 시대 과학 발전의 본질이 무엇인지를 우리에게 시사한다. 인간 화학자에게 '반응 전후에 원자의 수는 변하지 않는다'는 질량 보존 법칙은 너무나 당연해서, 굳이 의식하거나 말로 내뱉을 필요조차 없는 암묵적인 지식이다. 그것은 마치 우리가 숨 쉬는 공기와 같다. 하지만 백지상태의 AI에게는 그런 '상식'이 없다. AI가 엉뚱한 실수를 저지르는 것을 보고 나서야, 과학자들은 자신들의 분야를 지탱하고 있지만 너무 당연해서 잊고 있었던 가장 근본적인 원리들을 다시 꺼내어, 명시적인 언어와 수식으로 번역해 기계에 가르쳐야 할 필요성을 깨닫게 된다.

이 과정은 단순히 AI를 더 똑똑하게 만드는 것에 그치지 않는다. 과학자들로 하여금 자신이 가진 지식 체계의 구조를 다시 한번 점검하고 더 깊이 성찰하게 만드는 계기가 된다. 기계를 가르치기 위해 인간이 더 깊게 공부해야 하는 역설. AI의 결함이 오히려 인간의 지성을 자극하여 더 견고하고 엄밀한 과학을 낳고 있는 것이다.

아이디어의 완전 자동화 생산 라인

앞서 우리가 살펴보았던 역합성이나 물성 예측 같은 개별 기술들은 이제 더 이상 따로 놀지 않는다. 이 기술들은 하나의 거대한 흐름으로 통합되어, 번뜩이는 아이디어를 생성하는 일부터 그것을 실행에 옮길 구체적인 계획의 완성까지, 연구의 전 과정을 멈춤 없이 자동화하는 '완전 생산 라인'을 구축하고 있다. 이 혁신의 최전선에 서 있는 플랫폼 중 하나인 케미컬.AI의 '켐에어스'는, 미래의 화학 연구실이 어떻게 거대한 '인지적 공장'으로 변모하는지를 가장 구체적으로 보여 주는 사례다.

이 자동화된 '인지적 공급망'은 화학자가 연구 과정에서 반드시 마주치게 되는, 하지만 해결하기엔 너무나 골치 아픈 네 가지 핵심 질문 들에 대해 AI가 체계적이고 순차적으로 답을 내놓는 방식으로 작동 한다.

첫째, "이 아이디어는 현실에서 실현 가능한가?"라는 질문이다. 모 든 연구의 초기 단계에서 가장 치명적인 시간 낭비는 무엇일까? 그 것은 컴퓨터 화면 속에서는 완벽해 보이지만, 실제 물리적 세계에서 는 합성이 불가능하거나 만드는 데 천문학적인 비용이 드는 '몽상 속 의 분자'를 붙들고 씨름하는 것이다. 켐에어스는 '합성 가능성 평가 Synthesizability Assessment, SA 점수'라는 독자적인 지표를 도입해 이 문 제를 해결한다. AI는 갓 디자인된 수천 개의 후보 분자들을 스캔하여, 이것이 실험실에서 실제로 합성이 가능한 물질인지를 냉정하게 점수 매긴다. 이는 마치 건축가가 화려한 마천루의 설계도를 그리기 전에, 그 건물이 들어설 땅이 튼튼한지 확인하는 '지반 조사'를 선행하는 것 과 같다. 이 과정 덕분에 연구자는 실현 불가능한 프로젝트에 자원을 낭비하는 실패 위험을 초기에 획기적으로 줄일 수 있다.

둘째, "그렇다면 어떻게 만들 것인가?"라는 질문이다. 합성 가능성 이 확인된(지반이 단단한) 분자에 대해서는 이제 구체적인 지도를 그릴 차례다. 이때 역합성 엔진이 가동된다. AI는 목표 분자를 만들기 위 한 최적의 재료와 반응 순서를 계산하여, 단 몇 분 만에 수십 개의 다 양한 합성 경로를 정밀한 청사진처럼 제시한다. 연구자는 그저 펼쳐 진 지도 중에서 가장 마음에 드는 길을 고르기만 하면 된다.

셋째, "과정 중에 무엇이 잘못될 수 있는가?"라는 질문이다. 화학 반응은 종종 요리보다는 전쟁에 가깝다. 우리가 원하지 않았던 예상 밖의 부산물Trash이 생겨나 애써 만든 결과물을 오염시키고 전체 공정을 망치는 일이 비일비재하다. 켐에어스는 90% 이상의 놀라운 정확도를 자랑하는 '불순물 예측Impurity Prediction' 기능을 통해, AI가 제안한 경로를 따라갈 경우 어떤 지점에서 어떤 종류의 불순물이 발생할 확률이 높은지를 미리 경고한다. 이것은 화학자에게 제공되는 일종의 '위험 관리 보고서'다. "이 경로로 가면 3단계에서 불순물이 많이 생겨 분리하는 데 돈이 많이 듭니다"라고 미리 알려 주는 셈이다. 덕분에 연구자는 가장 골치 아픈 정제 과정에서 발생할 시간과 비용을 미리 절약할 수 있다.

넷째, "어떻게 대량으로 만들 것인가?"라는 질문이다. 실험실의 비커에서 1그램을 만드는 데 성공했다고 해서, 공장의 거대한 탱크에서 1톤을 만들 수 있는 것은 아니다. 실험실의 성공이 상업적 성공을 보장하지 않는다는 뜻이다. 켐에어스는 '공정 화학Process Chemistry'이라는, 지극히 실무적이고 산업적인 측면에서의 통찰력을 제공한다. AI는 대량 생산에 필요한 요소들을 꼼꼼히 따져 본다. 출발 물질을 톤 단위로 저렴하게 구할 수 있는지, 실험실의 까다로운 반응 조건(초고압, 초저온 등)을 일반적인 산업 현장에서 안전하게 재현할 수 있는지 등을 종합적으로 검토한다.

이처럼 각기 다른 철학과 강점을 지닌 AI 플랫폼들은 이제 화학자

[표 8-1] 화학 실험을 돕는 AI 플랫폼

플랫폼	핵심 초점	독자적 특징	비유
신시아 (머크)	신뢰성 및 지적 재산	전문가가 코딩한 규칙, 특허 회피 경로 탐색	경험 많은 장인
RXN (IBM)	예측 정확도	화학 반응을 위한 신경망 기계 번역	만능 번역가
켐에어스 (케미컬.AI)	통합 워크플로	합성 가능성 점수, 불순물 예측, 공정 화학	완전 자동화 공장 조립 라인
플라워 (MIT)	물리적 현실성	질량 및 전자 보존 법칙 내재화	원칙을 중시하는 물리학자

들에게 단순한 계산기를 넘어, 연구의 패러다임 자체를 바꾸는 다양한 '마법의 도구 상자'를 제공하고 있다.

[표 8-1]은 AI 화학 도구들이 단일한 기술이 아니라, 각기 다른 문제 해결 방식을 가진 생태계를 이루고 있음을 보여 준다. 어떤 도구를 선택하느냐에 따라 연구의 방향과 결과가 달라질 수 있으며, 이는 화학자의 전략적 판단을 더욱 중요하게 만든다.

전략가로서의 화학자: 인간의 역할을 재정의하다

AI가 스스로 새로운 분자를 발명하고, 복잡한 생산 라인까지 척척 설계해 내는 세상을 보며 누군가는 불안한 질문을 던진다. "그렇다면 결국 인간 화학자는 설 자리를 잃고 역사 속으로 사라지게 되는 것일까?” 이 근원적인 두려움에 대해, 연구 현장의 최전선에 있는 전문가들은 한목소리로 단호하게 “아니오”라고 답한다. 그들은 AI의 등장을 인간의 종말이 아닌, 인간을 단순 반복 노동에서 해방시켜 더 높은 차원의 지적 활동으로 이끄는 강력한 ‘지능 증강’의 기회로 바라본다.

이 새로운 관계를 정의하는 전문가들의 표현은 시적이기까지 하다. 화학 합성 자동화 기업 케미파이Chemify의 창업자 리 크로닌Lee Cronin은 이를 ‘화학자와의 춤Dancing with chemists’이라고 표현했다. 춤은 혼자 추는 것이 아니다. 파트너와 호흡을 맞추며 리듬을 탈 때 비로소 완성된다. 그는 AI 기술이 화학 산업의 파이를 키워 결과적으로 더 많은 인간의 일자리를 창출할 것이라고 확신한다. 독일의 거대 화학기업 에보닉Evonik의 최고 디지털 책임자 헨릭 한Henrik Hahn은 AI를 ‘실험실의 동반자Companion’라고 정의한다. 그에게 AI는 인간을 밀어내는 경쟁자가 아니라, 인간의 지적 능력을 보강하고 확장해 주는 든든한 파트너다. 로체스터 공과대학의 크리스토퍼 콜리슨Christopher Collison 교수의 통찰은 더욱 현실적이다. 그는 AI가 아무리 뛰어나도 “우리를 목표의 80%까지만 데려다줄 수 있다”고 지적한다. 나머지 결정적인 20%, 즉 최종적인 판단과 창의적인 도약은 여전히 인간의 전문성이 채워야 할 몫이라는 것이다.

이들의 통찰을 종합해 보면, 미래 화학자의 역할이 ‘장인’에서 ‘전략가’로 이동하고 있음을 알 수 있다. 과거 화학자의 가치는 실험복을 입고 유리 기구를 다루는 섬세한 손기술이나, 수천 개의 화학 반응식을 머릿속에 저장하는 암기력에서 나왔다. 하지만 이제 그런 지루하

고 반복적인 작업은 AI가 인간보다 훨씬 더 빠르고 정확하게 처리해
낸다. 따라서 미래의 화학자는 AI가 흉내 낼 수 없는 인간 고유의 영
역, 즉 '손'이 아닌 '머리'와 '가슴'을 쓰는 일에서 진정한 가치를 증명하
게 될 것이다. 그 고유한 능력은 크게 네 가지로 요약된다.

첫째, '올바른 질문을 던지는 능력'이다. AI는 '어떻게 만들까?'라는
질문에 대한 답을 찾는 데는 타의 추종을 불허한다. 하지만 '왜 만들
어야 하는가?'에 대해서는 침묵한다. AI는 어떤 문제가 인류에게 시
급한지, 무엇이 도전할 가치가 있는 목표인지 판단하지 못한다. 암 정
복을 위한 신약 개발이 중요한지, 아니면 기후 위기 해결을 위한 탄소
포집 기술이 더 급한지를 결정하고, 인류의 미래를 바꿀 위대한 과학
적 목표를 설정하는 것은 여전히 인간의 호기심과 비전만이 할 수 있
는 영역이다.

둘째, '창의적이고 도전적인 목표를 설정하는 능력'이다. AI는 기본
적으로 과거 데이터의 패턴을 학습하여 최적의 해를 찾는다. 즉, '이
미 알려져 있는 것들을 조합하는 일'에는 능하지만, '새로운 것을 창조
하는 일'에는 한계가 있다. 완전히 새로운 개념의 분자 구조를 꿈꾸거
나, 기존 물질의 한계를 뛰어넘는 엉뚱하고 기발한 기능을 상상하는
창의적인 불꽃은 오직 인간의 직관과 거침없는 상상력 위에서만 점화
될 수 있다.

셋째, '비판적으로 해석하고 판단하는 능력'이다. AI가 수십 개의 유
망한 합성 경로를 제안했다고 치자. 그중에서 어떤 것이 우리 프로젝
트의 예산 범위에 맞는지, 어떤 것이 환경 규제나 윤리적 기준에 부합
하는지, 회사의 장기적인 전략과 일치하는지를 종합적으로 저울질하

는 것은 기계가 할 수 없는 고도의 복합적인 의사결정이다. AI는 정답의 후보들을 나열할 뿐, 최종적인 선택의 책임을 지는 것은 인간이다.

넷째, '학문 분야를 넘나드는 연결 능력'이다. 미래의 화학자는 고립된 실험실에 머물지 않는다. 그는 AI 도구와 로봇 자동화 시스템 그리고 생물학자, 물리학자, 재료과학자 등 다른 분야의 전문가들을 유기적으로 연결하고 조율하는 '지적인 허브Hub'이자 오케스트라의 '지휘자' 역할을 해야 한다.

결국 다가오는 '자동화된 연금술사'의 시대는 인간 화학자의 종말을 의미하지 않는다. 오히려 인간을 고된 육체노동과 단순 암기에서 해방시켜, 가장 인간다운 활동—깊이 사유하고, 대담하게 상상하며, 현명하게 질문하는 역할—으로 되돌려 놓고 있다. AI는 가능성의 바다를 지치지 않고 탐험하는 유능한 항해사이며, 인간 화학자는 그 배가 나아갈 목적지를 정하고 발견된 새로운 대륙의 의미를 해석하는 선장이다. 이 두 파트너가 함께 닻을 올리고 떠나는 위대한 발견의 여정은, 이제 막 첫 항해를 시작했을 뿐이다.

제9장

편서치:
수학의 성벽을 넘은
인공지능

지금까지 인공지능은 데이터 속에서 패턴을 찾아 과학의 여러 난제를 풀어 왔다. 하지만 단 하나의 세계만은 여전히 인간의 영역으로 남아 있었다. 절대적인 논리만이 지배하는 곳, 바로 수학이다. 그리고 이제 그 성벽에도 균열이 생기기 시작했다.

논리의 마지막 보루, 수학이라는 장벽

지금까지 우리는 인공지능이 생명의 설계도인 단백질 구조를 해석하고, 존재한 적 없던 신소재의 지도를 그리며, 보이지 않는 암흑 물질의 뼈대를 찾아내고, 지구의 이상 기후를 예견하는 경이로운 여정을 함께했다. 이 눈부신 성공 신화들을 관통하는 하나의 공통된 승리 공식이 있다. 그것은 바로 '데이터 속의 패턴 찾기'다. 인공지능은 방대하고 불완전하며 잡음으로 가득 찬 데이터의 바다에서, 인간의 눈으로는 도저히 포착할 수 없는 미세한 통계적 규칙성을 찾아내는 데이터의 추종을 불허하는 능력을 보여 주었다. 이것이 바로 데이터가 과학적 발견을 주도하는 '제4 패러다임'의 핵심이었다.

하지만 이제 인공지능은 그가 태어나서 한 번도 경험해 보지 못한, 완전히 다른 차원의 세계로 발을 들이려 하고 있다. 그곳은 '아마도 그럴 것이다'라는 확률이나 통계가 통하지 않는, 오직 '절대적인 확실성'만이 지배하는 냉혹한 세계, 바로 순수 수학의 영역이다.

과학이 관찰과 실험을 통해 '가장 그럴듯한 설명'을 찾아가는 과정이라면, 수학은 처음부터 끝까지 빈틈없는 논리로 쌓아 올린 견고한 건축물이다. 수학은 수천, 수만 개의 논리적 벽돌이 서로를 지탱하고 있는 구조와 같다. 과학에서는 데이터가 조금 부정확해도 전체적인 경향성이 맞으면 의미 있는 결과를 낼 수 있지만, 수학에서는 그 수천 개의 연결 고리 중 단 하나라도 잘못되면 전체 구조가 와르르 무너져 내린다. 99%의 정확도는 수학에서 100점 만점에 99점이 아니라, 그냥 '오답'일 뿐이다. 이처럼 수학은 단 한 치의 오차도 허용하지 않는 무결점의 세계다.

바로 이 지점에서 거대 언어 모델은 자신의 본질적인 한계와 정면으로 충돌하게 된다. 워싱턴 대학교의 언어학자 에밀리 벤더^{Emily Bender} 교수는 현재의 AI를 가리켜 '확률론적 앵무새^{Stochastic Parrots}'라는 뼈아픈 별명을 붙였다. 앵무새가 사람의 말을 곧잘 따라 하지만 그 단어의 진정한 의미를 이해하고 말하는 것이 아니듯, AI 역시 자신이 내뱉는 수학 공식이나 증명의 의미를 실제로 '이해'한 것이 아니라는 뜻이다.

우리가 스마트폰에서 메시지를 보낼 때 문장의 첫 단어를 치면 다음에 올 단어를 자동으로 추천해 주는 기능을 떠올려 보자. LLM의 원리는 본질적으로 이 기능의 초거대 버전과 같다. 이는 논리적 사고의 결과가 아니라, 학습한 수조 개의 문장 데이터를 바탕으로 "이 단어 다음에는 통계적으로 저 단어가 오는 것이 가장 자연스럽다"라고 예측하여 이어 붙인 결과다. 겉보기에 AI가 보여 주는 훌륭한 '추론' 능력은 실제로 논리 규칙에 입각해서 사고한 결과가 아니라, 수많은 훈련 데이터 속에 갈무리되어 있던 인간의 추론 과정을 기가 막히게 흉내 낸 정교한 '모방Mimicry'에 가깝다.

이러한 태생적 한계는 '그럴듯함'이 아니라 '정확함'이 생명인 수학의 세계에서 치명적인 결함으로 나타난다. AI가 종종 그럴듯한 거짓말을 만들어 내는 '환각' 현상을 생각해 보자. 화학이나 생물학 연구에서 AI가 내놓은 엉뚱한 환각은 때때로 연구자들에게 '어? 이런 접근도 가능하겠는데?'라는 새로운 영감을 주는 '흥미로운 가설'이 될 수도 있다. 이것이 과학적 발견의 씨앗인 '세렌디피티'로 이어지기도 한다. 하지만 수학에서 환각은 낭만적인 영감이 아니다. 그것은 그저 명백한 '오류'일 뿐이다.

실제로 여러 연구 결과에 따르면, 시를 쓰고 코딩을 하는 최첨단 LLM조차도 복잡한 논리 증명이 필요한 과제 앞에서는 속수무책으로 무너지는 모습을 보인다. AI는 질문의 의도를 완전히 오해하거나, 전혀 상관없는 엉뚱한 공식을 가져다 쓰거나, 심지어 초등학생도 하지 않을 단순한 사칙연산 실수를 저지르기도 한다. 이는 AI의 성공이 진정한 수학적 통찰력에서 나온 것이 아니라, 단순히 비슷한 문제의 패턴을 기계적으로 대입한 '추론의 환상'이었음을 보여 주는 증거다.

결국 LLM이 수학이라는 벽 앞에서 겪는 어려움은, 단순히 데이터를 더 많이 넣거나 알고리즘을 조금 수정해서 해결될 기술적 버그가 아니다. 그것은 '확률'과 '논리'라는 두 거대 패러다임의 근본적인 충돌이다. 확률의 공간에서 작동하는 기계가, 결정론적인 진리의 세계를 탐험하려다 보니 생기는 필연적인 불협화음인 것이다. 이전 장들에서 AI를 과학 혁명의 주인공으로 만들어 주었던 그 강력한 무기— 거대하고 불완전한 데이터 속에서 가장 '그럴듯한' 답을 찾아내는 능력—는, 역설적으로 수학이라는 절대적인 논리의 성벽 앞에서는 가장 치명적인 약점이 되어 버렸다. 오늘날의 LLM에게 수학적 정리 Theorem를 직접 증명해 보라고 요구하는 것은, 마치 감성이 풍부한 시인에게 절대로 무너지지 않을 교각을 설계해 달라고 부탁하는 것과 다를 바 없는 위험천만한 일이다.

AI가 마주한 두 갈래 길

수학이라는 절대적인 진리의 성벽과, 태생적으로 거짓말을 섞어 뱉어 내는 AI의 본성. 이 좁혀지지 않을 것 같은 근본적인 딜레마 앞에서 과학자들은 운명적인 두 갈래의 길을 마주했다.

첫 번째 길은 LLM의 약점을 정면으로 돌파하여 뜯어고치려는 시도다. 즉, 확률에 의존하는 기계에게 인간 수학자처럼 한 치의 오차도 없이 엄밀하게 사고하는 법을 가르치려는, 고되고 험난한 '훈육'의 길이다. 이것은 '형식 추론^{Formal Reasoning}'이라 불리는 접근법으로, 수많은 연구자가 도전하고 있지만 여전히 초기 단계에 머물러 있다. 자유분방한 재즈 연주자에게 악보를 한 음도 틀리지 말고 연주하라고 강요하는 것처럼, 복잡한 증명을 요구하는 시험대에서 최고의 AI 모델들조차 잇따라 낙제점을 받으며 고전하고 있다. 이는 어쩌면 확률로 움직이는 세계에서 태어난 기계에게 결정론적 행동 양식을 강제로 주입하려는, 기계 본성을 거스르는 지극히 부자연스러운 행위일지도 모른다.

하지만 구글 딥마인드의 연구자들은 이 막다른 골목에서 완전히 다른, 매우 역설적인 두 번째 길을 선택했다. 그들은 질문의 각도를 비틀었다. "LLM의 약점인 예측 불가능성과 오류를 만들어 내는 성향을 굳이 고칠 필요가 있을까? 오히려 그것을 창의성의 원천으로 적극적으로 활용할 수는 없을까?" "만약 기계가 내뿜는 그 통제 불가능한 '광기'를 억누르려 하지 않고, 차라리 마음껏 상상하게 둔 뒤 그 속에서 번개처럼 번뜩이는 '천재성'의 순간들만 쏙쏙 골라낼 수 있다면 어떨까?" 이것이 바로 '펀서치^{FunSearch}'의 탄생으로 이어진 발상의 거대한 대전환이었다. 그들은 LLM을 오직 정답만 말해야 하는 모범생 '문제 해결사'가 아닌, 다소 엉뚱하더라도 끝없이 새로운 아이디어를 쏟아 내는 지칠 줄 모르는 '창의 엔진'으로 재정의했다.

이러한 철학적 전환은 문제의 본질을 완전히 바꾸어 놓았다. 이제 과학자들의 도전 과제는 '어떻게 하면 AI가 틀린 말을 하지 못하게 막을까(추론 능력 개선)?'라는 불가능에 가까운 문제에서, '어떻게 하면 AI가 쏟아 내는 수천 개의 아이디어 중에서 옥석을 가려낼 완벽한 필터를 만들 것인가?'라는 관리 가능한 문제로 바뀌었다. 이는 AI의 사고 과정 자체를 뜯어고치려는 시도에서, AI가 내놓은 결과물들을 효율적으로 검증하고 탐색Search하는 시스템을 설계하는 문제로의 영리한 전환이었다. 그리고 이 새로운 관점은 기존 방식보다 훨씬 더 다루기 쉬우면서도, 결과적으로는 난제를 해결하는 데 훨씬 더 효과적인 접근법임이 증명되었다.

결국 딥마인드 팀은 LLM이 가진 결함을 과감히 끌어안음으로써 오히려 그 한계를 뛰어넘을 수 있는 제3의 길을 찾아낸 것이다.

무한히 많은 원숭이와 냉정한 심판관: 펀서치의 탄생

구글 딥마인드가 개발한 펀서치의 구조는 복잡한 수식으로 가득 차 있을 것 같지만, 그 본질을 들여다보면 놀라울 만큼 단순하고 우아하다. 이 시스템의 핵심은 전혀 다른 성격을 가진 두 주인공, 즉 통제 불가능할 정도로 넘치는 창의성을 가진 '생성기Generator'와, 한 치의 오차도 허용하지 않는 절대적인 정확성을 가진 '평가기Evaluator' 사이의 절묘하고도 치열한 협력에 있다.

이 드라마의 첫 번째 주인공은 '생성기'다. 우리는 이 존재를 '창의적인 원숭이'라고 부를 수 있다. 연구팀은 구글의 거대 언어 모델인 PaLM 2를 코딩에 특화되도록 개조한 '코디Codey'에게 특이한 과제를 던져준다. 문제의 핵심적인 해법 부분이 텅 비어 있는 미완성의 파이썬Python 프로그램 코드를 보여 주고, "이 빈칸을 채울 수 있는 코드를 마음대로 제안해 봐"라고 요청하는 것이다. 이 상황은 그 유명한 사고 실험인 '무한 원숭이 정리'를 떠올리게 한다. 무한히 많은 원숭이에게 타자기를 주고 제멋대로 치게 하면, 언젠가는 우연히 셰익스피어의 희곡을 완벽하게 쳐낼 수도 있다는 이론 말이다. 생성기 역할을 맡은 LLM은 바로 이 타자기를 치는 원숭이와 같다. 녀석은 자신이 학습한 방대한 훈련 데이터를 바탕으로 수많은 코드 조각을 쉴 새 없이 쏟아 낸다. 개중에는 인간이 생각지 못한 기발한 아이디어가 섞여 있기도 하지만, 때로는 말도 안 되는 헛소리나 터무니없는 오류가 섞여 있기 도 하다. 중요한 건 질이 아니라 양 그리고 다양성이다.

여기서 두 번째 주인공인 '평가기'가 등장한다. 이 존재는 '냉정한 심판관'이다. 평가기는 LLM과 달리 인공지능이 아니다. 이것은 아주 간단하고, 규칙이 명확하며(결정론적), 완벽하고 정확하게 작동하는 일반 컴퓨터 프로그램이다. 평가기의 임무는 단 하나다. 생성기가 제 안한 코드를 실제로 실행해 보고, 그 결과가 미리 정해진 기준을 통과 했는지 채점하는 것이다. 이 과정에는 자비가 없다. 예를 들어, 생성 기가 만든 코드가 수학적 논리에 맞지 않거나 에러를 일으키면 즉시 0점을 주고 가차 없이 쓰레기통에 버린다. 반대로 규칙을 잘 지켰다 면, 그 결과가 얼마나 효율적이고 훌륭한지에 따라 점수를 매긴다. 이 엄격한 평가기는 LLM이 뱉어 내는 모든 환각(거짓말)과 논리적 오류 를 걸러 내는 완벽한 방패이자 거름망 역할을 수행한다.

하지만 펀서치의 진정한 마법은 이 두 주인공이 한 번 만나고 헤 어지는 것이 아니라, 끊임없이 상호 작용하는 '진화적 피드백 루프 Evolutionary Feedback Loop'를 형성한다는 데 있다. 생성기(원숭이)가 쏟아 낸 수천, 수만 개의 아이디어 중 평가기(심판관)의 까다로운 기준을 통과해 높은 점수를 받은 소수의 프로그램은 '프로그램 데이터베이스'라는 명예의 전당에 저장된다. 그리고 이 성공적인 '우수 유전자(씨앗)'들은 다시 다음 세대의 아이디어를 생성하기 위한 힌트(프롬프트)가 되어 생성기에게 제공된다. 즉, LLM은 "지난번에는 이렇게 했더니 점수가 좋았어. 이걸 참고해서 더 좋은 걸 만들어 봐"라는 지시를 받고, 자신의 이전 성공 사례를 디딤돌 삼아 점점 더 나은, 더 진화된 아이디어를 내놓도록 유도된다. 이 과정이 멈추지 않고 수백만 번 반복되면서, 마치 자연계에서 무수한 자연선택이 단세포 생물을 인간과 같은 복잡한 존재로 진화시켰듯, 초기의 평범하고 투박했던 아이디어들은 점차 누구도 생각지 못했던 새롭고 강력한 수학적 해법으로 발전해 나간다.

이 '생성기+평가기' 구조는 단순한 기술적 설계를 넘어, 과학적 발견의 본질에 대한 깊은 철학적 통찰을 담고 있다. 인류의 과학사를 돌아보면 수많은 위대한 발견은 우연한 행운, 즉 '세렌디피티'의 산물이었다. 펀서치는 본질적으로 이 희귀한 세렌디피티를 운에 맡기지 않고, 체계적으로 그리고 대량으로 생산해 내는 거대한 공장과 같다. LLM이라는 엔진으로 아이디어의 소나기를 퍼붓게 하고, 평가기라는 초고속 필터로 그 빗줄기 속에서 찰나의 순간 번뜩이는 금 조각들을 낚아채는 것이다. 이는 과학자의 머릿속에서 아주 드물게 그리고 평생에 걸쳐 느리게 일어나는 창의적 도약의 과정을, 빠르고 안정적이며 지속 가능한 '산업적 규모의 발견 프로세스'로 혁명적으로 바꾸어 놓았다.

누구도 선 세 개를 그을 수 없는 점들의 집합: 캡 집합 문제

추상적이고 모호해 보이는 이 '발견의 기계'가 과연 실전에서도 통할까? 이 질문에 답하기 위해 딥마인드 팀은 수학계에서 악명 높은 난제 중 하나인 '캡 집합 문제Cap Set Problem'를 펀서치의 시험 무대로 선택했다.

이 문제의 기원은 아주 단순해 보이는 기하학적 수수께끼에서 출발한다. 하얀 종이 위에 점을 찍는다고 상상해 보자. 목표는 점을 최대한 많이 찍는 것이다. 단, 절대 어겨서는 안 되는 규칙이 하나 있다. 그 어떤 세 점도 일직선 위에 나란히 놓여서는 안 된다는 것이다.

점 하나, 점 두 개를 찍을 때까지는 아무 문제가 없다. 하지만 점이 늘어날수록, 새로 찍으려는 점이 기존의 두 점과 일직선을 이루지 않도록 자리를 잡는 일은 급격히 어려워진다. '캡 집합 문제'는 바로 이 '선을 피하는 점들의 모임'이라는 아이디어를, 우리가 사는 3차원 공간을 훌쩍 뛰어넘는 다차원의 수학적 세계로 확장한 것이다.

이 복잡한 수학적 개념을 우리가 이해하기 쉬운 현실 세계의 놀이로 가져온 것이 바로 '세트Set'라는 카드 게임이다. 이 게임을 이해하면 펀서치가 푼 문제가 얼마나 어려운지 알 수 있다.

게임의 규칙은 이렇다. 테이블 위에는 81장의 카드가 펼쳐져 있다. 각각의 카드는 모양(다이아몬드·타원·물결), 색(빨강·초록·보라), 개수(한 개·두 개·세 개), 음영(빈칸·빗금·색칠)이라는 네 가지 속성을 가진다. 이 게임에서 승리 조건인 '세트'를 만드는 공식은 명쾌하다. 카드 세 장을 골랐을 때, 네 가지 속성 각각이 '완벽하게 똑같거나' 아니면 '완벽하게 달라야' 한다.

예를 들어 보자. 세 장의 카드가 모두 '빨강'이라면 색상 조건은 합격이다(모두 같음). 그런데 모양을 보니 하나는 다이아몬드, 하나는 타원, 하나는 물결이다. 이것도 합격이다(모두 다름). 개수와 음영도 이런 식으로 조건을 만족하면 이 세 장은 완벽한 '세트'가 된다. 수학적으로 말하면 이 세 장의 카드는 가상의 공간에서 '일직선'을 이루는 상태다. 반면, 색상과 모양은 조건을 만족했는데 개수를 보니 두 장은 한 개인데, 나머지 한 장은 두 개라고 해 보자. 이건 모두 같은 것도 아니고 모두 다른 것도 아니다. 어정쩡하게 섞여 있는 상태, 이것은 세트가 아니다. 즉, 일직선이 깨진 것이다.

원래 이 게임의 목표는 테이블 위에 깔린 카드들 사이에서 누구보다 빨리 이 질서 정연한 조합(직선)을 '발견'하는 것이다. 하지만 수학자들이 고안한 '캡 집합 문제'는 이 게임의 본질을 완전히 비틀어 버린다. 이 문제의 목표는 세트를 찾는 것이 아니다. 반대로, "그 어떤 조합으로도 절대 세트(직선)가 만들어지지 않는 가장 거대한 카드 묶음을 만드는 것"이다. 이것은 질서를 찾는 게임이 아니다. 카드 한 장을 추가할 때마다 기존의 카드들과 세트가 만들어지는지 끊임없이 감시하며, 모든 규칙을 교묘히 피해 가는 '완벽한 무질서'의 상태를 유지해야 한다. 무질서를 유지하면서 최대한 많은 카드를 손에 쥐는 것, 그것이 이 문제의 핵심이다.

수학자들은 여기서 멈추지 않고 게임의 난이도를 극한으로 끌어올렸다. 기존 카드에 '테두리 유무'나 '재질' 같은 새로운 특징들을 계속 추가하며 게임의 차원Dimension을 높인 것이다. 펀서치가 도전한 문제는 특징이 무려 여덟 개인 8차원 게임이었다. 차원이 네 개에서 여덟 개로 늘어난 것은 단순한 숫자 변화가 아니다. 문제의 복잡성은 인간의 상상을 초월할 정도로 폭발적으로 증가한다. 8차원 문제의 경우, 가능한 해답의 공간(집합의 개수)은 무려 3^{1600}개에 달하는 것으로 추정된다.

이 숫자가 얼마나 거대한지 감이 오는가? 우리가 관측 가능한 우주에 존재하는 모든 원자의 개수를 합친 것보다도 훨씬 더 큰 수다. 이것은 인간의 직관이 닿을 수 없는 영역이며, 슈퍼컴퓨터를 동원해 하나씩 대입해 보는 무차별적인 계산으로도 우주가 멸망할 때까지 다 풀 수 없는 광활한 미지의 영역이다.

딥마인드 연구팀은 바로 이 거대한 문제의 구조를 파이썬 코드로 작성하여 펀서치에게 던져 주었다. 펀서치는 겁먹지 않았다. 며칠 동안 펀서치의 '생성기'는 수백만 개의 코드 조각을 쏟아 냈고, '평가기'는 그것들을 가차 없이 채점하며 더 나은 코드로 진화시키는 과정을 반복했다. 그리고 마침내, 놀라운 일이 벌어졌다.

펀서치는 8차원 공간에서 512개의 점으로 이루어진 거대한 캡 집합을 찾아냈다. 이는 기존에 수학자들이 찾아냈던 최대 기록을 뛰어넘는, 역사상 가장 큰 집합이었다. 이것은 인공지능 역사에 기록될 기념비적인 순간이었다. 지금까지의 AI는 인간이 이미 밝혀놓은 지식을 학습하고 흉내 내는 데 그쳤다. 하지만 이번에는 달랐다. 거대 언어 모델이 자신의 훈련 데이터에는 존재하지 않았고, 심지어 인간 전문가들도 알지 못했던, 검증 가능한 새로운 순수 수학적 지식을 스스로 발견해 낸 최초의 사례였기 때문이다.

편서치는 단순히 기존 지식을 재조합한 것이 아니었다. 그것은 인류 지식의 최전선, 그 경계선을 한 걸음 앞으로 밀어내는 데 성공했다.

결과가 아닌, 과정과 방법을 제시하는 AI

편서치가 이룩한 가장 심오하고도 결정적인 기여는, 그것이 찾아낸 수학적 정답 그 자체보다 그 답을 찾아낸 '방식'과 '과정'에 있다. 편서치가 우리에게 내놓은 최종 결과물은 단순히 "가장 큰 캡 집합의 크기는 512다"라는 건조한 숫자가 아니다. 그것은 그 집합을 어떻게 만들어 낼 수 있는지를 논리적이고 단계별로 설명하는 하나의 완결된 '컴퓨터 프로그램(코드)'이다.

이 차이를 이해하기 위해 요리에 비유해 보자. 기존의 AI가 위대한 셰프가 주방 깊은 곳에서 혼자 만들어 낸, 더할 나위 없이 맛있는 케이크 한 조각을 접시에 담아 우리에게 건네주는 것이라면, 편서치는 그 케이크를 누구나 똑같이 만들어 낼 수 있도록 상세하게 기록한 '비법 레시피'를 우리 손에 쥐어 주는 것과 같다. 케이크를 받아먹는 것은 순간의 즐거움이지만, 그것이 어떻게 만들어졌는지는 알 길이 없다. 하지만 레시피가 있다면 이야기는 완전히 달라진다. 우리는 단순히 맛을 보는 것을 넘어, 왜 이 재료를 이 타이밍에 넣어야 하는지, 왜 오븐의 온도를 이렇게 맞춰야 하는지 그 원리를 깊이 있게 이해하게 된다. 더 나아가 이 레시피를 응용하고 변형하여, 셰프조차 생각지 못했던 새로운 맛의 쿠키를 창조해 낼 수도 있다. 편서치가 제공하는

'프로그램'이 바로 인류에게 그런 역할을 한다.

이것은 현대 과학에서 AI의 위상을 근본적으로 재정의할 수 있을 만큼 결정적인 차이를 만들어 낸다. 우리가 앞서 감탄했던 알파폴드나 그래프캐스트 같은 최첨단 AI 모델들은 안타깝게도 속을 알 수 없는 '블랙박스'다. 그들은 우리에게 놀랍도록 정확한 단백질 구조나 날씨 예측 결과를 제시하지만, 도대체 내부의 수억 개 신경망 중 어떤 경로를 거쳐 그것이 정답이라고 판단했는지에 대한 명쾌한 설명은 제공하지 못한다. 인간은 그저 기계의 능력을 믿고 결과를 받아들일 뿐이다.

하지만 펀서치는 다르다. 펀서치가 뱉어 내는 파이썬 코드는 인간 수학자가 직접 눈으로 읽고, 한 줄 한 줄 분석하며, 그 논리의 흐름을 완벽하게 이해할 수 있는 '투명한 유리 상자'와 같다. 이를 통해 과학자들은 단순히 난제의 답을 아는 것을 넘어, 그 답이 구성되는 원리로부터 새로운 통찰을 얻고, 여기서 얻은 아이디어를 전혀 다른 문제에 적용할 수 있는 영감을 얻게 된다. 기계가 인간에게 '생각하는 법'을 가르쳐주는 셈이다.

이는 인간과 AI의 협력 관계가 이제껏 본 적 없는 새로운 단계로 진입했음을 보여 준다. AI는 더 이상 알 수 없는 신비한 힘으로 답을 점지해 주는 '신탁'이 아니다. 이제 AI는 책상을 마주하고 함께 문제를 풀어가는 믿음직한 '지적인 동료'가 된다. AI가 밤새워 고민한 끝에 창의적인 방법론의 초안을 제시하면, 과학자는 그것을 해석하고 검증하며, 더 넓은 이론적 맥락 속에 위치시키는 편집장이나 감독의 역할을 맡는다.

편서치의 핵심인 '생성기(창의성) + 평가기(검증)' 패러다임은 비단 수학이라는 상아탑 속에만 갇혀 있는 도구가 아니다. 이것은 놀랍도록 범용적인 '보편적 발명 기계'다. 이 구조는 무수히 많은 해법을 가설적으로 쏟아 낸 뒤, 그중에서 가장 효율적이고 좋은 해법을 골라내야 하는 세상의 모든 문제에 그대로 적용할 수 있다.

실제로 딥마인드 팀은 편서치의 능력을 검증하기 위해, 또 다른 고전적인 난제인 '빈 패킹 문제Bin Packing Problem'에 이를 적용했다. 이 문제의 목표는 다양한 크기의 물건들을 준비된 상자Bin에 담되, 공간을 최소화하여 가장 적은 수의 상자만 사용하는 방법을 찾는 것이다. 언뜻 보면 단순한 퍼즐 같지만, 이것은 거대한 컨테이너선에 화물을 적재하는 물류 산업이나, 클라우드 데이터 센터에서 수만 개의 작업을 서버에 효율적으로 배분하는 기술 등 현실 세계의 핵심 인프라를 최적화하는 문제와 직결된다. 놀랍게도 편서치는 이 실용적인 문제에 대해서도, 인간 전문가들이 수십 년간 갈고닦아 사용해 온 기존 알고리즘보다 더 효율적인 새로운 해법을 스스로 발견해 냈다.

이는 편서치가 알파폴드(생물학)와 GNoME(재료과학)을 통해 증명된 'AI 기반 발견'의 성공 방정식을, 특정 과학 분야를 넘어 더 높은 차원의 보편적 방법론으로 승화시켰음을 의미한다. 이제 핵심은 하나다. '결과를 검증할 명확한 기준(채점표)이 있는가?' 아이디어의 우열을 가릴 수 있는 객관적 잣대만 존재한다면, 더 빠른 컴퓨터 알고리즘

설계부터, 부작용 없는 신약 후보 물질 탐색, 더 멀리 가는 고성능 안테나 디자인에 이르기까지 산업과 분야를 막론하고 펀서치를 적용해 혁신적인 해법을 찾을 수 있다.

펀서치의 등장은 단순히 수학 문제 하나가 풀렸다는 뉴스 이상의 거대한 의미를 갖는다. 그것은 인류가 난제를 해결하는 새로운 '방법' 자체를 발명했다는 신호다. 바야흐로 AI 시대의 과학적 진보를 가로막는 가장 큰 병목은, 더 이상 '아이디어의 부족'이 아닐지도 모른다. 아이디어는 AI가 1초에도 수천 개씩 쏟아 낼 수 있기 때문이다. 이제 우리 인간에게 남겨진, 가장 중요해진 역할은 명확하다. 이 지치지 않는 창의적 알고리즘에게 '어떤 질문'을 던져야 할지, 그가 쏟아 내는 무한한 가능성을 '어떤 기준'으로 평가하고 선택해야 할지를 결정하는 깊은 지혜와 통찰력이다. 이미 우리 곁으로 성큼 다가온 새로운 시대는 그렇게, 우리에게 '답'이 아닌 '질문'의 무게를 다시금 깨닫게 한다.

제10장

투명한 용기에 담긴 항성: 핵융합로의 AI 파일럿

언제 터질지 모르는 뇌전증 발작과 언제 붕괴할지 모르는 인공 태양. 전혀 다른 두 세계를 지배하는 공통의 적은 하나다. 바로 '언제 일어날지 모른다'는 불확실성이다.

뇌 속의 폭풍과 병 속의 태양: 예측이 구원하는 두 세계

잠시 눈을 감고 상상해 보자. 당신의 뇌 속에 언제 터질지 모르는 시한폭탄이 들어 있다. 뇌전증을 앓는 환자들에게 발작이란 예고 없이 찾아와 평범한 일상을 단숨에 산산조각 내는 삶의 거대한 균열과도 같다. 전 세계 수백만 명의 환자들은 학교에서 수업을 듣다가, 혹은 길을 건너다가 언제 의식을 잃고 쓰러질지 모른다는 막막한 공포를 안고 살아간다. 그들에게 가장 무서운 적은 발작 그 자체가 아니라, 그것이 '언제' 닥칠지 모른다는 '불확실성'이다.

하지만 만약 그 폭풍을 미리 알 수 있다면 어떨까? 발작이 일어나기 몇 시간 전, 아니 단 10분 전에라도 당신의 손목시계가 부드럽게 진동하며 경고를 울려줄 수 있다면? 그 작은 알람이 울리는 순간, 통제 불가능했던 죽음의 공포는 우리가 관리할 수 있는 성가신 불편함 정도로 바뀐다. 약을 미리 먹거나, 잠시 하던 일을 멈추고 안전한 의자에 앉아 안정을 취할 수 있는 그 짧은 시간. 그 시간은 단순한 몇 분이 아니라, 한 사람의 존엄과 세상을 지켜 내는 구원의 시간이다.

이제 시선을 인간의 미시적인 뇌 신경망에서 거두어, 인류가 지금껏 만들어 낸 가장 뜨겁고 격렬한 거시적인 세계로 돌려 보자. 바로 지구 위에 '인공 태양'을 띄우려는 거대한 도전, 핵융합 에너지다. 바닷물에 널려 있는 중수소를 연료로 삼아 사실상 무한한 에너지를 얻으면서도, 방사성 폐기물이나 온실가스 걱정은 없는 청정한 에너지. 이것은 인류가 오랫동안 꿈꿔 온 에너지의 성배Holy Grail다.

하지만 이 꿈의 에너지로 가는 길목에도 뇌전증의 발작과 소름 끼치도록 닮은, 치명적이고 예측 불가능한 폭풍이 도사리고 있다. 태양보다 뜨거운 1억 ℃의 초고온 물질, '플라스마'라는 이름의 이 성난 별을 작은 병 속에 가두는 일은 결코 만만치 않다. 이 야생마 같은 물질은 잠잠하다가도 순식간에 요동치며 폭주하여 기계를 망가뜨리기 일쑤다. 우리가 이 별을 길들이기 위해서는, 뇌전증 환자가 발작을 두려워하듯 플라스마가 언제 미쳐 날뛸지 미리 알아야만 한다.

최근 진행한 역사적인 실험에서, 인공지능은 바로 이 난제를 해결할 실마리를 보여 주었다. AI는 플라스마가 폭주하여 붕괴하기 정확히 300밀리초, 0.3초 전에 그 미세한 전조 증상을 감지하고 붕괴를 예측해 내는 데 성공했다. 0.3초. 인간에게는 눈을 한번 천천히 깜빡일 정도의, 인지조차 할 수 없는 찰나의 순간이다. 하지만 1초에 수십억 번을 연산하는 기계에게, 빛의 속도로 움직이는 전자기 제어 장치에게 300밀리초는 다가올 재앙을 피하고 미래를 바꾸기에 충분하고도 남는 억겁의 시간이었다. 이것은 단순히 기계가 빨라졌다는 뜻이 아니다. '예측'이라는 행위가 어떻게 인류의 가장 거대한 공학적 도전을 불확실성의 영역에서 통제 가능한 과학의 영역으로 이끌고 있는지에 대한 이야기다.

태양을 손에 넣으려는 꿈 그리고 현실

과학자들이 핵융합을 가리켜 '꿈의 에너지'라 부르는 이유는 단순하면서도 명확하다. 그것은 저 하늘 위에 떠 있는 태양이 에너지를 만들어 낼 때 울리는 심장 박동, 즉 수소 원자들을 강제로 융합해 헬륨으로 바꾸며 막대한 빛과 열을 뿜어내는 과정을 지구 위에서 그대로 재현하겠다는 야심 찬 계획이기 때문이다. 이 꿈이 현실이 된다면, 인류는 바닷물 속에 들어있는 중수소 200g과 삼중수소 300g만으로 100만 kW급 발전소 2기를 하루 종일 가동할 수 있다. 이때 생산할 수 있는 에너지의 양은 서울시의 1년 전력 소비량(약 50,000 GWh)과 맞먹는다. 그것도 탄소 배출이나 골치 아픈 고준위 방사성 폐기물 걱정이 없는 가장 깨끗한 형태로 말이다.

하지만 지구는 태양이 아니다. 여기서부터 인류의 고난이 시작된다. 태양은 지구보다 33만 배나 무거운 거대한 천체다. 태양은 이 압도적인 '중력'으로 중심부의 원자들을 짓눌러 꼼짝 못 하게 만든 뒤 강제로 융합시킨다. 반면 중력이 훨씬 약한 지구에서는 그런 압력을 만들 수 없다. 그래서 과학자들은 중력 대신 다른 방식을 택해야 했다. 바로 '온도'다. 압력이 부족하다면, 원자들을 미친 듯이 빠르게 움직이게 만들어 서로 충돌하게 해야 한다. 이를 위해서는 태양의 중심부(약 1,500만 도)보다 무려 일곱 배나 더 뜨거운, 1억 ℃ 이상의 초고온 상태를 인위적으로 만들어 내야만 한다.

바로 이 지점에서 인류는 공학 역사상 가장 기묘하고도 위험한 난제와 마주하게 된다. 물질의 온도가 1억 ℃에 이르면, 더 이상 고체도, 액체도, 기체도 아닌 제4의 상태, 즉 전자와 원자핵이 분리되어 펄펄 끓는 '플라스마Plasma' 상태가 된다. 문제는 지구상에 존재하는 그 어떤 물질도 이 온도를 견딜 수 없다는 점이다. 강철이든, 텅스텐이든, 다이아몬드든, 1억 ℃의 플라스마가 닿는 순간 흔적도 없이 증발해 버린다. 담을 수 있는 그릇이 없는데, 어떻게 태양을 담을 것인가?

그래서 과학자들은 물리적인 벽 대신 '보이지 않는 그릇'을 고안해 냈다. 전하를 띤 플라스마는 자석에 반응한다는 성질을 이용해, 강력한 자기장을 도넛 모양(토러스)으로 꼬아서 만든 '자기장 감옥'이다. 이 강력한 자기장은 뜨거운 플라스마를 공중에 띄워, 용기의 차가운 벽에 닿지 않게 가둔다. 이 기묘한 장치가 바로 '토카막Tokamak'이다. 우리는 말 그대로, 1억 ℃짜리 성난 별을 투명한 자기장 용기 안에 담아 두려는 아슬아슬한 곡예를 하고 있는 셈이다.

이 붕괴가 일어나는 데 걸리는 시간은 단 몇 밀리초에 불과하다. 그 눈 깜빡할 찰나의 순간에 인공 태양은 꺼져 버리고, 플라스마가 품고 있던 막대한 에너지가 통제력을 잃고 한꺼번에 방출된다. 이 에너지가 핵융합로의 내부 벽을 강타하면, 수조 원을 들여 지은 최첨단 장비가 녹아내리거나 심각한 손상을 입게 된다. 이러한 불안정성을 완벽하게 제어하지 못하는 한, 인류가 만든 인공 태양은 에너지를 생산하는 발전소가 아니라, 그저 세상에서 가장 비싼 일회용 폭죽에 불과할지도 모른다. 지난 수십 년간의 핵융합 연구는 에너지를 얻기 위한 연구였다기보다, 바로 이 찰나의 붕괴를 막고 1억 ℃의 불꽃을 유지하기 위한 과학자들의 처절한 사투였다고 해도 과언이 아니다.

사후 대응의 한계

지난 수십 년간, 전 세계의 내로라하는 물리학자와 공학자들은 1억 ℃의 플라스마가 제멋대로 날뛰며 붕괴하는 것을 막기 위해 그야말로 필사적으로 매달렸다. 그들이 택할 수 있었던 유일한 전략은 이른바 '사후 대응Reactive Control'이었다.

원리는 직관적이다. 하지만 이것은 한겨울 빙판길 위에서 자동차가 미끄러지기 시작한 뒤에야 비명과 함께 급히 핸들을 꺾는 것과 다를 바 없다. 자동차가 스스로 자세를 잡는 장치ESC가 바퀴가 헛도는 것을 감지한 후에야 비로소 엔진 출력을 줄이고 브레이크를 거는 것과 비슷한 원리다. 핵융합로 내부도 마찬가지였다. 수백 개의 센서가 "어? 플라스마가 흔들린다!"라고 미세한 찢어짐의 징후를 포착하면,

그제야 제어 시스템이 허둥지둥 자기장을 조절해 붕괴를 막으려 시도했다.

하지만 야속하게도 플라스마의 붕괴 속도는 인간이 설계한 이 모든 대응 시스템을 비웃듯 너무나 빨랐다. 빙판길에서 미끄러짐을 몸으로 느꼈을 때는, 이미 차체가 통제 불가능한 상태로 회전하며 가드레일을 들이받기 직전인 상황과 같다. '보고 나서 반응하는' 방식으로는, 빛의 속도로 변하는 플라스마의 변덕을 도저히 따라잡을 수 없었던 것이다.

이 난제를 해결하기 위해 프린스턴 대학교와 공동 연구를 진행했던 중앙대학교 서재민 교수는 당시 인류가 처했던 한계를 이렇게 회고했다. "이전 연구들은 일반적으로 이러한 찢어짐 불안정성이 플라스마에서 이미 발생한 후에 이를 억제하거나 영향을 완화하는 데 중점을 두었습니다."

문제는 이미 벌어진 일을 '억제'하거나 '완화'하는 것만으로는 턱없이 부족하다는 데 있었다. 수백 개의 센서가 0.001초마다 쏟아 내는 방대한 데이터를 실시간으로 분석하고, 그에 맞춰 수십 개의 거대한 자기장 코일에 정확한 명령을 내리는 작업은, 인간이 미리 입력해 둔 '규칙 기반Rule-based' 제어 시스템의 용량을 아득히 초과하는 일이었다. 우리는 아직 플라스마 내부의 복잡하고 혼란스러운 물리 현상을 완벽하게 이해하지도 못했고, 설령 이해한다 해도 그 무한한 경우의 수에 맞는 대응책을 실시간으로 계산해 낼 수도 없었다. 결국 우리에게는 기존의 법칙을 깨부수는, 패러다임의 근본적인 전환이 절실히 필요했다.

300밀리초 앞을 내다보는 기계

인간의 힘으로 도저히 따라잡을 수 없었던 플라스마의 붕괴 속도, 그 절망적인 한계선 위에서 마침내 인공지능이 무대에 올랐다. AI는 기존 방식, 즉 '미끄러진 뒤에 비명을 지르며 핸들을 꺾는' 사후 약방문 식의 대응을 거부했다. 대신 아예 '저 앞에 빙판길이 있으니 미리 속도를 줄이고 경로를 바꾸자'고 제안하는, 완전히 새로운 차원의 접근법을 들고나왔다. 이것이 바로 '사전 예측 회피Predictive Avoidance'다. 위기가 닥친 뒤에 싸우는 것이 아니라, 위기가 올 자리를 미리 피해 가는 전략이다.

미국 샌디에이고에 위치한 DIII-D 국립 핵융합 시설에서, 이 혁신적인 패러다임을 검증하기 위한 역사적인 실험이 진행되었다. 프린스턴 대학교의 에게멘 콜레멘Egemen Kolemen 교수가 이끄는 연구팀(여기에는 서재민 교수도 포함되어 있다)은 AI에게 1억 ℃의 야생마, 즉 핵융합로를 직접 조종하는 법을 가르치기로 결심했다.

흥미로운 점은 AI가 받아 든 교과서가 복잡한 수식으로 가득 찬 두꺼운 물리학 전공 서적이 아니었다는 사실이다. AI에게 주어진 것은 DIII-D 시설이 지난 수년간 수천 번의 실험을 반복하며 축적해 온 방대한 '과거 실험 데이터' 그 자체였다. AI는 이 데이터 속에 기록된 수많은 성공의 순간과 처참한 실패의 기록을 통째로 삼키고 학습했다. 이 과정에서 AI는 플라스마가 치명적인 '찢어짐 모드 불안정성'에 빠져 붕괴하기 직전에, 수백 개의 센서 데이터가 아주 미세하게 요동치는 특정한 패턴을 스스로 찾아냈다. 그것은 인간의 눈에는 보이지 않는 아주 희미한 신호였다. 마치 평생을 바다에서 보낸 노련한 항해사가, 맑은 하늘과 잔잔한 바람 속에서도 미세한 습기의 변화만으로 다가올 폭풍을 직감하고 돛을 내리는 법을 배우는 것과 같았다.

그리고 마침내, 혹독한 가상훈련을 마친 AI 파일럿은 실제 핵융합로 운전석에 앉게 되었다. 결과는 놀라웠다. AI는 플라스마 붕괴가 실제로 발생하기 최대 300밀리초 전에, 그 파국적인 붕괴의 징후를 정확히 예측해 냈다.

300밀리초. 인간의 감각으로는 눈을 한번 천천히 깜빡일 정도의, 인지조차 할 수 없는 짧은 찰나다. 하지만 1초에 수십억 번을 연산하는 AI와 빛의 속도로 반응하는 전자 제어 시스템에게 이 시간은 결코 짧지 않다. 다가올 재앙을 대비하고, 전략을 수정하여, 마침내 미래를 바꾸기에 충분하고도 남는 그야말로 '황금 같은 시간'이다.

AI는 불안정성의 징후를 포착하는 즉시 행동에 돌입했다. 플라스마를 가열하는 빔의 강도를 조절하거나 자기장의 형태를 미세하게 비틀기 시작했다. 중요한 것은 이 행동의 본질이다. 이것은 이미 시작된 붕괴를 힘으로 억누르려는 거친 싸움이 아니었다. AI는 플라스마의 '운행 경로'—온도, 밀도, 전류 등 물리적 상태가 시간에 따라 흘러가는 길—자체를 아주 부드럽게 살짝 비틀었다. 마치 노련한 운전자가 전방의 사고를 감지하고 차선을 부드럽게 변경하듯, 붕괴가 예정되어 있던 위험한 상태를 아예 비껴가도록 항로를 수정해 버린 것이다.

이 연구에 참여한 서재민 교수는 이 극적인 차이를 이렇게 표현했다. "우리의 접근 방식은 불안정성이 나타나기 '전에' 이를 예측하고 피할 수 있게 해 줍니다."

이제 AI는 더 이상 불이 난 뒤에야 허둥지둥 달려오는 소방수가 아니었다. 그는 보이지 않는 난기류를 미리 읽고 항로를 수정하여 승객을 안전한 길로 이끄는 능숙한 파일럿으로 진화했다.

앞서 살펴본 미국 DIII-D에서의 실험이 AI 파일럿의 탁월한 '위험 회피' 능력을 확인하는 자리였다면, 스위스에서 진행된 또 다른 실험은 여기서 한발 더 나아갔다. 그것은 AI가 단순히 사고를 막는 것을 넘어, 플라스마라는 불안정한 물질을 '능동적으로 빚어내는' 놀라운 창의성까지 갖추고 있음을 증명하는 무대였다.

이 프로젝트를 위해 구글 딥마인드의 연구팀은 스위스 로잔 연방 공과대학교EPFL 산하의 스위스 플라스마 센터와 손을 잡았다. 그들의 실험 무대는 TCVTokamak à Configuration Variable라는 이름의 소형 토카막이었다. 이 장치는 이름에 담긴 뜻처럼 다양한 형태의 플라스마를 실험할 수 있도록 설계된, 아주 유연하고도 민감한 기계였다.

흥미로운 점은 AI를 가르치는 방식이었다. DIII-D의 AI가 과거 인간이 운전했던 '실제 데이터'라는 교과서로 학습했다면, TCV의 AI는 교과서 없이 '실전 경험'을 통해 스스로 터득하는 방식을 택했다. 물론 1억 ℃의 플라스마를 다루는 실제 기계에서 초보 AI가 함부로 운전대를 잡았다가는 기계가 폭발해 버릴 수도 있다. 그래서 연구팀은 TCV 토카막을 컴퓨터 속 가상 공간에 완벽하게 복제해 냈다. 이

것이 바로 '디지털 트윈'이다. AI는 현실과 똑같지만 실패해도 아무런 위험이 없는 이 안전한 가상 세계(매트릭스) 안에서 수백만 번의 시행 착오를 반복했다. AI는 스스로 플라스마를 띄워보고, 떨어뜨리고, 찌그러뜨려 보면서, 어떤 행동이 어떤 결과를 낳는지 몸으로 부딪치며 배우는 '심층 강화 학습Deep Reinforcement Learning'을 수행했다. 실제 용광로를 망가뜨릴 걱정 없이 마음껏 실패하며, 인간이 알려 주지 않은 제어의 비기를 스스로 터득한 것이다.

AI에게 주어진 임무는 인간 엔지니어의 기준으로는 상상을 초월할 정도로 복잡한 것이었다. TCV 토카막 내부에는 플라스마를 가두기 위한 강력한 자기장 코일이 무려 19개나 설치되어 있다. AI는 이 19개의 코일에 흐르는 전류를 밀리초 단위로, 그것도 19개를 동시에 아주 정밀하게 조절해야 했다. 이것은 마치 한 명의 지휘자가 19명의 연주자에게 "당신은 0.1초 뒤에 반음 올리고, 동시에 당신은 0.2초 뒤에 볼륨을 줄여라"라고 개별적으로 그리고 실시간으로 지시하는 것과 같다. 인간의 인지 능력으로는 도저히 감당할 수 없는, 극도로 복잡한 다차원 제어Multi-dimensional Control 문제였다.

가혹한 가상훈련을 마친 AI는 마침내 실제 TCV 토카막의 제어권을 넘겨받았다. 그리고 인간이 지켜보는 가운데, 1억 °C의 용광로 속에서 놀라운 '불의 조각'을 시작했다. 과거의 전통적인 제어 방식은 그저 플라스마가 벽에 닿지 않도록 단순한 도넛 모양으로 둥글게 유지하는 것에 급급했다. 하지만 AI는 달랐다. AI는 연구자들이 "이런 모양을 만들어 줘"라고 요청하면, 보이지 않는 자기장의 손을 뻗어 플라스마 반죽을 주무르듯 자유자재로 빚어냈다. AI는 심지어 도넛 모양의 플라스마를 둘로 쪼개어 위아래로 동시에 띄우는 '물방울' 형태까지 구현해 냈다. 이는 두 개의 태양을 한 하늘에 띄우는 것처럼 제어가 까다로워, 이전까지는 안정적으로 유지하는 것이 거의 불가능하다고 여겨졌던 구성이었다.

가장 인상적인 성과는 이른바 '눈꽃_{Snowflake}'이라 불리는 매우 복잡하고 기하학적인 형태의 플라스마를 만들어 낸 순간이었다. 왜 하필 눈꽃 모양일까? 이것은 단순한 기술 과시용 예술 작품이 아니었다. 여기에는 아주 실용적이고 절박한 공학적 이유가 숨어 있다. 핵융합로의 큰 골칫거리 중 하나는, 1억 ℃의 플라스마가 내뿜는 지옥 같은 열에너지가 배출구_{Divertor}의 아주 좁은 영역에 집중적으로 쏟아진다는 점이다. 마치 돋보기로 햇빛을 모으듯 열이 집중되면 아무리 튼튼한 금속 벽이라도 버티지 못하고 녹아 버린다. 하지만 플라스마의 아랫부분을 뾰족한 다리가 여러 개 달린 '눈송이' 모양으로 만들면 이야기가 달라진다. 열이 빠져나가는 통로가 여러 갈래로 나뉘면서, 열이 닿는 표면적이 훨씬 넓게 분산되는 효과가 생긴다. 즉, AI는 뜨거운 감자를 넓게 펼쳐 식히듯이, 벽이 녹아내리는 것을 막는 가장 효율적인 형태를 만들어 낸 것이다. AI는 공학자들이 칠판 위에서 이론적으로 상상만 하던 그 창의적인 해법을, 1억 ℃의 가혹한 현실 속에서 완벽하게 구현해 내는 '장인'의 경지에 도달했다.

우리가 얻은 새로운 항해술

1억 ℃의 플라스마라는 극한의 환경에서 단련된 AI의 '예측 회피'와

'창의적 제어' 기술은, 비단 핵융합로라는 작은 병 속에만 갇혀 있기에는 너무나 강력한 도구다. 이 새로운 항해술은 인류가 마주한 다른 모든 복잡하고, 인간의 반응 속도보다 빠르며, 자칫하면 치명적인 결과를 초래할 수 있는 거대 시스템들을 다루는 보편적인 방법론이 될 가능성을 활짝 열어 주었다.

가장 가까운 예로 우리 도시의 혈관이자 신경망인 거대한 전력망을 살펴보자. 현대의 전력망은 수천 개의 발전소와 수만 개의 변전소 그리고 그 사이를 잇는 거미줄 같은 송전선이 복잡하게 얽혀 있는 거대 네트워크다. 재생 에너지가 추가되면서 이 네트워크는 플라스마만큼이나 변덕스럽고 불안정성에 취약해졌다. 가장 무서운 시나리오는 한 지역의 작은 변전소 고장이 마치 도미노가 쓰러지듯 인접한 선로에 과부하를 주고, 이것이 순식간에 옆 도시, 옆 주(州)로 번져나가 결국 대륙 전체를 암흑에 빠뜨리는 '연쇄 고장'이다. 미래에 AI는 이 거대한 네트워크의 건강 상태를 24시간 실시간으로 감시하는 '디지털 관제탑'이 되어 줄 수 있다. AI라면 수만 개의 지점에서 들어오는 데이터의 파동을 분석해 연쇄 고장의 아주 미세한 전조 증상을 미리 포착해 낼지도 모른다. 그리고 재앙이 발생하기 전에, 마치 댐의 수문을 조절하듯 전력의 흐름을 안전한 우회로로 돌려 네트워크 전체의 붕괴를 막아 낼 수도 있을 것이다. 단순히 고장 난 곳을 고치는 것이 아니라, 고장이 확산될 길목을 미리 차단하는 진화된 '예측 회피' 시스템을 기대해 볼 수 있는 대목이다.

시선을 땅에서 하늘로 돌려 보면 상황은 더욱 긴박하다. 오늘날 항공 우주 기술의 최전선인 극초음속 비행체는 소리보다 다섯 배 이상 빠른 마하 5의 속도로 비행한다. 이것은 인간 조종사의 감각과 반응 속도를 완전히 벗어난 영역이다. 이런 극단적인 속도에서는 공기조차 부드러운 기체가 아니라 마치 콘크리트 벽처럼 단단하게 느껴진다. 따라서 대기 중의 아주 미세한 난기류나 작은 진동조차 비행체를 순식간에 산산조각 낼 수 있는 치명적인 위협이 된다. 인간의 반사 신경이나 기존의 입력된 규칙에 따르는 제어 시스템은 이 급격한 변화를 감지하고 반응하기에는 너무나 느리다. 미래에는 바로 이 지점에 가상 세계에서 수없이 추락하며 훈련된 AI 파일럿이 탑재될 것이다. AI는 기체의 표면에 닿는 공기의 압력 변화를 읽어 난기류가 비행체에 충격을 주기 직전에, 밀리초 단위로 날개의 각도와 엔진 출력을 미세하게 조정해 낼 수 있을 것이다. 그렇게 된다면 인간이 눈을 깜빡이기도 전에 기체의 자세를 바로잡아, 파괴적인 충격을 유연하게 흘려보내는 일조차 가능해질 것이다.

다시 처음으로 돌아가 보자. 뇌전증 환자의 뇌신경망에서 일어나는 예측 불가능한 전기 폭풍, 도시 전체를 마비시키는 전력망의 연쇄 붕괴, 극초음속 비행체를 뒤흔드는 대기의 격랑 그리고 인공 태양을 꺼뜨리는 1억 ℃ 플라스마의 폭주. 이 모든 현상은 겉모습은 달라도 그 본질은 하나다. 바로 인간의 직관과 반응 속도를 아득히 뛰어넘는 '복잡계 시스템의 급격한 상태 변화'라는 난제다. 그리고 우리는 이제, 그 통제 불가능해 보였던 복잡계의 파도를 넘어설 수 있는 새로운 항해술을 손에 넣었다.

도구에서 동반자로: 인류의 새로운 코파일럿

이 책을 통해 우리는 여러 지적 모험을 함께해 왔다. 우리의 여정은 생명의 가장 깊고 은밀한 비밀인 단백질의 구조를 파헤치는 것에서 시작해, 지구상에 존재한 적 없는 새로운 물질의 지도를 그려 내는 탐험으로 이어졌다. 또한, 눈에 보이지 않는 암흑 물질이 엮어 낸 우주의 거대한 뼈대를 찾아내고, 혼돈 그 자체인 지구의 날씨를 읽어 내며, 절대적 진리의 성벽인 수학 난제에 도전하여 새로운 해법을 발견하는 경이로운 순간들을 목격했다.

그리고 마침내 이번 장에 이르러, 인공지능은 인류가 꾸는 꿈 중에서도 가장 뜨겁고 위험한 꿈의 한복판, 즉 1억 ℃의 인공 태양을 제어하는 '파일럿'의 조종석에 당당히 앉았다.

우리가 목격한 두 가지 사례는 AI의 진화를 상징적으로 보여 준다. 미국 DIII-D 실험에서 보여 준 '300밀리초의 기적'은, AI가 단순히 데이터를 분석하는 수동적인 관찰자를 넘어섰음을 증명했다. AI는 인간이 감지하지 못하는 파국적인 미래를 미리 내다보고, 스스로 항로를 수정하여 재앙을 피하는 능동적인 '예측자'가 되었다. 또한, 스위스 TCV 실험에서 빚어낸 '눈송이 모양의 플라스마'는, AI가 주어진 문제의 정답만을 찾는 기계가 아님을 보여 주었다. AI는 인간 공학자들이 이론적으로 상상만 했던 복잡하고 창의적인 해법을 현실 세계의 물리적 실체로 구현해 내는 진정한 '창조적 파트너'임을 입증했다.

이러한 변화는 우리에게 AI의 존재 의미를 다시 쓸 것을 요구한다.

AI는 더 이상 우리가 시키는 지루한 계산을 대신해 주던 빠르고 충실한 계산원이 아니다. 또한, 산더미 같은 데이터 속에서 우리가 놓친 패턴을 찾아주던 유능한 연구 조교에 머무르지도 않는다. AI는 이제 복잡하고 불확실성으로 가득 찬 현실의 한복판에서, 우리와 나란히 어깨를 맞대고 조종간을 함께 잡은 존재다. 그는 우리가 보지 못하는 위험을 먼저 감지하고, 때로는 우리가 미처 생각지 못했던 대담하고 새로운 항로를 개척해 제안하는 인류의 든든한 '코파일럿Copilot'이 되었다.

제4부

스스로 판단하고 질문하는 기계

현대 과학은 정보의 폭포 속에서 길을 잃고 있다.

AI는 흩어진 논문과 데이터를 연결해

새로운 가설을 제시하는

새로운 공동 연구자로 등장했다.

이제 인간과 기계가 함께 지식의 미로를 탐험하며

과학의 한계를 뛰어넘는다.

제11장

클라우드 공동 과학자: 읽고, 추론하고, 가설을 세우는 AI

오늘날 과학의 가장 큰 문제는 무지가 아니다. 우리가 이미 알고 있는 것들이 너무 많다는 사실이다. 논문과 데이터는 폭발적으로 늘어나지만, 그 모든 지식을 연결해 새로운 통찰로 바꿀 인간의 시간과 기억은 턱없이 부족하다. 그래서 인류는 이 거대한 지식의 미로를 함께 탐험할 새로운 공동 연구자를 만들기 시작했다. 바로 인공지능이다.

폭포수처럼 쏟아지는 지식 그리고 표류하는 과학자들

시간을 거슬러 17세기 중반, 런던의 낡은 건물에 모여든 과학자들의 모습을 상상해 보자. 막 태동한 왕립 학회의 회의실, 희미한 촛불 아래 모인 그들은 아이작 뉴턴Isaac Newton과 로버트 훅Robert Hooke 같은 당대의 천재들이었다. 그들은 서로가 새로 발견한 사실들을 육성으로 공유하고, 손으로 쓴 편지를 돌려보며 토론했다. 당시 인류가 쌓아 올린 과학 지식의 총량은 그리 많지 않았다. 어쩌면 하나의 커다란 방, 혹은 수십 권의 두꺼운 백과사전 속에 그 모든 내용을 담을 수 있었을지도 모른다. 그 시절의 과학자는 조금만 부지런하면 자신의 전공 분야뿐만 아니라 인접한 학문의 흐름까지 꿰뚫어 볼 수 있었다. 그들은 동료의 어깨 너머로 지식의 지평선 전체를 한눈에 조망할 수 있는 시대를 살았다.

하지만 오늘날의 풍경은 그 시절과는 비교조차 할 수 없을 정도로 완전히 달라졌다. 21세기의 과학 지식은 더 이상 고요하고 먼지 쌓인 서재에 머물지 않는다. 그것은 전 세계에 흩어진 수십만 개의 데이터 센터 서버에서 끊임없이 굉음을 내며 터져 나오는 거대한 정보의 폭포수와 같다. 통계에 따르면, 매년 전 세계에서 쏟아지는 새로운 과학 논문의 수는 약 250만 편에서 많게는 500만 편에 달한다. 이것은 하루에 수천 편, 우리가 숨을 쉬는 1분 1초마다 여러 편의 새로운 논문이 세상에 태어난다는 뜻이다. 더 무서운 것은 속도다. 과학 지식의 총량은 10년에서 15년마다 두 배씩 불어나는 기하급수적인 속도로 팽창하고 있다. 한 명의 연구자가 잠을 자지 않고 평생 논문만 읽는다 해도, 자신의 세부 전공 분야에서 쏟아지는 정보조차 다 소화하기 벅찬 것이 현실이다.

이러한 현상은 인류에게 전례 없는, 매우 역설적인 도전 과제를 안겨주었다. 과거에는 정보가 부족해서 문제였지만, 이제 우리는 정보가 너무 많아서 길을 잃어버리는 시대에 살고 있다. 지식은 수백만 편의 논문과 수십, 수백 개의 세분된 학문 분야라는 높은 벽^{Silo} 속에 잘게 쪼개져 갇혀 있다. 바로 옆방의 연구자가 무엇을 하는지조차 모를 정도로, 지식은 서로를 알아보지 못한 채 파편처럼 흩어져 있다. 진화론적으로 우리 인간의 두뇌는 이런 상황에 맞게 설계되지 않았다. 인지심리학에 따르면 인간이 한 번에 처리할 수 있는 정보 덩어리^{Chunk}의 개수는 고작 일곱 개(7±2) 정도에 불과하다. 이토록 제한적인 인지 능력으로는, 바다처럼 넓게 흩어진 수억 개의 지식 파편들을 주워 담아 하나의 거대한 그림으로 완성하는 일이 거의 불가능해졌다.

우리의 처지는 마치 '해수면이 빠르게 상승하는 다도해^{Archipelago}' 한가운데에서 나침반도 없이 표류하고 있는 것과 같다. 각각의 섬(학문 분야)은 점점 더 전문화되며 서로 멀어지고 있는데, 그 사이를 채우는 정보의 바닷물은 무서운 속도로 차오른다. 섬과 섬 사이를 오가며 지식을 연결하는 일은 점점 더 위험하고 어려운 모험이 되고 있다.

따라서 오늘날 과학의 진보를 가로막는 가장 높고 두꺼운 장벽은 더 이상 새로운 것을 관측하고 발견하는 능력의 한계가 아니다. 진짜 문제는 '우리가 이미 알고 있는 것들을 종합적으로 이해하고 연결하는 능력의 한계'다. 앞서 살펴보았듯, 케플러 우주 망원경이나 태양 역학 관측 위성 같은 현대의 강력한 도구들은 인류 역사상 전례 없는 규모의 데이터를 생산해 냈다. 하지만 역설적으로 그 데이터로부터 얻은 수많은 발견은 다시 수만 편의 논문이라는 형태로 흩어져, 정보의 바다 수위를 더욱 높이는 결과를 낳았다. 문제의 중심축이 실험실의 현미경에서 도서관의 서가로, 더 정확히 말하면 끝을 알 수 없는 클라우드 서버 속으로 옮겨 간 것이다.

이제 우리에게는 이 거대하고 복잡한 지적 미로에서 길을 찾아 줄 새로운 안내자가 절실하다. 인간의 생물학적 인지 한계를 뛰어넘어, 무한히 팽창하는 지식의 조각을 맞추고 연결해 줄, 새로운 차원의 지능이 필요한 시점이 도래한 것이다.

도서관의 탐정, 흩어진 지식의 조각을 맞추다

흥미롭게도, 오늘날 우리가 목격하는 'AI 과학자'의 가능성을 가장 먼저 꿰뚫어 본 사람은 최첨단 컴퓨터 과학자가 아니었다. 그는 오히려 먼지 쌓인 책과 정적인 도서관을 사랑했던 한 정보 과학자였다. 1980년대, 시카고 대학의 돈 스완슨Don Swanson 교수는 과학 문헌 전체를 단순히 기록을 보관하는 창고가 아니라, 아직 아무도 풀지 못한 거대한 단서들이 숨겨진 '보물섬'으로 바라보았다.

그는 '발견되지 않은 공공 지식'이라는 아주 독창적이고 매력적인 개념을 제안했다. 이것은 무슨 뜻일까? 세상의 모든 지식이 이미 논문이라는 형태로 만천하에 공개되어 있지만, 그것들이 제각기 다른 분야의 책장 속에 흩어져 있어 아무도 그 연결 고리를 눈치채지 못하고 있다는 것이다. 즉, 구슬은 이미 서 말이나 꿰어지지 않은 채 바닥에 굴러다니고 있으니, 그것을 꿰기만 하면 보배가 될 수 있다는 통찰이었다.

스완슨이 고안한 방법론은 놀라울 정도로 단순하면서도 강력했다. 그는 서로 전혀 관계없어 보이는 두 편의 논문이, 직접 서로를 인용한 적은 없더라도 제3의 개념을 통해 논리적으로 연결될 수 있다고 믿었다. 이것이 바로 그 유명한 'A-B-C 모델'이다. 이해를 돕기 위해 인간관계에 비유해 보자. 서울에 사는 A와 부산에 사는 C는 서로 일면식도 없는 남남이다. 하지만 두 사람 모두 대전에 사는 B와는 친한 친구 사이다. B라는 공통의 연결 고리를 통하면, A와 C는 친구가 될 가능성이 매우 높다. 논문의 세계도 마찬가지다. 만약 여러 의학 논문이 'A와 B 사이에 연관이 있다'고 말하고, 전혀 다른 영양학 분야 논문이 'C와 B 사이에 깊은 연관이 있다'고 주장한다면, 우리는 비록 A와 C가 서로를 모르더라도 'A와 C 사이에는 분명 아직 발견되지 않은 인과 관계가 있을 것이다'라는 새로운 가설을 세울 수 있다.

스완슨은 자신의 이 대담한 이론을 증명하기 위해 안락한 의자에서 일어나, 직접 탐정의 코트를 입고 도서관의 서가 속으로, 더 정확히는 당시 막 태동하던 의료 데이터베이스 '메드라인Medline'이라는 정보의 바다로 뛰어들었다. 그가 맡은 첫 번째 사건은 '레이노 증후군Raynaud Syndrome'이라는 질병이었다.

수사 1단계: 범인의 흔적을 찾아서

스완슨은 먼저 레이노 증후군(A)에 관한 수많은 의학 문헌을 샅샅이 뒤졌다. 이 병은 추운 곳에 가면 손발의 혈관이 과도하게 수축해 하얗게 질리고 통증을 유발하는 질환이다. 그는 문헌들을 분석하며 이 병을 앓는 환자들에게서 공통적으로 나타나는 생리적 특징 하나를 포착했다. 바로 '혈액 점도의 증가(B)', 즉 피가 끈적끈적해져서 잘 흐르지 않는다는 사실이었다.

수사 2단계: 해결사를 찾아서

범인이 '끈적한 피(B)'라는 것을 알아낸 스완슨은, 이제 시선을 돌려 '혈액 점도(B)'를 낮출 수 있는 방법을 찾기 위해 키워드 검색을 시작했다. 그러자 놀랍게도 레이노 증후군과는 전혀 상관없는 분야인 영양학이나 생화학 분야의 논문들이 튀어나왔다. 그 논문들은 등 푸른 생선에 풍부한 '어유魚油(C)'를 섭취하면 '혈액의 점도가 묽어진다(B)'는 사실을 보고하고 있었다.

수사 3단계: 잃어버린 고리의 연결

마지막으로 스완슨은 서로 다른 두 세계를 책상 위에 올려놓고 하나로 연결했다. "레이노 증후군(A)은 혈액을 끈적하게(B) 만든다. 반면, 어유(C)는 혈액을 묽게(B) 만든다." 이 삼단논법의 결론은 명쾌했다. "그렇다면 어유(C)를 섭취하는 것이 레이노 증후군(A) 치료에 효과가 있지 않을까?"

이것은 당시 의학계에서 누구도 제기한 적 없는, 오직 문헌의 논리적 연결만으로 탄생한 대담한 가설이었다. 결과는 어땠을까? 놀랍게도 몇 년 후 진행된 실제 임상 시험에서, 어유가 레이노 증후군 환자의 증상을 완화하는 데 실제로 도움이 된다는 사실이 입증되었다. 도서관의 탐정은 실험실의 비커나 현미경을 단 한 번도 만지지 않고, 오직 흩어져 있는 지식의 파편들을 논리적으로 엮는 것만으로 새로운 의학적 치료법을 발견해 낸 것이다.

돈 스완슨의 이 작업은 단순히 하나의 질병 치료법을 찾은 것에 그치지 않는다. 그는 과학적 발견을 위한 하나의 명확한 '알고리즘'을 창조했다. A에서 시작해 공통 분모인 B를 찾고, 다시 그 B를 통해 숨어 있는 C를 찾아내어, 마침내 A와 C라는 거대한 두 대륙을 연결하는 과정. 이것은 본질적으로 과학 개념이라는 거대한 네트워크를 탐색하는 지도 제작법과 같았다. 스완슨 자신은 이 알고리즘을 수행하는 느리지만 정확한 '인간 컴퓨터'였고, 도서관 데이터베이스는 그의 메모리이자 작업 공간이었다.

그의 유일한 한계는 그가 '인간'이라는 점이었다. 인간은 잠을 자야 하고, 글을 읽는 속도에 물리적 한계가 있다. 그의 위대한 유산은 어유의 효능 그 자체가 아니라, 미래의 비전을 제시했다는 데 있다. 언젠가 기계가 인간의 언어를 이해할 수 있을 정도로 진화한다면, 스완슨이 수개월에 걸쳐 수행한 이 논리적 추론 과정을 단 1초 만에, 그것도 수백만 배 더 넓은 범위에서 수행할 수 있을 것이라는 예언적 미래상 말이다.

과학의 언어를 기계에게 가르치다

돈 스완슨이 꿈꾸었던 '지식의 연결 고리를 찾는 일'을 실현하기 위해서는 반드시 넘어야 할 거대한 첫 번째 장벽이 있다. 바로 기계에게 인간의 언어, 그중에서도 가장 난해한 '과학의 언어'를 가르치는 일이다. 컴퓨터는 본래 엑셀 파일처럼 행과 열이 딱딱 맞아떨어지는 숫자 데이터(정형 데이터)를 처리하는 데는 능숙하다. 하지만 과학 논문은 그렇지 않다. 그것은 미묘한 뉘앙스, 복잡한 문맥, 추상적인 개념으로 가득 찬 '자연어Natural Language'라는 비정형 데이터다. 기계 입장에서 논문은 정돈된 데이터가 아니라, 그저 알 수 없는 텍스트의 덩어리일 뿐이다.

이 난제를 해결하는 열쇠가 바로 '자연어 처리Natural Language Processing', NLP 기술이다. NLP는 기계라는 어린아이에게 언어를 가르치는 교육 과정과 흡사하다.

교육의 첫 단계는 '분해'다. 기계는 긴 문장을 단어와 구절이라는 가장 작은 단위token로 잘게 쪼개는 법을 배운다. 두 번째 단계는 '문법'이다. 쪼개진 단어 중 무엇이 주어(명사)이고 무엇이 서술어(동사)인지, 이들이 어떤 순서로 결합하여 문장의 뼈대를 이루는지를 파악한다. 그리고 마지막이자 가장 중요한 세 번째 단계는 바로 '의미'와 '맥락'을 이해하는 것이다. 단순히 글자를 읽는 것을 넘어, '억제하다suppress' '감소시키다reduce' '저해하다inhibit'라는 서로 다른 단어들이 과학적 문맥에서는 사실상 같은 의미로 쓰인다는 것을 깨우쳐야 한다. 또한 '급성 골수성 백혈병AML'이라는 단어를 봤을 때, 이것이 '암'의 하위 범주에 속한다는 계층적 관계까지 이해해야 비로소 논문을 읽을 준비가 된 것이다.

이 과정에서 AI는 '벡터 임베딩Vector Embedding'이라는 마법 같은 기술을 사용한다. 기계는 단어의 의미를 인간처럼 추상적으로 느끼지 못한다. 대신 기계는 모든 단어를 고차원의 가상 공간 속에 존재하는 '숫자의 좌표'로 변환한다. 이 공간은 일종의 '의미의 지도'다. 의미가 비슷한 단어들은 이 지도 위에서 서로 가까운 거리에 모여 있게 되고, 의미가 다른 단어들은 멀리 떨어지게 된다. 이렇게 텍스트를 숫자의 지도로 바꾸면, 기계는 비로소 단어와 단어 사이의 관계를 수학적으로 계산할 수 있게 된다.

하지만 AI가 수백만 편의 논문을 읽어 내어 핵심 개념(개체)과 그 관계를 추출했다고 해서 끝이 아니다. 이 흩어진 지식 조각들을 체계적으로 담아낼 거대한 그릇이 필요하다. 그것이 바로 '지식 그래프 Knowledge Graph'다. 지식 그래프를 이해하기 위한 가장 좋은 비유는 페이스북이나 링크드인 같은 '소셜 네트워크'다. 소셜 네트워크가 '사람'과 '사람'을 친구 관계로 연결하듯, 지식 그래프는 과학의 모든 '개념'과 '개념'을 논리적 관계로 연결한 거대한 생각의 지도다.

예를 들어 보자. 이 거대한 거미줄 위에서 '급성 골수성 백혈병'이라는 질병은 하나의 점node이 된다. 그리고 'KIRA6'라는 약물도 또 다른 점이 된다. 만약 어떤 논문에서 이 약물이 저 질병을 치료한다고 했다면, 두 점 사이에는 '억제한다'는 관계를 나타내는 선edge이 그려진다. 수백만 편의 논문을 씹어 먹은 AI가 완성한 이 지식 그래프는 인류가 가진 의학적 지식의 총화를 하나의 거대한 연결망으로 시각화한 것과 같다. 이제 돈 스완스의 작업은 인간의 한계를 뛰어넘는 압도적인 규모로 확장한다. "AI라는 질병과 관련된 단백질 B는 무엇이며, 그 단백질이 영향을 미치는 약물 C는 무엇인가?" 과학자의 이 복잡한 질문은, 이제 지식 그래프라는 내비게이션 위에서 출발점과 도착점 사이의 최적 경로를 찾는 문제로 단순하게 치환된다.

이처럼 자연어 처리(읽는 능력)와 지식 그래프(저장하고 연결하는 능력)의 결합은, 과학 분야에서 인공지능의 위상이 근본적으로 바뀌었음을 의미한다. 이전 장들에서 우리가 만났던 인공지능이 단백질의 3차원 모양을 살펴거나, 우주 망원경이 찍은 별빛의 미세한 변화를 감지하는 등 주로 시각적 패턴을 인식하는 '지각 엔진Perception Engine'에 가까웠다면, 이제 AI는 추상적인 개념과 보이지 않는 논리적 관계를 다루는 '개념 엔진Concept Engine'으로 진화하고 있다.

인체의 장기에 비유하자면, 자연어 처리는 텍스트라는 외부 세계의 정보를 뇌가 이해할 수 있는 신호로 번역하는 '눈과 귀(감각 기관)'에 해당하고, 지식 그래프는 그 정보들이 정리되고 기억되며 고차원적인 추론이 일어나는 '대뇌 신피질Neocortex'과 같다. 이 완벽한 기술적 조합 덕분에 인공지능은 단순히 실험을 돕는 유능한 조수를 넘어, 연구자와 마주 앉아 가설을 함께 논의하고 검증하는 진정한 지적 파트너의 자격을 얻게 된 것이다.

클라우드 공동 과학자의 활약

돈 스완슨이 머릿속에 그렸던 '고독한 도서관 탐정'이라는 상상 속 인물은 40여 년이 흐른 지금 최첨단 기술을 입고 현실로 걸어 나왔다. 그 가장 대표적이고 상징적인 사례가 바로 구글이 야심 차게 추진 중인 'AI 공동 과학자AI Co-Scientist' 프로젝트다. 이 시스템은 제미나이Gemini와 같이 인간의 언어를 깊이 있게 이해하는 강력한 거대 언어 모델, LLM을 두뇌로 삼고 있다. 이 인공지능 과학자는 잠 한숨 자지 않고도 수천만 페이지에 달하는 방대한 생의학 문헌을 읽고 분석하며, 인간 연구자가 미처 생각지 못한 새로운 과학적 가설을 끊임없이 생성해 내는 임무를 수행한다.

AI 공동 과학자의 능력이 가장 극적으로 증명된 것은 '급성 골수성 백혈병' 치료를 위한 연구에서였다. 연구팀은 AI에게 아주 까다로운 과제를 던졌다. "새로운 약을 밑바닥부터 만드는 건 너무 오래 걸려. 이미 다른 병을 고치기 위해 개발된 약물 중에서, 혹시 백혈병 치료에도 효과가 있을 법한 숨은 보석을 찾아 줄 수 있겠니?" 이것이 바로 '약물 재창출Drug Repurposing'이다. 이미 안전성이 검증된 약의 새로운 쓰임새를 찾는 것으로, 신약 개발의 지름길이라 불린다.

명령을 받은 AI는 즉시 작업에 착수했다. 수백만 편의 논문, 특허 문서, 복잡한 임상시험 데이터를 샅샅이 뒤져 질병, 유전자, 단백질, 약물 사이의 복잡한 관계를 거대한 지식 그래프로 그려 냈다. 그리고 스완슨이 어유와 레이노 증후군을 연결했듯, 백혈병과 직접적인 관련은 없어 보이지만 논리적으로 연결될 수 있는 수많은 간접 경로를 탐색했다. 그 끝에 AI는 여러 유망한 후보를 제안했는데, 그중 하나가 바로 'KIRA6'라는 약물이었다.

여기서 가장 중요한 반전은, AI의 예측이 차가운 컴퓨터 모니터 속의 숫자로만 끝나지 않았다는 사실이다. 연구자들은 AI가 제안한 가설을 들고 실제 실험실로 향했다. 그들은 실제 암세포에 이 약물을 투여하는 검증 실험을 진행했다. 결과는 놀라웠다. AI가 지목한 약물들이 실제로 백혈병 암세포의 생존을 억제한다는 사실이 확인된 것이다. 그것도 임상적으로 충분히 의미가 있는 유효한 농도에서 말이다. 이는 디지털 세계에서 AI가 찾아낸 논리적 단서가, 물리적 현실 세계에서 실제 질병을 치료할 가능성으로 이어진 결정적인 순간이었다. 가설 수립부터 실험적 검증에 이르는 과학적 발견의 연결 고리 전체가, 이제 AI의 주도로 새롭게 작동하기 시작했음을 보여 준다.

이러한 혁신적인 접근은 구글만의 외로운 시도가 아니다. 이는 이미 거스를 수 없는 하나의 거대한 흐름이 되어 글로벌 신약 개발의 풍경을 송두리째 바꾸고 있다. 영국의 베네볼런트AI BenevolentAI는 자체 구축한 지식 그래프를 이용해 질병의 근원인 '약물 표적'을 찾아내는 데 탁월한 능력을 보여 준다. 약물 표적이란 마치 자물쇠와 같아서, 이 자물쇠(생체 분자)를 열 수 있는 열쇠(약물)를 찾아야 병을 고칠 수 있다. 이들은 코로나19 팬데믹 초기, 전 세계가 혼란에 빠져 있을 때 빛을 발했다. 그들은 기존에 류머티즘 치료제로 쓰이던 '바리시티닙'이 코로나19 중증 환자의 과도한 면역 반응을 억제하는 데 효과가 있을 것이라는 가설을 발빠르게 제시했다. 이 가설은 훗날 엄격한 임상 시험을 통해 사실로 입증되었고, 실제 환자들의 생명을 구하는 데 기여했다.

홍콩의 인실리코 메디슨 Insilico Medicine은 여기서 한 걸음 더 나아갔다. 문헌을 분석해 표적을 찾는 단계(판다오믹스)부터, 그 표적에 딱 맞는 새로운 분자 구조를 설계하는 단계(케미스트리42)까지, 신약 개발의 전 과정 End-to-End을 하나의 AI 플랫폼으로 통합해 냈다. 마치 건축가가 설계도만 그리는 것이 아니라 시공까지 책임지는 것과 같다. 이들은 AI가 처음부터 끝까지 설계한 신약 후보 물질을 인간 대상 임상 시험 단계까지 성공적으로 진입시키며 이 분야의 선구자로 자리 잡았다.

이 새로운 도구를 손에 쥔 현장 과학자들의 목소리는, 인간과 AI의 협력 관계가 실제로 어떻게 작동하고 있는지를 생생하게 증언한다. MIT의 안드레 폰세카 연구원은 문헌 분석 AI 도구에 대해 이렇게 말했다. "이 도구가 아니었다면 인간의 눈으로는 분명 놓쳤을 결정적인 정보들을 종종 발견했어요. 그 효용을 체감한 뒤로는 우리 연구 그룹 전체가 아예 구독료를 내고 필수 장비처럼 사용하고 있죠." 코흐 통합 암 연구소KIICR의 조엘 스트랠라 연구원 역시 비슷한 경험을 털어놓았다. "저는 '약물 전달Drug Delivery' 기술에 대한 문헌을 검토하는 데 이 도구를 썼습니다. 약물 전달이란 택배 기사가 정확한 주소로 물건을 배달하듯, 약물이 암세포 같은 목표 지점까지 정확하게 도달하도록 만드는 기술입니다. 화학 기초 이론부터 최신 임상 데이터까지 광범위하게 연결해 주는 능력에 깊은 인상을 받았습니다. 정말 큰 도움이 되는 동료였어요."

이처럼 AI가 생성한 가설이 실험실에서 검증되고 성공하는 사례가 늘어나면서, 수백 년간 이어져 온 과학적 방법론 자체에 미묘하지만 중대한 지각 변동이 일어나고 있다. 과거의 과학은 '장인의 수공업'과 같았다. 한 명의 과학자가 문헌을 뒤적이며 수개월, 길게는 수년에 걸쳐 하나의 정교한 가설을 세우고, 그것을 실험으로 증명하기 위해 다시 긴 시간을 쏟았다. 실패할 경우 그 모든 시간과 비용이 모두 물거품이 되는, 부담이 큰 과정이었다. 하지만 이제 AI는 단 며칠, 아니 몇 시간 만에 수백 개의 그럴듯한 '가설 포트폴리오'를 쏟아 낼 수 있다.

그러자 과학 발전의 병목 구간이 이동하기 시작했다. 예전에는 '좋은 아이디어 하나를 떠올리는 것'이 가장 힘들었다면, 이제는 'AI가 쏟아 내는 수천 개의 아이디어 중 무엇을 먼저 검증할 것인가'가 새로운 과제가 된 것이다. 이러한 흐름은 필연적으로 다음 장에서 다룰 '완전 무인 실험실Self-driving Lab'의 필요성을 강력하게 소환한다. 생각하는 속도가 빨라진 만큼, 검증하는 손발도 빨라져야 하기 때문이다. AI 공

[표 11-1] 문헌 기반 발견의 진화

구분	인간의 방식 (1986년)	AI의 방식 (현재)
대표 사례	어유와 레이노 증후군	급성 골수성 백혈병 약물 재창출
처리 규모	수십~수백 편의 논문 초록 수동 검토	수백만 편의 논문, 특허, 임상시험 기록
처리 속도	단일 가설 생성에 수개월~수년	가설 포트폴리오 생성에 수일
탐색 범위	1:1 연결 (A→B, C→B)	다단계의 복잡한 네트워크 경로 (A→B→C→D…)
사용 도구	도서관 색인 카드, 데이터베이스 검색, 인간의 직관	자연어 처리, 거대 언어 모델, 지식 그래프, 클라우드 컴퓨팅
결과물	검증 가능한 단일 고품질 가설	순위화된 수백 개의 검증 가능한 가설 포트폴리오

동 과학자와 로봇 실험실의 결합, 이 강력한 상승 작용은 인류의 과학적 발견 속도를 우리가 상상하는 것보다 한 차원 더 높은 곳으로 끌어올릴 것이다.

체계화된 우연의 시대: 세렌디피티를 대량 생산하다

이번 장의 서두에서 우리는 감당할 수 없이 쏟아지는 지식의 해일 앞에서 방향을 잃고 표류하는 현대 과학자들의 위태로운 모습을 목격했다. AI 공동 과학자는 바로 이 절박한 문제에 대한 가장 강력하고 현실적인 응답이다. 이 새로운 파트너는 인간이 가진 생물학적 한계를 비웃기라도 하듯, 세상에 존재하는 모든 문헌을 읽어 치우고, 한번 본 것은 절대로 잊지 않는 완벽한 기억력을 자랑한다. 무엇보다 그는 인간의 눈으로는 도저히 감지할 수 없는, 서로 멀리 떨어진 지식 사이의 숨은 연결 고리를 찾아내는 데 지칠 줄 모르는 열정을 보여 준다.

돌이켜보면 인류 과학의 역사는 알렉산더 플레밍의 페니실린 발견처럼, 예기치 않은 순간에 찾아온 우연한 행운, 즉 '세렌디피티'의 순간들로 채워져 있다. 많은 위대한 발견이 실수나 우연에서 비롯되었다. 그렇다면 AI는 이러한 낭만적인 우연을 과학에서 제거해 버리는 것일까? 아니다. AI는 우연을 없애는 것이 아니라, 그 발생 방식을 근본적으로 혁신한다. AI는 아주 드물게, 천운이 따라야만 일어나는 행운의 영역을, '체계적이고 반복 가능하며 대규모로 확장할 수 있는 탐색의 영역'으로 바꾸어 놓는다. 마치 모래사장 속에서 우연히 바늘을 줍기를 기다리는 것이 아니라, 강력한 자석과 금속 탐지기를 동원해 모래사장 전체를 순식간에 훑어 버리는 것과 같다. 우리는 이것을 '체계화된 세렌디피티 시대', 더 나아가 '세렌디피티 생산 시대'라고 부를 수 있다. AI는 본질적으로, 과거에는 신의 선물로만 여겨졌던 그 우연한 발견을 공산품처럼 대량 생산해 내는 거대한 기계다.

이쯤에서 지금까지 우리가 함께해 온 기나긴 지적 여정을 한번 되돌아보자. 우리의 이야기는 단백질의 3차원 구조, 신소재의 물리적 안정성, 지구 대기의 흐름처럼 명확한 규칙과 숫자로 이루어진 '구조화된 데이터’ 속에서 패턴을 학습하는 AI의 활약으로 시작되었다. 그것은 자연의 법칙을 수학적으로 풀어내는 과정이었다. 하지만 이제 그 여정은 인간 지식의 가장 복잡하고 난해하며 비정형적인 영역, 즉 ‘언어’와 ‘개념’의 세계를 AI가 능숙하게 항해하는 모습을 보여 주면서 정점에 다다르고 있다. 숫자를 넘어 의미를 이해하고, 계산을 넘어 추론을 시작한 것이다. 이는 우리가 1장에서 처음 제기했던 데이터 기반의 ‘지식 발견’ 패러다임이 도달할 수 있는 가장 완전하고 진화된 형태다.

결국 클라우드 속에 존재하는 이 공동 과학자는 인간 과학자를 대체하여 실험실 밖으로 몰아내지 않는다. 오히려 인간을 가장 인간다운 역할, 본연의 자리로 되돌려 놓는다. 수백만 편의 논문을 뒤져 지식을 모으고 연결하는 고되고 지루한 ‘지적 노동’을 기계에 일임함으로써, 인간은 비로소 호기심을 마음껏 발휘하고, “왜?”라는 더 깊고 본질적인 질문을 던질 수 있게 되었다. 또한, AI가 쏟아 내는 수많은 가설과 가능성 중에서 무엇이 우리에게 진정으로 가치 있는지를 지혜와 통찰로 해석하는 결정권자의 역할에 온전히 집중할 수 있게 되었다. 우리가 맞이할 발견의 미래는, 지치지 않는 강력한 AI 파트너와 창의적인 인간의 아름다운 동행 속에서 이제 막 그 위대한 첫걸음을 떼고 있다.

제12장

과학의 눈을 뜨다: 멀티모달 지능·시각적 추론 시대

과학의 역사는 '보는 방식'의 역사이기도 하다. 망원경과 현미경이 인간의 눈을 확장하며 새로운 세계를 열어 왔다. 그리고 지금, 인공지능이 처음으로 과학 논문에 실린 이미지의 의미를 이해하기 시작하면서 또 하나의 시각 혁명이 시작되고 있다.

1610년 어느 날 밤, 렌즈가 가져온 혁명

1610년 3월, 이탈리아 베네치아의 한 인쇄소에서는 과학사의 물줄기를 영원히 바꿔놓을 조용한 혁명이 잉크 냄새와 함께 번져나가고 있었다. 갈릴레오 갈릴레이가 망원경 끝에서 포착한 충격적인 우주의 진실이 『시데레우스 눈치우스』라는 한 권의 책으로 엮이고 있었기 때문이다. 그가 손수 깎은 렌즈를 통과해 망막에 맺힌 빛은 인류가 우주를 정의하던 방식을 송두리째 뒤흔들었고, 그 시각적 증거들은 이제 종이 위에 박제되어 세상을 향해 퍼져나갈 준비를 마친 상태였다.

그때까지 수천 년간 인류는 아리스토텔레스가 세운 견고한 권위에 기대어, 천상계Supralunar는 지상계Sublunar와 달리 불변하고 완전한 에테르로 이루어져 있다고 믿었다. 따라서 달 역시 매끄럽고 흠결 없는 완벽한 수정 구체여야만 했다. 그것이 신의 섭리이자, 천상계가 응당 갖춰야 할 품격이라는 믿음 때문이었다.

하지만 렌즈가 포착한 진실은 냉정하리만치 달랐다. 갈릴레오의 눈에 비친 달의 표면은 결코 매끄럽지 않았다. 그곳은 지구와 마찬가지로 울퉁불퉁했고, 거대한 분화구들이 깊은 골짜기를 이루고 있었으며, 험준한 산맥이 날카롭게 솟아 있는 거친 땅이었다.

여기서 중요한 것은 갈릴레오가 이 충격적인 사실을 단순히 글로만 남기지 않았다는 점이다. 그는 자신이 망원경으로 관측한 달의 형상을 명암이 살아 있는 정교한 잉크 워시Ink Wash 기법으로 기록했다(다만 당시 인쇄 기술로는 붓의 미묘한 농담을 그대로 책에 실을 수 없었기에, 그는 이 그림들을 바탕으로 정교한 동판화를 제작해 책에 수록했다). 그는 판화 속 과장된 명암 대비를 통해 태양 빛이 비치는 각도에 따라 분화구의 그림자가 어떻게 길어지고 짧아지는지, 그 명백한 '시각적 증거'를 세상 앞에 들이밀었다. 백 마디의 현학적인 철학 논변보다, 한 장의 정밀한 판화가 달의 본질을 더 명확하고 강력하게 증명해 냈다.

그 순간, 텍스트와 논리가 지배하던 고대 자연철학의 시대는 저물고, '눈으로 확인한 증거'가 진실을 가리는 최종 심판관이 되는 근대 과학의 시대가 활짝 열렸다.

이후 400년 동안 과학은 본질적으로 '보는 행위'였다. 현미경을 통해 벼룩의 미세한 털과 구조를 세밀화로 남겨 미시 세계의 문을 연 로버트 훅Robert Hooke부터, 난해한 무역 통계 데이터를 직관적인 그래프로 변환해 경제의 흐름을 한눈에 보여 준 윌리엄 플레이페어William Playfair까지, 위대한 과학자란 복잡한 현상을 관찰하고 이를 '시각적 패턴'으로 변환해 이해하는 존재였다.

1854년 런던을 공포로 몰아넣었던 콜레라의 원인을 밝혀낸 존 스노John Snow 박사의 사례는 시각화의 힘을 극적으로 보여 준다. 그는 브로드 가Broad Street의 지도 위에 각 주소지별 사망자 수를 검은색 막대 형태로 층층이 쌓아 올려 시각화했다. 단순히 점을 찍는 것을 넘어, 특정 펌프 주변에 죽음의 그림자가 검은 막대처럼 빽빽하게 솟아 있다는 밀도를 보여줌으로써 오염된 물이 원인임을 입증해 낸 것이다. 이처럼 시각화는 보이지 않는 진실을 드러내고 생명을 구하는 가장 강력한 무기였다.

그런데 21세기에 들어와 첨단 기술의 정점에 선 우리는 기묘한 역설과 마주했다. 앞서 우리가 경이롭게 지켜봤던 AI, 예컨대 단백질의 3차원 구조를 풀어낸 알파폴드나 수학 난제에 도전한 펀서치 같은 거대 지성들은 놀랍도록 똑똑하지만, 엄밀히 말해 그것들은 '시각 장애인'이나 다름없었다. 텍스트로 된 수만 편의 논문을 읽고 복잡한 수식을 처리하는 데는 타의 추종을 불허했지만, 정작 과학 논문의 핵심 결론이 담겨 있는 '그림'과 '도표' 앞에서는 무력했다. 논문 속에 그려진 복잡한 분자 구조도, 실험의 성패를 요약한 그래프의 미묘한 기울기 변화도, 그들에게는 그저 의미 없는 픽셀 덩어리나 점들의 집합에 불과했다.

　인간은 아는 만큼 본다. 하지만 초기의 인공지능은 텍스트라는 추상적인 언어는 익혔으나, 과학이라는 구체적인 '시각적 언어'는 학습하지 못했다. 그래서 지난 몇 년간 우리가 목격한 AI 과학 혁명은 사실 '반쪽짜리'에 불과했다. 글은 읽지만 그림은 보지 못하는 지성, 설명은 할 수 있지만 관찰은 할 수 없는 과학자. 이것이 바로 우리가 넘어야 했던 마지막 거대한 장벽, 픽셀 데이터와 과학적 지식 사이의 '의미론적 간극Semantic Gap'이었다.

　이제 우리는 그 깊은 간극이 메워지는 역사적 순간을 목격하고 있다. 인공지능이 비로소 과학의 '눈'을 뜨기 시작한 것이다. 텍스트와 이미지를 동시에 이해하고, 그래프의 가파른 기울기에서 물리 법칙의 변화를 읽어 내며, 현미경 사진 속 세포의 미세한 모양에서 그 운명을 예측하는 '멀티모달 지능'의 시대가 열렸다. 이것은 단순히 AI가 이미지를 분류하게 되었다는 기술적 차원의 뉴스가 아니다. 이는 1610년 갈릴레오가 망원경을 들어 올려 인류의 시각을 우주로 확장했던 그 혁명에 비견될 만한 사건이다. 바야흐로 보는 능력을 갖춘 기계와 함께하는, AI 과학사의 두 번째 르네상스가 시작되고 있다.

의미의 단절: 왜 AI는 그래프를 이해하지 못했나

　도대체 왜 AI에게 과학적 이미지를 이해시키는 일이 그토록 어려웠던 것일까? 물론 "요즘 AI는 고양이 사진도 기가 막히게 분류하고, 수많은 군중 속에서 특정 사람의 얼굴도 완벽하게 찾아내지 않는가?"라고 반문하는 사람도 있을 것이다. 실제로 우리는 AI가 미술 대회에서 우승하고, 사진 속 객체를 완벽하게 분리해 내는 시대를 살고 있다.

하지만 과학적 이미지는 우리가 일상에서 접하는 풍경 사진이나 인물 사진과는 차원이 다르다. 그 안에는 훨씬 더 압축적이고, 고도로 추상화된 정보가 겹겹이 쌓여 있기 때문이다. 이 차이를 이해하기 위해 소셜 미디어에 흔히 올라오는 "고양이가 소파 위에 앉아 있다"라는 사진을 먼저 생각해 보자. 이 이미지의 의미는 매우 직관적이고 일차원적이다. 눈에 보이는 털북숭이 모양은 '동물'이고, 그 밑에 있는 푹신한 물체는 '가구'라는 사실이 시각 정보 그대로 드러난다. '본다'는 행위와 '안다'는 행위 사이에 숨겨진 암호가 없다. AI는 이미 수백만 장의 고양이 사진을 학습했기에, 털의 질감이나 귀의 모양 같은 겉모습(패턴)만 보고도 그것이 고양이임을 아주 쉽고 정확하게 알아맞힌다.

반면, 과학 논문에 실리는 그래프나 도표는 상황이 전혀 다르다. 생물학 논문에 자주 등장하는, X축이 시간이고 Y축이 전압인 신경 세포(뉴런)의 반응 그래프를 가정해 보자. 이 이미지는 단순히 '흰 배경 위에 그려진 검은 선'이나 '기하학적인 꺾은선'이 아니다. 그래프 위에서 선이 급격하게 솟구쳤다 떨어지는 뾰족한 모양Spike 하나하나에는, 세포막의 나트륨 이온 통로가 열리고 닫히는 생물학적 원리와, 네른스트 방정식Nernst equation(농도나 압력이 표준 상태와 다를 때 전극의 전위(전압)가 어떻게 변하는지를 설명하는 공식) 같은 복잡한 수식으로 표현되는 전기적 특성이 고도로 압축되어 녹아 있다. 즉, 과학 이미지에서는 눈에 보이는 '겉모습'보다 그 이미지가 상징하고 있는 거대한 '속뜻(맥락)'과 '배경지식'이 훨씬 중요한 것이다. 이것은 이미지가 아니라 하나의 압축된 언어다.

그러나 기존의 이미지 인식 AI 모델들은 바로 이 지점에서 처참하게 실패했다. 그들은 신경 세포의 반응 그래프를 보고 "검은색 지그재그 선이 있다"고 물리적 형태를 묘사하거나, 기껏해야 "이것은 막대그래프가 아닌 선 그래프다"라고 단순 분류하는 수준에 그쳤다. 이미지 속에 숨겨진, 빙산의 일각 아래에 있는 거대한 '과학적 맥락'을 전혀 읽어 내지 못한 탓이다. 게다가 논문 하단에 적힌 '그림 1: 실험 결과' 같은 짧고 불친절한 캡션만으로는, 그 그래프가 입증하려는 가설이 무엇인지, 이 실험 결과가 성공적인지 실패인지를 도무지 알 길이 없었다. 눈에 보이는 픽셀 데이터와 그 안에 담긴 고차원적 과학 지식 사이에 놓인 이 건널 수 없는 거대한 틈, 이것을 우리는 '의미론적 간극'이라 부른다.

더욱 심각하고 위험한 문제는 바로 '환각' 현상이었다. 과학적 시각 훈련을 받지 못한 채 텍스트만 공부한 AI에게 그래프 해석을 강요하면, AI는 모르는 것을 모른다고 인정하는 대신 그럴듯한 거짓말을 천연덕스럽게 만들어 냈다. 명백하게 우하향하며 성능 저하를 보여 주는 그래프를 두고 "지속적인 긍정적 상승 추세를 보여 준다"라고 엉터리 설명을 하거나, 그래프 축의 단위를 마이크로미터$^{\mu m}$가 아닌 킬로미터^{km}로 해석해 미생물을 산처럼 거대하게 묘사해 버리는 식이다. 심지어 화학 결합의 원리를 무시한 채 존재할 수 없는 분자 구조를 그려 내거나, 자신의 주장을 뒷받침하기 위해 세상에 없는 엉뚱한 문헌을 출처라고 우기기도 했다.

이런 실수가 일상적인 대화나 그림 그리기 놀이를 하다가 벌어졌다면 그냥 웃어넘길 수 있다. 하지만 사람의 생명을 다루는 신약을 개발하거나, 조 단위의 예산이 들어가는 우주선을 쏘아 올리는 정밀과학의 영역에서 이런 오류는 치명적인 재앙이 될 수 있다. AI의 잘못된 해석 하나가 엉터리 가설로 이어지고, 이는 막대한 연구비 낭비는 물론 최악의 경우 인류의 안전을 위협하는 결과를 초래할 수 있기 때문이다. 따라서 AI를 단순한 계산기가 아닌 진정한 동료 과학자로 키우려면, 단순히 그림의 픽셀을 '보는' 능력을 넘어, 그림 속 데이터를 '해석'하고 그 이면에 숨겨진 과학적 원리를 '추론'하는 능력을 가르쳐야만 했다. 그 험난한 교육 과정은 인류가 수백 년간 쌓아 온 방대한 과학적 유산을, AI가 이해할 수 있는 언어로 하나하나 친절하게 번역해주는 고된 작업에서부터 비로소 시작될 수 있었다.

과학을 위한 해설서: S1-MMAlign

2026년 1월, 중국과학원Chinese Academy of Sciences, CAS 연구팀은 이 난해한 문제를 해결하기 위해 'S1-MMAlign'이라는 기념비적인 데이터셋을 세상에 공개했다. 이것은 마치 갓 글을 배우는 아이에게 그림책을 읽어 주듯, AI에게 과학적 시각 언어를 가르치기 위해 만든 거대한 '친절한 교과서'와도 같았다.

연구팀은 이 교과서를 만들기 위해 아카이브arXiv, 바이오아카이브bioRxiv, 켐아카이브ChemRxiv 등 전 세계의 주요 논문 저장소를 샅샅이 훑어 물리학, 컴퓨터 과학, 생물학을 아우르는 무려 250만 편의 논문을 수집했고, 그 속에서 1,550만 쌍에 달하는 방대한 '이미지-텍스트' 데이터를 추출해 냈다. 하지만 이 데이터셋이 진정으로 특별한 가치를 지니는 이유는 단순히 데이터의 양이 많아서가 아니라, 그 데이터를 가공하고 정제한 독창적인 방식에 있다.

앞서 말한 것처럼, 기존 논문에 달린 캡션은 AI가 공부하기에는 너무나 불친절했다. 대부분 '그림 1: 실험 결과' 혹은 'Figure 3'와 같이, 논문의 맥락을 모르면 아무런 정보도 얻을 수 없는 단답형 제목이 고작이었기 때문이다. 인간 독자야 본문을 이미 살펴봤으니 그것만 봐도 무엇을 의미하는지 알 수 있지만, 캡션과 그림만 떼어 내서 학습해야 하는 AI 입장에서 이는 그 뜻을 도저히 헤아리기 어려운 암호문이나 다름없다.

그래서 연구팀은 이 불친절한 데이터를 AI가 이해할 수 있는 언어로 번역하기 위해, 강력한 성능이 검증된 'Qwen-VL' 시리즈 모델을 고용하여 의미를 증강Semantic Enhancement시키는 기발한 전략을 세웠다. 그리고 이 AI 조교에게 아주 까다롭고 구체적인 임무를 부여했다. "그림 밑에 달린 짧고 불친절한 설명만 보지 마라. 논문 제목과 초록Abstract 그리고 본문 전체에서 이 그림이 인용된 맥락Citation Contexts을 전부 찾아서 종합적으로 읽어라. 그런 다음 이 그림이 도대체 무엇을 의미하는지, 문맥을 모르는 사람도 이해할 수 있도록 아주 상세하고 밀도 높은 설명문을 달아라."

특명을 받은 AI 조교는 24시간 쉬지 않고 논문을 읽어 내려갔다. 그리고 '그림 1'이라는 불친절한 기존 캡션을 지우고, 그 자리에 풍부하고 맥락이 살아 있는 새로운 해설을 써 내려가기 시작했다. 예를 들어, 과거에는 그저 '단백질 반응 그래프'라고 적혀 있던 이미지가, AI의 손을 거치자 "이 그래프의 붉은색 영역은 특정 단백질 농도가 급격히 높아졌음을 의미하며, 이는 본문에서 제시한 가설과 일치하는 결과로 신약 후보 물질의 타깃 반응 효과를 시각적으로 보여 준다"는 식의 완벽한 해설로 다시 태어났다.

연구팀은 1,500만 개의 이미지 각각에 대해 이러한 고품질의 '상세 해설'을 하나하나 덧붙였다. 그 결과는 실로 놀라웠다. AI가 새로 작성한 캡션을 분석해 보니, 평균 267자에 불과하던 기존 설명의 길이가 759자로 늘어나 약 세 배 가까이 늘어났다. 단순히 글자 수만 늘어난 것이 아니라, 정보의 밀도와 깊이가 획기적으로 향상된 것이다. 이는 마치 고대 이집트 상형문자의 비밀을 풀어 준 '로제타석'처럼 인간의 언어와 단절되어 암호처럼 보이던 과학적 이미지를 기계가 이해할 수 있는 언어로 비로소 온전히 번역해 낸 것에 비유할 수 있다. 이 친절한 교과서 덕분에 AI는 이제 특정 분야에 갇힌 반쪽짜리 전문가가 아니라, 물리학, 생물학, 천문학 등 모든 과학 분야의 시각적 언어를 유창하게 구사하고 이해하는 진정한 '보편적 관찰자Universal Observer'로 성장할 준비를 마칠 수 있었다.

유체처럼 흐르는 시각: Qwen2.5-VL의 혁신

아무리 훌륭한 교과서가 준비되었다 해도, 그것을 읽고 이해할 수 있는 명석한 '두뇌'가 없다면 무용지물이다. 중국과학원이 S1-MMAlign이라는 교과서를 만들 때 도구로 사용했고, 또 그 교과서를 통해 더욱 강력해진 두뇌가 바로 알리바바 클라우드 팀이 2025년 1월에 선보인 'Qwen2.5-VL'이다. 이 모델이 보여 준 혁신은 단순히 성능이 좋아진 차원을 넘어, 이전 버전인 Qwen2-VL 시리즈에서 시작된 기술적 도전을 계승하여, 기계가 세상을 보는 방식을 거의 완성형에 가까운 수준으로 다듬어 냈다는 데 있다.

이 모델의 가장 결정적인 첫 번째 특징은 이미지를 처리하는 놀라운 '유연함', 즉 '나이브 동적 해상도Naive Dynamic Resolution'라 불리는 능력이다. 이는 Qwen2-VL에서 처음 도입되어 2.5 버전에 이르러 더욱 성숙해진 기술이다.

지금까지의 기존 AI 모델들은 세상을 바라볼 때 고정된 '네모난 틀'이라는 강박관념에 갇혀 있었다. 마치 '프로크루스테스의 침대(자신의 침대 길이에 맞춰 지나가는 나그네의 다리를 자르거나 늘려 죽였다는 그리스 신화)'처럼, 224×224픽셀 같은 미리 정해진 정사각형 규격에 세상의 모든 이미지를 억지로 구겨 넣거나, 틀에 맞지 않는 부분은 과감히 잘라 내 버리는 식이었다. 일상적인 사진이라면 큰 문제가 없겠지만, 과학 데이터에서는 치명적이다. 가로로 길게 늘어선 파노라마 형태의 지층 사진이나, 세로로 길게 뻗은 DNA 전기영동 분석(전기장을 이용해

DNA 조각들을 크기, 모양, 전하에 따라 분리하고 분석하는 기술) 사진을 이 작은 사각형에 억지로 맞추다 보면, 이미지는 찌그러지거나 왜곡될 수밖에 없다. 그 과정에서 그래프의 X축에 있는 미세한 눈금이나, 복잡한 화학 분자식 아래에 붙은 작은 숫자(첨자) 같은 핵심 디테일이 뭉개져 사라지는 일이 다반사였다.

Qwen2.5-VL은 이런 비효율적이고 억지스러운 고정틀을 거부하고, 원본의 해상도Native Resolution를 있는 그대로 받아들이는 유동적 방식을 택했다. 물이 담기는 그릇의 모양에 따라 자유자재로 형태를 바꾸듯, AI도 입력되는 이미지의 원래 비율과 해상도에 맞춰 자신의 시각 처리 방식을 유연하게 변화시키는 것이다. 이미지가 가로로 길면 시야를 가로로 넓히고, 세로로 길면 세로로 길게 늘여 정보를 처리한다. 비유하자면, 예전의 AI가 작은 돋보기 하나를 들고 거대한 그림을 억지로 축소해서 보느라 쩔쩔매던 '근시안적 관찰자'였다면, Qwen2.5-VL은 거대한 파노라마 풍경을 고개를 돌려가며 넓게 살피고, 필요할 때는 아주 작은 글씨를 보기 위해 자유자재로 줌인하여 디테일을 포착하는 '능동적인 관찰자'로 진화한 것이다.

두 번째 결정적 혁신은 바로 '시간의 흐름'을 입체적으로 이해하는 능력, 전문 용어로 '멀티모달 회전 위치 임베딩Multimodal Rotary Positional Embedding', M-RoPE 기술의 도입이다. 이 역시 Qwen2-VL 시리즈의 정체성이자 핵심 기술로, 기존 텍스트 처리에 쓰이던 1차원적인 위치 정보를 시간과 공간이 결합된 3차원으로 확장한 것이다.

기존의 AI에게 동영상이란 그저 '정지된 사진들의 무미건조한 나열'에 불과했다. 하지만 인과관계가 중요한 과학 현상에서 '시간'은 공간만큼이나 중요한 핵심 변수다. M-RoPE 기술을 탑재한 이 AI는 데이터의 위치 정보를 시간^t, 높이^h, 너비^{w}의 3차원 축으로 분해하여 인식한다. 즉, '가로 X, 세로 Y라는 공간적 위치에 있는 세포가, 시간 T_1에서 T_2로 흐르는 사이에 분열했다'고 시공간을 통합하여 인지하는 것이다. 이는 단순한 장면의 나열이 아니다. '염색체가 양쪽으로 이동한 지(원인) 정확히 3분 후에 세포질이 나뉘었다(결과)'는 미세한 인과관계와 시간차를 정확하게 파악하게 되었음을 의미하며, Qwen2.5-VL은 이를 통해 한 시간이 넘는 긴 영상 속에서도 맥락을 놓치지 않는 능력을 갖추게 되었다.

이해를 돕기 위해 우리에게 익숙한 일상의 풍경으로 잠시 시선을 돌려 보자. 탁자 위에 얌전한 고양이 한 마리와 물이 가득 담긴 컵이 있다. 잠시 후 컵이 쓰러져 물이 쏟아졌다. 기존의 AI에게 이 영상은 그저 '고양이가 보인다(사진 A)' '컵이 보인다(사진 B)' '물이 쏟아져 있다(사진 C)'라는 정지된 장면들의 단순한 나열일 뿐이었다. 사진 순서만으로는 고양이가 범인인지, 아니면 바람이 불어서 컵이 쓰러진 것인지 명확한 인과관계를 파악하기 어렵다.

하지만 M-RoPE 기술을 탑재해 시간과 공간을 입체적으로 보는 Qwen2.5-VL의 눈에는 전혀 다른 세상이 보인다. 이 AI는 "영상 5초 지점(시간), 화면 왼쪽(공간)에 웅크리고 있던 고양이가, 7초에 앞발을 뻗어 중앙에 있는 컵을 건드렸고, 그 물리적 충격으로 8초에 컵이 오른쪽으로 넘어지며 물이 쏟아졌다"라고 인식한다. AI가 드디어 1차원적인 '장면의 목격자'에서 벗어나, 3차원적인 시공간의 흐름을 꿰뚫어 보는 '사건의 목격자'가 된 것이다. 이러한 시공간적 이해 능력은 찰나의 순간이 결과를 좌우하는 극한의 과학 분야, 예컨대 핵융합로 내부의 플라스마 움직임이나 초신성 폭발 순간을 분석할 때 빛을 발하게된다.

도구를 지휘하는 지성: 사이언스원ScienceOne

앞서 살펴본 방대한 데이터셋과 유연한 시각 지능, 이 모든 혁신적인 기술들을 하나로 집대성하여 실제 연구 현장에 투입하려는 야심찬 시도가 바로 2025년 7월, 상하이 세계인공지능대회WAIC에서 공개된 중국과학원의 '사이언스원ScienceOne' 프로젝트다. 이 플랫폼은 단순히 질문에 대답하는 챗봇 수준의 AI 모델을 넘어, 문헌 조사부터 실험 도구 제어까지 과학 연구의 전 과정을 수행하는 두 가지 핵심 에이전트, 즉 'S1-Literature'와 'S1-ToolChain'을 탑재한 진정한 의미의 '똑똑한 조수'를 표방한다.

사이언스원이 가진 가장 혁신적인 기능은 바로 인간이 다루기 힘든 복잡한 연구 도구들을 'S1-ToolChain'이라는 에이전트를 통해 AI가 직접 능수능란하게 다룬다는 점이다. 사실 현대 과학 연구 현장은 '도구의 미로'와도 같다. 물리학, 생물학, 천문학 등 분야마다 사용하는 수백 가지의 전문 소프트웨어가 다르고, 그 사용법 또한 악명 높을 정도로 까다롭다. 연구자들은 자신의 주전공 지식을 쌓는 시간보다, 파이썬 라이브러리 사용법을 익히거나 복잡한 리눅스 명령어를 공부하는 데 더 많은 시간을 뺏기곤 했다. 도구를 부리는 것이 아니라, 오히려 도구에 의해 짓눌리고 마는 것이 현대 과학자들의 슬픈 자화상이었다.

하지만 사이언스원이라는 에이전트가 도입되면서 풍경이 완전히 달라졌다. 먼저 'S1-Literature' 에이전트는 1억 7천만 편의 전문 문헌을 학습해, 과거 연구자가 3~5일씩 걸려 수행하던 문헌 조사를 단 20분 만에 끝마친다. 그 후 연구자가 "이 단백질의 아미노산 서열을 분석해서 결합력을 계산하고, 그 결과를 3차원 그래프로 그려 줘"라고 자연어로 명령하면, 바통을 이어받은 'S1-ToolChain'이 움직인다.

그러면 AI는 이 명령을 수행하기 위해 스스로 계획을 세운다Planning. 자신의 도구 상자에서 단백질 구조 예측 도구인 '알파폴드'나 재료과학 모델인 '매터젠MatterGen' 등 생물학, 물리학, 화학 등 6대 기초 과학 분야를 망라하는 300여 개의 전문 도구 중 필요한 것을 꺼내 실행하고, 그 결과 데이터를 다시 시각화 도구로 보내 그래프를 그린다. 그리고 최종적으로 연구자가 보기 편한 보고서 형태로 결과를 정리한다. 이것은 마치 산전수전 다 겪은 노련한 실험실 조수에게 지시를 내리면, 그 조수가 알아서 복잡한 기계들을 능숙하게 돌린 뒤 깔끔한 결과 리포트만 책상 위에 올려두는 것과 완벽하게 동일하다. 실제로 이 AI는 가상 공간에서 수만 개의 유전자 상호 작용을 시뮬레이션하며 인간이 놓친 신약 후보 물질을 찾아내거나, 전 세계에 흩어진 전파 망원경들의 관측 스케줄을 최적화하여 조율하는 등 고도로 복잡한 문제들을 스스로 해결하고 있다.

이제 연구자는 더 이상 복잡한 컴퓨터 명령어나 기계 조작법과 씨름하며 에너지를 낭비할 필요가 없다. 도구를 다루는 '기술How'은 AI

에게 맡기고, 인간은 오직 과학의 본질인 '목적What'과 '이유Why'에 집중할 수 있게 된 것이다. "우리는 무엇을 발견하고 싶은가?" "이 결과가 진정으로 의미하는 바는 무엇인가?"라는 가장 본질적이고 창의적인 질문을 던지는 것. 그것만이 과학자가 해야 할 유일한 임무로 남게 되었다.

보지 못했던 것을 보다: 천문학의 새로운 발견

AI의 시각적 추론 능력이 빛을 발한 가장 극적이고도 낭만적인 사례는 바로 천문학 분야에서 찾아볼 수 있다. 중국 구이저우성의 깊은 산속, 첩첩산중으로 둘러싸인 거대한 분지에는 '천안天眼(하늘의 눈)'이라 불리는 세계 최대의 단일 구경 전파 망원경, 'FASTFive-hundred-meter Aperture Spherical radio Telescope'가 자리 잡고 있다. 지름 500미터에 달하는 이 압도적인 크기의 귀는 우주 가장 깊고 어두운 곳에서 날아오는 희미한 속삭임을 듣기 위해 24시간 하늘을 향해 활짝 열려 있다.

하지만 역설적으로 그 기계적인 민감함이 문제였다. FAST는 너무나 예민해서 우주에서 오는 신호뿐만 아니라, 지구상의 위성, 항공기, 심지어 지상의 전자기기에서 발생하는 온갖 전파 잡음RFI까지 닥치는 대로 빨아들였기 때문이다. 끝없이 쏟아지는 데이터의 양은 실로 엄청나서, 인간 연구원들이 그 혼돈 속에서 유의미한 천체 신호를 찾아내는 것은 모래사장이나 다름없는 거대한 데이터의 사막에서 바늘 하나를 찾는 것과 같았다. 방대한 데이터의 파도에 휩쓸려, 정작 노벨상

감의 중요한 발견이 스쳐 지나가도 모를 지경이었다.

이 막막한 상황을 타개하기 위해 시각적 추론 능력을 갖춘 AI가 투입되었다. AI는 인간처럼 소리를 듣는 대신, 전파 신호를 시각화한 이미지(스펙트로그램)를 '보는' 방식으로 데이터에 접근했다. 이미 사이언스원과 같은 AI는 파동Waves, 스펙트럼Spectra, 각종 장Fields 데이터를 깊이 있게 이해하도록 훈련받았기에, 그 어지러운 잡음의 숲속에 숨겨진 펄서Pulsar(우주의 등대라 불리는 빠르게 회전하는 중성자별)의 미세한 패턴을 찾아내기 시작했다.

여기서 가장 놀랍고도 혁신적인 점은 AI가 단순히 신호를 찾아내는 것을 넘어, 인간에게 자신이 발견한 내용을 '설명'하기 시작했다는 것이다. 이러한 혁신을 주도한 중국과학원 연구팀의 프로젝트에서 AI는 단순한 O/X 판별기, 즉 '이진 분류기Binary Classifier'의 한계를 뛰어넘었다. 기존의 AI라면 그저 "이것은 펄서일 확률이 99%입니다"라고 건조한 확률 수치만 통보했을 것이다. 하지만 언어와 이미지를 통합적으로 이해한 멀티모달 AI는 달랐다. AI는 마치 모니터 옆에 앉은 노련한 동료 연구원처럼 이렇게 논리적으로 설명했다.

"이 이미지의 중앙 부분을 보십시오. 시간 축을 따라 주기적으로 반복되는 신호가 선명하게 보입니다. 또한, 주파수 도표를 보면 배경에 깔린 무작위적인 잡음과는 확연히 구분되는, 펄서 특유의 '분산 측정 곡선Dispersion Measure Curve(우주 공간의 방해물 때문에 전파의 주파수별로 도착 시간이 달라지며 생기는 특유의 곡선)'이 뚜렷하게 나타나고 있습니다. 이러한 시각적 증거들을 종합해 볼 때, 이것은 잡음이 아닌 실제 펄서가 확실합니다."

이것이 가능했던 이유는 명확하다. AI가 앞서 언급한 '친절한 교과
서S1-MMAlign'를 통해 전체 데이터의 약 13%에 달하는 천문학 논문과
수백만 장의 관측 그래프, 그에 따른 천문학자들의 전문적인 해설을
사전에 완벽하게 '공부'했기 때문이다. 수많은 데이터를 학습하는 과
정에서 '주기적 신호의 간격'이나 '곡선의 휘어짐'과 같은 시각적 특징
이 펄서를 정의하는 핵심 증거임을 스스로 터득한 것이다. 그렇기에
AI는 단순히 정답을 맞히는 기계를 넘어, 그 정답을 도출해 낸 근거를
인간의 언어로 풀어서 설득할 수 있는 수준에 도달하게 되었다.

이제 AI는 더 이상 결과가 나온 이유를 알 수 없는 불투명한 '블랙
박스'가 아니다. 그는 명확한 근거를 대며 인간 연구자를 설득하고,
때로는 인간이 놓친 부분을 지적하며 토론할 수 있는 믿음직한 파트
너가 되고 있다. 덕분에 인간의 눈으로는 도저히 구분할 수 없어 스
쳐 지나갔던 희귀한 별들이 AI의 날카로운 눈썰미와 논리적 추론 덕
분에 잇달아 발견되고 있다. 1610년 갈릴레오의 망원경이 인류의 물
리적 시력을 지구 너머로 확장해 주었다면, 2026년의 멀티모달 AI는
우리의 인지력과 통찰력을 무한한 데이터의 차원으로 확장해 주고 있
다. 바야흐로 '보는 AI'와 함께하는 천문학의 새로운 황금기가 열린
것이다.

두 번째 르네상스의 목격자

우리는 지금 과학적 발견의 방식이 송두리째 바뀌는, 역사적인 거
대한 변곡점 위에 서 있다. 텍스트와 수식이라는 추상적인 기호에 갇

혀 있던 인공지능이, 이제 이미지와 영상을 직접 보고 이해하며 그 이면에 숨겨진 자연의 원리까지 추론하는 '보는 인공지능Vision AI'으로 진화했다.

이것은 단순히 컴퓨터의 성능이 좋아지거나 기능이 하나 추가된 차원의 기술적 진보가 아니다. 이것은 1610년, 갈릴레오가 처음 망원경을 들어 올려 인간의 육체적 시각 한계를 뛰어넘었던 그날처럼, 우리가 세상을 관찰하고 이해하며 정의하는 방식 자체를 송두리째 혁신하는 '인지 혁명'이다.

이제 AI는 실험실의 구석진 자리에서 연구자가 던져주는 데이터를 수동적으로 정리하거나 계산하던 단순한 도구가 아니다. 대신, 과학자의 눈에는 보이지 않던 미세한 패턴을 먼저 발견해 내고, 복잡하고 까다로운 연구 도구들을 능수능란하게 지휘하며, 왜 그런 결과가 나왔는지를 논리적으로 설명하고 설득할 수 있는 든든한 연구 파트너이자 동료로 성장했다. 텍스트를 읽는 '좌뇌'와 이미지를 보는 '우뇌'를 모두 갖춘 이 멀티모달 지성은, 이제 인간과 나란히 서서 미지의 영역을 탐험할 준비를 마쳤다.

400년 전, 갈릴레오의 유리 렌즈가 인류를 우물 밖으로 끌어내 새로운 우주의 시대로 이끌었듯, 시각적 추론 능력을 갖춘 AI라는 '디지털 렌즈'는 우리를 이전에는 상상조차 할 수 없었던 지식의 새로운 차원으로 안내하고 있다. 그곳은 인간의 직관이 닿지 않는 데이터의 심해이자, 복잡계의 비밀이 숨겨진 신세계다. 바야흐로 과학의 두 번째 르네상스가 시작되고 있다. 그리고 그 위대한 여정은 이제 막, 눈을 떴을 뿐이다.

제13장

완전 무인 실험실: 아이디어에서 실험까지

인공지능은 이미 수백만 편의 논문을 읽고 새로운 과학적 아이디어를 만들어 내기 시작했다. 그러나 그 아이디어를 현실의 물질로 검증하는 과정은 여전히 느리고 고된 실험에 의존하고 있었다. 이제 '완전 무인 실험실'이 등장하면서 생각하는 기계는 마침내 스스로 실험까지 수행하는 단계에 이르렀다.

과학자의 가장 길었던 하루

UC 버클리대의 거브랜드 시더Gerbrand Ceder 교수는 에너지 저장 분야에서 자타가 공인하는 세계적인 석학이다. 그의 연구실은 단순히 학문적인 호기심을 충족하는 곳이 아니다. 불규칙한 태양광과 풍력을 온전히 붙잡아 두기 위한 '에너지 그릇', 즉 더 안전하고 더 저렴하며 훨씬 오래가는 차세대 배터리를 개발하는 최전선이다. 이것은 인류가 기후 변화라는 거대한 위협 앞에서 생존하기 위해 반드시 넘어야 할 산이다.

하지만 아이러니하게도, 이 위대한 도전 앞에서 시더 교수를 가장 괴롭히는 적은 복잡한 화학 공식이나 까다로운 물성 법칙이 아니었다. 그의 가장 큰 적은 바로 '시간'이었다. 그는 과학 연구의 전통적인 방식이 품고 있는, 겉으로는 잘 드러나지 않는 깊은 좌절감을 생생한 목소리로 들려주었다.

"우리는 새로운 물질에 대한 멋진 아이디어가 잔뜩 있었어요. 이론적으로는 완벽해 보이는 설계도들이죠. 그러고는 학생을 실험실로 보내서 그 설계도에 따라 완전히 새로운 화합물을 만들어 보라고 지시합니다. 운이 좋으면, 정말 모든 조건이 딱 맞아떨어지면 2주 만에 성공하기도 합니다. 하지만 운이 나쁘면 이야기가 달라집니다. 6개월이 지나도 학생은 여전히 그 일에 매달려 실패를 수백, 수천 번 거듭하고도 단 한 줌의 성공 가능성도 발견하지 못한 채 지쳐 가곤 하죠."

이 짧은 고백 속에는 전 세계 수많은 과학자가 실험실에서 일상적으로 겪는 고된 현실이 압축되어 있다. 머릿속에서 반짝이던 아이디어의 불꽃이 실험실의 더딘 현실과 물리적 한계에 부딪혀 서서히 사그라지는 경험 말이다. 시더 교수에게 이것은 연구 과정에서 으레 겪는 단순한 불편함 정도가 아니었다. 이것은 인류가 당면한 시급한 에너지 문제를 해결하는 길목을 가로막는 가장 결정적이고 치명적인 병목 현상이었다. 기후 위기의 시계는 빠르게 돌아가는데 연구의 속도는 그를 따라잡지 못하는 상황, 그는 절박한 심정을 숨기지 않았다.

"에너지 전환 과정에서 우리가 마주한 여러 문제를 해결하려면, 지금보다 연구를 훨씬 더 빨리 해야만 합니다.”

엄밀히 말해, 우리가 알고 있는 전통적인 실험실은 첨단 과학의 산실이라기보다 고독한 장인의 공방을 더 많이 닮았다. 마치 중세 시대의 도제식 교육처럼, 수년간의 훈련으로 다져진 암묵지, 수많은 실패를 통해 체득한 미세한 감각과 연구자 개인의 섬세한 손재주에 전적으로 의존하는 세계다. 이런 예술에 가까운 방식은 낭만적일지는 몰라도 본질적으로 비효율적일 수밖에 없다. 수십억 원을 호가하는 최첨단 장비가 가득한 실험실조차 연구자가 퇴근한 심야나 주말에는 기능을 멈춘다. 특히 박사 과정생이나 박사 후 연구원 등 저비용 인력에 의존하는 기초 과학 연구실에서는 이러한 비효율이 더욱 두드러진다. 낮은 인건비로 연구를 지속할 수 있는 구조에서는 실험 과정의 자동화나 무인 시스템 도입에 대한 경제적 유인이 낮아지기 때문이다. 결국 인간의 물리적 한계로 인한 연구 공백이 고가 장비의 유휴 시간으로 고스란히 이어지는 악순환이 반복된다.

그런데 앞 장에서 우리는 AI가 등장해 과학 지식 폭발 문제를 어떻게 해결했는지 목격했다. 인간이 평생을 바쳐도 섭렵하기 힘든 수백만 편의 논문을 단숨에 분석해 지식의 숨은 연결 고리를 찾아내는 ‘AI 공동 과학자’의 등장은, 마침내 아이디어 고갈의 시대가 끝났음을 선언하는 듯했다. 하지만 역설적이게도 지식 탐색이라는 거대한 병목 현상을 해결하자마자, 그 뒤에 가려져 있던 다음 단계의 병목이 더욱 선명하게 실체를 드러내기 시작했다.

이제 문제는 ‘좋은 아이디어가 부족한 것’이 아니라, ‘폭포수처럼 쏟아지는 유망한 가설들을 하나도 빠짐없이 물리적으로 검증할 방법이 없다'는 현실적인 한계에 봉착했다. AI가 밤새도록 수백, 수천 개의 혁신적인 디지털 청사진을 그려 낸들 무슨 소용이겠는가? 그것을 현실의 물질로 빚어내는 데는 여전히 한 명의 학생이 저울 앞에서, 뜨거운 용광로 앞에서 6개월을 꼬박 매달려야 하는 상황은 변하지 않았는데 말이다. 과학 발전을 더디게 만드는 무거운 족쇄는 이제 도서관 서가에서 실험실 작업대로 자리를 옮겼다. 인류의 발견 속도를 물리적 한계 이상으로 한 차원 더 끌어올리기 위해서는, 이제 '생각하는 기계'에 기대를 거는 것 외에는 별다른 도리가 없었다.

생각하는 기계에 손을 달아 준다면

이 답답한 병목 현상을 돌파할 해결책은 사실 명확했다. 인간이 처한 물리적 한계가 문제라면, 지치지 않는 기계의 몸을 빌리면 될 일이었다. 즉, 무한한 탐구력을 가진 AI라는 똑똑한 '두뇌'에 로봇이라는 지치지 않는 '손'을 달아 주는 것이다. 아이디어의 탄생부터 실험적 검증까지, 과학적 발견의 전 과정을 인간의 개입 없이 완전히 자동화하는 시스템. 이것이 바로 '완전 무인 실험실'이 탄생하게 된 배경이다.

완전 무인 실험실을 지탱하는 핵심 기둥은 바로 '닫힌 고리Closed-loop'라는 개념에 있다. 과학적 방법론이 시작과 끝이 끊어지지 않고, 하나의 완결된 순환 고리를 이루며 톱니바퀴처럼 쉼 없이 맞물려 돌아가는 장면을 상상해 보자. 이 거대한 순환계는 다음과 같은 네 단계의 유기적인 흐름으로 완성된다.

첫 번째 단계는 '가설 설정'과 '설계'다. AI의 두뇌는 방대한 데이터베이스를 탐색하여 새로운 물질을 만들기 위한 최적의 '레시피'를 스스로 가설에 기반해 설계한다. 수만 가지의 재료 중 어떤 것을 선택해서, 어떤 미세한 비율로 섞은 후, 1도의 오차도 없이 어떤 온도에서 얼마나 오래 가열할지 결정하는 치밀한 과정이다.

두 번째 단계는 '실행'이다. 디지털 세계의 설계도가 물리적 현실로 구현되는 순간이다. 로봇 팔과 각종 자동화 장비는 AI가 설계한 레시피를 넘겨받아 한 치의 오차도 없이 정확하게 실행에 옮긴다. 미세한 가루를 섞고, 뜨거운 용광로에 넣고, 완성된 물질을 조심스럽게 꺼내는 모든 과정이 기계의 정밀한 움직임 속에서 진행된다. 여기에는 인간의 손 떨림이나 피로가 끼어들 틈이 없다.

세 번째 단계는 '분석'이다. 로봇이 만든 결과물은 엑스선 회절 분석기 같은 자동화된 측정 장비로 즉시 옮겨진다. 장비는 실험 결과를 그 자리에서 분석하고, 그 물리적 실체를 AI가 이해할 수 있는 정형화된 데이터 형태, 즉 숫자와 코드로 변환하여 다시 AI의 두뇌로 전송한다.

마지막 네 번째 단계는 '학습과 반복'이다. 가장 중요한 단계다. AI는 방금 도착한 실험 데이터를 분석하여 자신의 이전 가설이 맞았는지, 틀렸다면 왜 틀렸는지를 스스로 학습한다. 그리고 그 배움을 바탕으로 성공 확률을 조금이라도 더 높이는 방향으로 다음 실험의 레시피를 즉각적으로 수정하고 개선한다. 이 '설계-실행-분석-학습'의 고리는 인간이 퇴근한 밤에도, 주말에도 멈추지 않고 하루 24시간, 일주일 내내 쉼 없이 돌아간다.

이것은 단순히 과학 연구의 진행 속도가 조금 더 빨라지는 것 이상의 거대한 의미를 갖는다. 이것은 과학이라는 행위의 본질과 패러다임 자체가 송두리째 바뀌는 역사적인 전환점이다. 마치 18세기 산업 혁명이 가내 수공업을 거대한 공장의 대량 생산 체제로 바꾸어 놓았 듯, 완전 무인 실험실은 과학적 발견이라는 고귀한 과정을 인간의 직 관과 손재주에 의존하던 '장인적 생산 방식'에서 예측 가능하고, 확장 가능하며, 체계적인 '산업적 생산 방식'으로 혁신하고 있다. 바야흐로 과학적 방법론 자체를 위한 산업혁명이 시작된 것이다. 천재의 우연 한 발견에 기대던 낭만의 시대가 저물고, 시스템이 발견을 공장처럼 찍어 내는 압도적인 효율의 시대가 열리고 있다.

인간·AI·로봇의 삼중주, A-Lab

이 추상적인 개념이 현실의 물리적 공간에서 어떻게 작동하는지를 가장 극적으로, 생생하게 보여 주는 사례가 바로 로렌스 버클리 국립 연구소의 'A-Lab'이다. 이곳의 책임자인 시더 교수는 A-Lab을 가리 켜 '과학을 수행하는 새로운 방식을 손에 넣기 위한 거대한 베타 테스 트'라고 일컬었다. 이 말에는 비장함이 녹아들어 있다. 이것이 성공한 다면 앞으로 인류가 과학을 대하는 방식 자체가 영원히 바뀌게 될 것 이라는 예고이기 때문이다. A-Lab에 주어진 임무는 명확하고도 도전 적이었다. 3장에서 우리가 살펴봤던 구글 딥마인드의 AI, 'GNoME' 이 컴퓨터 속 가상 세계에서 예측해 낸 수십만 개의 새로운 안정적인 물질 후보들을, 실제로 우리가 만질 수 있는 세상에 태어나게 하는 것 이었다. 이는 0과 1로 이루어진 알고리즘의 세계에서 예측한 결과가, 원자와 분자로 이루어진 물리적 현실에서도 유효할 수 있는지를 증명하는, 과학사의 중대한 시험대였다.

A-Lab의 하루는 마치 스위스 장인이 공들여 만든 시계태엽처럼 한 치의 오차도 없이 정교하게, 쉼 없이 움직인다. 그 과정은 경이롭다. 먼저 AI 두뇌가 GNoME의 방대한 예측 데이터를 바탕으로 오늘 합성할 목표 물질이 무엇인지, 그것을 만들기 위한 최적의 '레시피'는 무엇인지를 결정한다. 두뇌의 명령이 떨어지면, 로봇 팔들이 즉각적으로, 그리고 분주하게 움직이기 시작한다. 로봇은 실험실 선반에 빼곡히 들어찬 약 200종류의 전구체(前驅體) 분말 중에서 필요한 약품들을 정확히 골라낸다. 인간이라면 라벨을 확인하고 약품을 찾는 데에도 시간이 걸리겠지만, 로봇에게 망설임은 없다. 이어 저울 위에서 마이크로그램 단위까지 정밀하게 무게를 잰 뒤, 작은 도가니에 넣고 섞는다.

혼합된 시료는 고온의 용광로로 옮겨져 AI가 지시한 정확한 온도와 시간 동안 구워진다. 물질이 탄생하는 산고의 시간이다. 합성이 끝나면, 로봇은 갓 태어난 뜨거운 물질을 식힌 뒤 엑스선 회절 분석기로 옮긴다. 인간의 눈으로는 확인할 수 없는 물질의 내부를 들여다보는 시간이다. 분석기는 물질의 원자 구조를 파악하고, 그 결과를 즉시 AI 두뇌로 전송한다. 여기서 끝이 아니다. AI는 이 결과를 실시간으로 판독하여 자신의 레시피가 맞았는지 확인하고, 만약 실패했다면 무엇이 문제였는지를 학습하여 다음 실험 계획을 즉시 수정한다.

그 결과는 실로 놀라웠다. A-Lab은 단 17일 동안 밤낮없이 가동되며, 이전까지 지구상에 존재하지 않았던 41종의 새로운 물질을 합성하는 데 성공했다. '41종'이라는 숫자가 적어 보일 수도 있다. 하지만 재료과학 분야에서 한 명의 박사과정 학생이 수많은 시행착오를 겪으며 자신의 학위 과정 전체를 바쳐야 겨우 몇 개의 신물질을 찾아낼 수 있다는 점을 상기해야 한다. 즉, A-Lab은 인간이 몇 년에 걸쳐 흘려야 할 땀과 시간을 불과 2주 남짓한 시간으로 압축해 낸 것이다.

이 역사적인 성과가 어떻게 가능했는지를 이해하려면 인간과 AI, 로봇이 각자 어떤 역할을 맡아 협력했는지 그 본질을 들여다보는 것이 중요하다. 먼저 연구의 '나침반' 역할을 한 것은 인간이었다. 버클리 연구소의 과학자들은 어떤 물질을 만들 것인지에 대한 거시적인 아이디어를 내고, 그 시작점이 되는 기초적인 화학식을 제안하며 탐험의 방향을 설정했다. 수많은 아이디어 중에서 옥석을 가려 내는 것은 AI인 GNoME의 몫이었다. GNoME은 제안된 물질들이 현실 세계에서 실제로 합성될 수 있는지, 시간이 지나도 성질이 변하지 않고 안정적으로 유지될 수 있는지를 정밀한 계산을 통해 예측했다. 이러한 사전 검증 덕분에 A-Lab은 실패가 예정된 길을 헤매며 아까운 시간을 낭비할 필요가 없었다. 대신 성공 확률이 가장 높은 유망한 후보군에만 연구 자원을 집중할 수 있었다. 결국, 인간의 창의성이 연구 방향과 우선순위를 제시하면, AI는 그 가능성을 냉철하게 평가하고, 로봇은 지치지 않는 육체로 실험을 완수했다. 인간과 AI, 로봇이 한데 어우러져 일구어 낸 이 완벽한 '삼중주Trio'야말로 새로운 과학적 발견을 이끄는 진정한 동력이다.

결국 A-Lab이 거둔 성공은 GNoME과 같은 예측 AI의 가치를 최종적으로 증명했다는 점에서 과학사적 의미가 깊다. AI가 컴퓨터 속 가상 공간에서 수행하는 수많은 시뮬레이션과 예측은 지적인 호기심을 자극하며 과학적인 영감을 주기에 충분하다. 하지만 아무리 정교하고 흥미로운 예측이라 할지라도, 그것이 현실 세계에서 실제로 구현될 수 있음이 명확히 입증되기 전까지는 모니터 화면 속에 갇힌 이론적 가능성에 머물 뿐이다. 진정한 과학적 혁신은 인공지능이 계산한 0과 1의 디지털 데이터가, 우리가 직접 만지고 활용할 수 있는 원자와 분자의 세계로 건너올 때 비로소 완성된다. 결국 가상의 '예측 엔진'이 현실의 '발견 공장'으로 거듭나기 위해서는, 디지털 공간의 아이디어를 물리적 실체로 빚어내는 끈질긴 검증 과정이 반드시 뒷받침되어야 한다. A-Lab은 과거 데이터에 기반한 '디지털 예측'과 현실의 '물리적 창조' 사이의 깊은 간극을 메웠다. 이로써 AI는 단순히 인간을 돕는 똑똑한 계산기를 넘어, 새로운 현실을 물질세계에 직접 직접 구현하는 진정한 '창조 엔진'으로 거듭났다. 즉 엔진이 '발견 공장'으로 한 단계 더 진화한 것이다.

실험 자판기: 서비스로서의 과학

물론 A-Lab과 같은 최첨단 자율 실험실이 특정 국립 연구소나 거대 대학의 전유물로만 남는다면, 그 사회적 파급력은 제한적일 수밖에 없다. 하지만 이 혁명은 이미 닫힌 실험실의 문턱을 넘어, 과학 연구의 비즈니스 모델 자체를 뿌리째 바꾸고 있다. 바로 '클라우드 랩Cloud Lab'이라 불리는 새로운 형태의 기업들이 등장했기 때문이다. 그들은 인터넷만 연결되어 있으면 누구나 시간과 장소에 구애받지 않고, 세계 최고 수준의 로봇 실험실을 사용할 수 있는 시대를 활짝 열었다.

이 분야의 선구자인 에메랄드 클라우드 랩^{Emerald Cloud Lab}, ECL이나 스트라테오스^{Strateos} 같은 회사들은 '서비스로서의 과학^{Science-as-a-Service}'이라는, 기존에 없던 새로운 비즈니스 모델을 세상에 제시했다. 이해를 돕기 위해 비유하자면, 이는 IT 업계의 '클라우드 컴퓨팅' 개념을 과학 실험의 영역으로 그대로 옮겨 온 것이다. 아마존 웹 서비스^{AWS}가 기업들을 자체 서버실을 구축하고 유지 보수하는 데 따르는 막대한 비용과 번거로움에서 해방시켰듯이, 클라우드 랩은 과학자들을 수십억 원에 달하는 실험실을 짓고 비싼 장비를 구매하며 그것을 관리하는 운영의 부담에서 완전히 벗어나게 한다.

이 시스템의 작동 방식은 놀라울 정도로 직관적이고 단순하다. 과학자는 그저 카페나 집에서 노트북을 열고 웹 브라우저를 통해 클라우드 랩의 소프트웨어에 접속하기만 하면 된다. 화면 속에는 200종이 넘는 최첨단 실험 장비 목록이 가상으로 펼쳐져 있다. 과학자는 이 가상의 실험대 위에서 마우스 클릭만으로 마치 레고 블록을 조립하듯 자신의 실험 절차와 계획을 설계한다. 만약 특별한 시약이나 샘플이 필요하다면, 그것을 택배 상자에 담아 클라우드 랩으로 보내기만 하면 준비는 끝난다. 주문 버튼을 누르는 순간, 저 멀리 캘리포니아 어딘가에 있는 축구장 크기의 거대한 로봇 실험실이 깨어난다. 이곳의 로봇들은 24시간 잠들지 않고 의뢰받은 실험을 자동으로 수행한다. 그리고 며칠 뒤, 과학자의 컴퓨터 화면에는 실험의 결과물이 튜브가 아닌, 완벽하게 정제되고 구조화된 디지털 데이터의 형태로 도착한다.

이러한 모델이 과학계에 가져오는 이점은 실로 막대하다. 첫째, 과학 연구의 진입 장벽, 그중에서도 가장 높았던 경제적 장벽을 허문다. 이제는 거액의 초기 자본 투자 없이, 넷플릭스를 보듯 구독료를 내거나 사용한 만큼만 비용을 지불하는 방식으로 최첨단 연구를 수행할 수 있게 됐다. 이로써 차고에서 시작한 작은 스타트업이나 자금이 부족한 대학의 연구실도, 자본력을 앞세운 거대 글로벌 제약사와 동등한 출발선에서 경쟁할 기회를 얻게 되었다.

둘째, 연구의 효율성을 극대화한다. 한 명의 과학자가 클라우드 랩을 이용하면 직접 피펫을 들고 실험할 때보다 무려 다섯 배에서 여덟 배 더 많은 실험을 동시에 수행할 수 있다. 물리적 노동에 들어가는 시간을 획기적으로 줄여, 연구자가 더 많은 가설을 검증하게 하는 것이다.

셋째, 현대 과학계의 오랜 골칫거리이자 신뢰성의 위기였던 '재현성Reproducibility 문제'를 해결할 결정적인 실마리를 제공한다. 사람의 손을 타는 실험은 날씨, 연구자의 컨디션, 미세한 손 떨림 등에 의해 결과가 달라지기 일쑤였다. 하지만 클라우드 랩에서는 모든 실험 절차가 인간의 손이 아닌 명확한 컴퓨터 코드로 기록되고 로봇에 의해 실행된다. 그 결과 인간의 실수나 개입에서 비롯되는 오차를 크게 줄이고, 지구 반대편의 연구자가 같은 실험을 하더라도 동일한 결과를 재현할 수 있는 환경을 제공한다.

이러한 변화는 우리가 알고 있던 '과학 실험실'의 개념 자체를 재정의하고 있다. [표 13-1]은 전통적인 실험실부터 최첨단 클라우드 랩까지, 각 모델이 어떻게 다른지를 명확하게 보여 준다.

[표 13-1] 과학 실험실의 진화: 장인의 공방에서 클라우드까지

비교 항목	전통적 실험실	완전 무인 실험실	상업적 클라우드 랩
핵심 비유	고독한 장인의 공방	발견을 찍어 내는 스마트 팩토리	과학을 위한 AWS
운영 주체	인간 연구자 대학원생, 박사 후 연구원 등	AI 두뇌+로봇 팔 인간은 감독관 역할	원격 연구자+대행 로봇 웹으로 주문, 로봇이 수행
실험 방식	수작업 암묵지와 손기술에 의존	닫힌 고리 가설-실행-학습의 무한 자동 순환	원격 제어 코드로 실험 설계 후 주문 전송
가동 시간	간헐적 연구자가 출근한 낮 시간 위주	24/7 연속 밤낮없이 쉬지 않고 가동	24/7 온디맨드 언제든 접속하여 즉시 실험 시작
발견 속도 및 효율	느림(주~개월 단위) 물리적 노동 시간의 한계	매우 빠름(일 단위) 인간 대비 수십~수백 배 고속 탐색	빠름(인간 대비 5~8배) 동시다발적 실험 수행 가능
데이터 특성	비정형 & 파편화 수기 연구 노트, 개인 컴퓨터에 저장	정형화 & 대규모 AI 학습에 최적화된 데이터 즉시 생성	표준화 & 디지털 구조화된 데이터로 제공, 공유 용이
재현성 (신뢰도)	낮음(재현성 위기) 연구자의 컨디션, 손 떨림에 따라 오차 발생	높음(시스템 통제) 기계적 정밀함으로 오차 최소화	매우 높음(코드 기반) 코드로 실험이 정의되어 완벽한 반복 가능
초기 진입 장벽	높음 공간 확보 및 고가 장비 구매 필수	매우 높음 수십억 원대 설비 투자 및 복잡한 시스템 통합 필요	매우 낮음 노트북과 인터넷만 있으면 즉시 연구 가능
비용 구조	고정 비용 장비 유지 보수비와 인건비 지속 발생	막대한 초기 투자비 구축 후 운영비는 상대적으로 효율적	변동 비용 쓴 만큼만 내거나 구독료 지불(Pay-as-you-go)
접근성 (민주화)	폐쇄적 해당 기관/학교 소속원만 이용 가능	제한적 기술력과 자본을 갖춘 소수 그룹 전유물	개방적 전 세계 어디서나 누구나 접근 가능(과학의 민주화)
주요 병목 현상	인간의 시간과 노동력 연구자가 도중에 휴식을 취하고 잠을 자야 함	시스템 구축 및 통합의 난이도 초기 세팅이 매우 어려움	서비스 비용 및 물리적 제약 택배 배송 시간, 실험 설계의 한계
과학자의 역할 변화	실험 노동자+분석가 직접 피펫을 들고 실험	전략가+시스템 설계자 AI에게 목표와 방향 제시	설계자+데이터 해석가 가상 환경에서 실험 블록 조립

자율 실험실과 클라우드 랩의 등장은 단순히 실험 도구가 조금 더 좋아진 차원의 진보가 아니다. 이것은 과학 연구를 둘러싼 경제적 토대와 사회적 구조 자체를 뿌리째 뒤흔들고 있는 거대한 지각 변동이다. 시장의 반응은 이미 뜨겁다 못해 가히 폭발적이다. 글로벌 시장 조사 기관들이 쏟아 내는 분석 보고서를 종합해 보면, AI의 두뇌와 로봇의 손이 결합된 '스마트 랩Smart Lab' 시장은 매년 두 자릿수의 가파른 성장 곡선을 그리며 질주할 것으로 보인다.

한 유력한 전망에 따르면, 2024년 기준 약 21억 달러 수준이었던 AI 기반 완전 무인 실험실 시장 규모는 향후 10년 이내 무려 여덟 배 이상 급성장할 것으로 관측된다. 그 결과 2033년에는 175억 달러, 한화로 약 24조 원에 이르는 거대 시장을 형성할 것으로 예측된다. 하지만 이 수치가 보여 주는 진정한 의미는 단순한 설비 투자의 증가나 시장의 덩치가 커진다는 것에 있지 않다. 이것은 유전체학, 신소재 공학, 신약 개발 등 인류의 미래를 좌우할 거의 모든 과학 분야에서, 연구의 패러다임이 인간의 직관과 노동 중심에서 '더 빠르고, 더 정밀하며, 데이터 중심적인' 시스템으로 완전히 전환되고 있음을 알리는 신호탄이다. 그리고 이 거대한 변화의 소용돌이 중심에는 '민주화'와 '중앙화'라는, 서로 모순되지만 강력한 두 가지 힘이 팽팽하게 줄다리기를 하고 있다.

한편으로, 클라우드 랩은 과학의 진정한 민주화를 이끄는 가장 강력한 도구다. 과거에는 수십억 원의 장비가 없으면 시도조차 할 수 없었던 실험들이었다. 하지만 이제 자본이 부족한 스타트업이나 인프라가 열악한 개발도상국의 연구자들도, 성능 좋은 노트북과 웹 브라우저만 있으면 캘리포니아에 있는 세계 최고 수준의 실험 인프라를 자신의 실험실처럼 이용하게 되었다. 이는 과거 막대한 자본을 가진 거대 글로벌 제약사나 소수의 명문 대학 엘리트들의 전유물이었던 고급 과학 연구의 기회가 전 세계로 활짝 열리게 됨을 의미한다. 접근 가능성이라는 오래된 장벽이 무너져 내리면서, 변방에서 더 다양하고 창의적인 아이디어가 탄생해 세상의 난제를 해결하는 광경을 목격하게 될 가능성이 커졌다.

하지만 빛이 밝으면 그림자도 짙은 법이다. 다른 한편으로는, 과학적 역량과 인프라가 소수의 거대 기술 기업에 과도하게 집중될 것을 우려하는 목소리 또한 높아지고 있다. 앞서 살펴본 A-Lab을 구축하는 데만 18개월에 걸친 기간과 200만 달러라는 막대한 비용이 투입되었듯, 고도화된 자율 실험실을 짓고 유지하는 데는 막대한 초기 자본과 기술력이 필요하다. 이는 아무나 뛰어들 시장이 아니다. 결국 아마존, 구글, 마이크로소프트가 전 세계 클라우드 컴퓨팅 시장을 과점했듯이, 미래의 과학 인프라 역시 막대한 자본력을 앞세운 소수의 거대 클라우드 랩 제공업체가 독점하고 통제하는 결과를 낳을 수 있다.

만약 그런 미래가 도래한다면, 전 세계의 과학자들은 연구를 수행하기 위해 이들 거대 플랫폼에 월세를 내듯 종속될 수밖에 없다. 더 나아가 과학 연구의 방향성 자체가 인류의 공영보다는 플랫폼 기업의 상업적 논리나 수익성에 의해 좌우될 위험성도 배제할 수 없다. 이 것은 과학의 미래를 두고 우리에게 던져진 매우 중대하고도 철학적인 질문이다. 과연 다가올 자율 실험실의 시대는 누구나 평등하게 참여하여 혁신을 꽃피우는 개방적이고 경쟁적인 생태계가 될 것인가, 아니면 소수의 기술 거인들이 지식의 생산 수단을 독점하고 지배하는 중앙화된 시스템으로 귀결될 것인가? 이 질문에 대한 명확한 답은 아직 그 누구도 알 수 없다. 다만 확실한 것은, 앞으로의 기술 발전 방향과 그것을 둘러싼 치열한 정책적, 사회적 합의가 우리 과학의 미래 모습을 결정짓게 될 것이라는 사실이다.

텅 빈 실험실과 분주한 마음

다시 이번 장의 서두에서 만났던 시더 교수의 이야기로 돌아가 보자. 한 명의 유능한 학생을 깊은 좌절감에 빠뜨렸던 6개월이라는 지루한 기다림은, 이제 A-Lab 안에서 단 17일 만에 완료되는 기적으로 바뀌었다. 그렇다면 여기서 한 가지 근원적인 질문이 고개를 든다. 모두가 퇴근한 깊은 밤, 인기척 없는 텅 빈 실험실에서 오직 로봇 팔만이 윙윙거리며 스스로 실험을 진행하는 이 풍경은, 결국 과학의 성역에서 과학자가 설 자리를 잃고 종말을 맞이하는 디스토피아를 의미하는 것일까?

결론부터 말하자면, 오히려 그 반대다. 자율 실험실의 시대는 인간을 반복적이고 고된 육체적, 정신적 노동에서 해방시켜 가장 인간다운 역할로 되돌려 놓는 '본질적 회귀'의 과정이다. 지난 수 세기 동안 과학 연구는 아이디어 싸움인 동시에 육체와의 싸움이었다. 하지만 이제 과학자의 역할은 실험 도구와 씨름하며 기술을 연마하는 '숙련된 기술자Technician’에서, 연구의 전체적인 방향을 설정하고 큰 그림을 그리는 ‘지적인 전략가Strategist’로 진화하고 있다.

따라서 미래의 과학자를 정의하는 핵심 역량 또한 완전히 달라질 것이다. 이제 더 이상 피펫을 얼마나 정교하게 다루는지, 혹은 수천 개의 데이터를 얼마나 꼼꼼하게 엑셀로 정리하는지는 중요하지 않다. 그런 기계적인 일은 기계가 훨씬 더 잘한다. 앞으로는 AI가 결코 대신할 수 없는 인간 고유의 능력, 즉 깊은 호기심을 바탕으로 남들이 보지 못한 ‘전혀 새로운 질문’을 던지는 능력, AI와 로봇이라는 강력한 도구에게 무엇을 시킬지 결정하고 독창적인 실험 계획을 설계하는 창의력, AI가 쏟아 내는 데이터의 홍수 속에서 단편적인 정보들을 꿰어 진정한 의미를 꿰뚫어 보는 지혜와 통찰력이 과학자의 가치를 결정하게 될 것이다.

밤새 불이 환하게 켜진 채 스스로 돌아가는 텅 빈 실험실은 인간 소외의 상징이 결코 아니다. 그것은 물리적 시공간의 제약에서 벗어난 인간 정신의 진정한 해방을 의미한다. 과학자는 이제 좁은 실험대 앞에서 단순 반복 작업으로 지루하게 흘려보내던 시간 대신, 마음속에서 더 자유롭게 상상하고 더 깊이 사유하며 더 대담하게 가설을 세울 소중한 시간을 얻었다. 로봇의 손과 AI의 두뇌를 빌려 인간의 한계를 뛰어넘는 것, 완전 자동화 실험실의 시대는 곧 ‘AI로 증강된 과학자 Augmented Scientist’의 시대인 것이다.

제14장

루프 속의 인간: 과학자의 역할 재정의

고요하고 분주한 실험실

모두가 잠든 새벽 세 시, 미국 캘리포니아주 로렌스 버클리 국립 연구소의 한 실험실 창문에는 대낮처럼 환한 불이 켜져 있다. 하지만 기묘하게도 그곳에는 사람의 인기척이 전혀 느껴지지 않는다. 연구원들은 이미 오래전 퇴근해 따뜻한 침대에서 잠들어 있다. 대신, 텅 빈 그 공간을 채우고 있는 것은 정교하게 프로그래밍 된 로봇 팔들이다. 녀석들은 마치 유령 지휘자가 이끄는 오케스트라처럼 소리 없이 미끄러지듯 움직이며 선반에서 시약병들을 꺼내고, 하얀 가루를 마이크로그램(100만분의 1그램) 단위까지 한 치의 오차도 없이 정확하게 계량해 작은 도가니에 담는다.

실험실의 다른 한쪽에서는 자동화된 고성능 용광로가 자체 판단으로 조용히 온도를 높이고, 합성이 끝난 완성된 물질은 컨베이어 벨트를 타고 엑스선 분석 장비로 옮겨진다. 모니터 화면 위로는 실험 결과 데이터가 폭포수처럼 쏟아져 내리는데, 기계는 이 데이터를 스스로 정리할 뿐만 아니라 결과를 바탕으로 다음 실험을 위한 레시피와 계획을 실시간으로 수정하고 개선한다. 실험실은 믿을 수 없을 만큼 분주하고 치열하게 돌아가지만, 그곳의 공기를 채우는 것은 인간의 말소리가 아닌, 냉각팬이 돌아가는 낮은 기계음과 모터의 미세한 허밍 Humming 뿐이다.

이 고요하면서도 역설적으로 가장 분주한 풍경은 다가올 과학의 미래를 압축적, 상징적으로 보여 준다. 과거에는 오직 인간만이 할 수 있다고 믿었던 영역들, 즉 새로운 아이디어를 떠올려 가설을 수립하고, 이를 검증하기 위한 실험을 정교하게 설계하며, 도출된 복잡한 데이터를 분석하여 결론을 내리는 '과학적 발견'의 전 과정이 이제 인간의 손을 떠나 완벽하게 자동화되고 있는 것이다.

그렇다면 이 자동화된 발견의 거대한 교향곡 속에서, 그동안 지휘봉을 들었던 과학자는 도대체 어디로 사라진 것일까? 밤새도록 지치지 않고 스스로 돌아가는 저 텅 빈 실험실의 풍경은, 마침내 인간이 필요 없어진 '과학의 종말'을 알리는 쓸쓸한 기념비일까, 아니면 우리가 미처 알지 못했던 '새로운 역할'의 서막을 알리는 웅장한 무대일까?

결론적으로 말해, AI가 스스로 가설을 세우고 로봇이 물리적 실험을 수행하는 이 시대에, 과학자의 역할은 소멸하는 것이 아니라 근본적으로 '재정의'되고 있다. AI와 로봇 기술은 인간을 대체하여 설 자리를 뺏는 경쟁자가 아니다. 오히려 그것은 인간을 반복적이고 지루한 실험 노동과 데이터 처리의 늪에서 해방시켜, 인간만이 할 수 있는 더 높은 차원의 지적 활동으로 이끄는 강력한 '증강 도구'가 될 것이다.

이것은 과학자의 종말에 관한 우울한 비가悲歌가 아니다. 이것은 과학자가 마침내 좁은 실험대와 피펫 앞에서 벗어나, 가장 인간다운 본연의 활동으로 되돌아가는 '회귀'이자 '새로운 시작'에 관한 이야기다. 그 새로운 역할이란 바로 데이터 너머의 의미를 깊이 사유하고, 기존의 법칙을 뛰어넘는 대담한 상상을 펼치며, 기계는 결코 던질 수 없는 현명하고 윤리적인 질문을 던지는 것이다. 이제 머지않아 '기술자'로서의 과학자는 역사의 뒤안길로 사라지고, '사상가Thinker'로서의 과학자가 중앙 무대에 등장할 것이다.

역할의 대분화: AI와 인간의 영역으로 재편되는 과학자의 역할

오랫동안 우리 사회가 정의해 온 '과학자'라는 직업은 사실 서로 다른 수많은 역할이 하나로 꽉 묶여 있는 묵직한 '꾸러미'와 같았다. 한 명의 과학자가 온전한 연구를 수행하기 위해서는, 세상에 없던 새로운 아이디어를 떠올리는 창의적인 '사상가'여야 했고, 동시에 밤샘 실험과 반복적인 육체노동을 마다하지 않는 꼼꼼한 '기술자'여야 했다. 또한, 실험에서 쏟아지는 방대한 데이터를 엑셀과 씨름하며 꿰뚫어 보는 날카로운 '분석가'이자, 연구비와 인력을 관리하고 프로젝트를 이끄는 '행정가'였으며, 최종적으로 자신의 발견을 논문이라는 형태로 세상에 알리는 '작가'이기도 했다. 이처럼 과학자는 슈퍼맨이 되어야 했고, 이 모든 역할의 무게가 한 사람의 좁은 어깨를 온통 짓눌렀다.

하지만 지금의 AI 혁명은 수 세기 동안 단단하게 묶여 있던 이 역할의 꾸러미를 하나씩 풀어헤치고 있다. 우리는 이것을 과학자라는 직업의 '역할의 대분화Great Differentiation'라고 부를 수 있다. AI는 과거 과학자 혼자 감당해야 했던, 그러나 인간의 생물학적 한계로 인해 비효율적일 수밖에 없었던 여러 작업 영역을 인간보다 훨씬 더 빠르고, 더 정확하게 그리고 무엇보다 지치지 않고 해내기 시작했다.

가장 먼저 분화되고 있는 것은 꼼꼼한 '기술자'의 역할이다. 앞서 살펴본 버클리 국립 연구소의 'A-Lab'과 같은 완전 무인 실험실은 이 변화를 상징적으로 보여 준다. 이곳에서는 로봇 팔과 각종 자동화 장비가 인간의 손을 대신해 시약을 섞고, 가열하고, 물질을 합성하며, 분석하는 물리적인 실험 과정을 완벽하게 자동화한다. 과거에는 한 명의 박사과정 학생이 피펫을 들고 6개월을 꼬박 매달려도 성공을 장담할 수 없었던 고된 실험을 로봇은 불평 한마디 없이 단 며칠 만에 수십, 수백 번씩 반복하며 기어이 성공시켜 낸다. 육체적 피로와 실수라는 변수가 사라진 자리에는 압도적인 속도와 정밀함이 채워진다.

다음으로, 날카로운 '분석가'의 역할 역시 AI의 영역으로 빠르게 넘어가고 있다. 현대 과학은 데이터의 홍수 속에 빠져 있다. 이제 천문학자들은 새로운 행성을 찾기 위해 밤하늘을 찍은 수십만 개의 별빛

그래프를 일일이 눈으로 훑어보며 밤을 지새우지 않는다. 대신 AI가 그 방대한 데이터의 바다에서 인간의 눈으로는 도저히 식별할 수 없었던 희미한 행성의 신호 패턴을 찾아낸다. 태양물리학자들은 지난 15년간 쌓인 태양 관측 이미지 속에서 흑점 폭발의 미세한 전조를 읽어 내는 임무를 AI에게 위임하고, 기상학자들은 지난 40년 치의 전 지구 날씨 데이터 패턴을 완벽하게 학습한 AI로부터 기존의 슈퍼컴퓨터보다 훨씬 빠르고 정확한 기상 예보를 얻는다.

마지막으로, 지식을 탐색하고 정리하는 '사서'이자 '학자'의 역할마저 자동화되고 있다. 논문은 이제 매년 수백만 편씩 쏟아지고 있다. 이미 인간이 소화할 수 있는 한계를 넘어선 것이다. 하지만 이제 과학자들은 그 거대한 파도 속에서 허우적거리는 대신 'AI 공동 과학자'에게 길을 묻고 있다. AI는 인류가 쌓아 온 모든 논문을 읽고, 한번 본 내용은 절대로 잊지 않으며, 서로 다른 학문 분야에 흩어져 있어 인간이라면 연결 짓지 못했을 지식의 조각들을 연결해 전혀 새로운 가설을 제시한다.

이러한 역할의 급격한 분화는 과학자에게 결코 위협이 아니다. 오히려 이것은 '역할의 명확화'에 가깝다. AI가 가져온 변화는 과학이라는 행위에서 '본질적인 것'과 '부수적인 것'을 명확하게 구분하게 해준다. 반복적이고 정형화되어 있으며 인간의 인지적, 육체적 한계에 부딪혔던 작업이 기계의 영역으로 넘어가면서, 마침내 기계가 흉내 낼 수 없는 인간 고유의 역할만이 남게 된 것이다. 그것은 바로 과학을

[표 14-1] 기존 과학자 vs. AI로 증강된 과학자

특징	기존 과학자	AI로 증강된 과학자
주요 가치	기술적 숙련도, 데이터 생성, 깊지만 좁은 지식	심오한 질문 제기, 창의적 실험 설계, 학문 간 융합
핵심 활동	직접 실험 수행, 수동 데이터 분석, 문헌 검토	AI/로봇 시스템 지휘, 복잡한 결과 해석, 전략적 의사결정
도구와의 관계	특정 장비를 능숙하게 다루는 전문가	지능형 도구 생태계의 지휘자
발견의 속도	선형적, 점진적, 인간의 노동력에 의해 제한됨	기하급수적, 반복적, 질문의 질에 의해 제한됨
성공의 척도	힘들게 얻은 발견에 관한 결과 발표	AI가 생성한 가설 포트폴리오 관리

견인하는 핵심 엔진, 즉 '질문하는 능력'이다.

[표 14-1]은 이러한 변화의 본질을 요약해서 보여 준다. 바야흐로 과학자의 가치를 측정하는 기준 자체가 '얼마나 실험을 잘하는가'에서 '얼마나 위대한 질문을 던지는가'로 근본적으로 바뀌고 있는 것이다.

예술가에서 설계자로의 역할 변화

그렇다면 과학자의 역할 꾸러미가 해체되고, 반복적이고 기술적인 업무들이 모두 기계에게 넘어간 텅 빈 자리에 남는 것은 무엇일까? 기계가 아무리 발전해도 결코 대체할 수 없는, 아니 오히려 기계 덕분에 더욱 선명하게 드러나는 인간만의 고유한 핵심 역량은 과연 무엇일까? 그것은 더 이상 피펫을 다루는 정교한 손놀림이나, 수백 개의 화학식을 머릿속에 저장하는 암기량이 아니다. 미래의 과학자를 정의하는 자질은 다음 네 가지의 근본적이고 대체 불가능한 능력으로 요약될 수 있다.

첫째, 본질을 꿰뚫는 '위대한 질문'을 던지는 능력이다. AI는 주어진 문제에 관한 가장 좋은 답을 찾아내는 데는 타의 추종을 불허한다. 하지만 세상의 수많은 문제 중 '어떤 문제'가 지금 인류에게 가장 중요하며, 도전할 가치가 있는지를 스스로 판단하지는 못한다. 본질적으로 AI는 입력된 데이터에 반응하는 강력한 '답변 기계'인 반면, 인간은 근본적으로 끊임없이 미지의 세계를 탐구하고 싶어 하는 '호기심 기계'다. 알츠하이머병으로 고통받는 환자를 보며 치료법을 찾겠다는 뜨거운 열망, 밤하늘을 바라보며 우주의 기원을 알고 싶어 하는 순수한 갈망 그리고 다가올 기후 재앙을 막아야 한다는 절박한 사명감은 모두 데이터가 아닌, 인간의 결핍과 감정 그리고 꿈에서 비롯된다. AI는 '어떻게How'를 해결해 줄 수는 있어도, '왜Why'를 스스로 만들어 낼 수는 없다. 따라서 AI 시대에 과학적 성과의 수준은 도구의 성능이 아니라, 우리가 그 도구에게 얼마나 깊고, 독창적이며, 인류에게 시급한 질문을 던질 수 있는지에 따라 결정될 것이다.

둘째, 발견 시스템을 창조하는 '창의적인 설계자'로서의 능력이다. 이제 화학자는 더 이상 실험실 구석에서 플라스크를 흔드는 '장인'이 아니다. 이들은 이제 발견 과정 전체를 조망하고 설계하는 '전략가'로 진화해야 한다. 이제 과학자의 위대함은 직접 실험 기구를 다루는 정교한 손끝이 아니라, 새로운 발견을 쉼 없이 쏟아 내는 '지능형 시스템'을 구상하는 두뇌에서 결정될 것이다. 구글 딥마인드의 과학자들은 AI 모델 LLM에게 "완벽한 수학자가 되어 답을 내놓으라"고 단순하게 요구하지 않았다. 대신 그들은 LLM이 가진 통제 불가능하고 엉뚱한 창의성을 마음껏 발산하게 두면서도, 거기서 나오는 오류는 알고리즘으로 완벽하게 걸러 내는 '펀서치'라는 우아하고 정교한 협업 시스템을 설계했다. 그들의 가장 창의적인 업적은 수학 문제의 답을 찾은 것이 아니라, 답을 찾는 '새로운 방법론'을 발명한 데 있었다. 과학자는 이제 넓은 모래사장에서 어쩌다가 우연히 바늘 하나를 발견하고 기뻐하는 채집자가 아니라, 바늘 자체를 끊임없이 찍어 내는 공장의 설계자이자 생산자가 되어 가고 있다.

셋째, 경계를 자유롭게 넘나드는 '지적인 연결자'로서의 능력이다. AI는 수만 편의 문헌 속에서 통계적인 유사성이나 숨겨진 단서들을 찾아낼 수는 있다. 하지만 생물학의 원리를 건축에 적용하거나, 음악의 구조를 수학에 대입하는 것처럼, 전혀 다른 분야의 이질적인 개념들을 직관적으로 연결하여 완전히 새로운 패러다임을 만들어 내는 '통섭'은 여전히 인간 고유의 영역이다. 구글의 AI 공학자가 보낸 이메일 한 통이 천문학자와 연결되어 외계 행성 발견의 새로운 장을 열었던 역사적 사례처럼, 서로 멀리 떨어져 있는 지식의 고립된 섬들을 잇는 다리는 오직 인간만이 놓을 수 있다. 기계는 '상관관계'를 보지만, 인간은 그 안에서 '의미'를 본다. 따라서 미래의 과학자는 자신의 전공 지식에만 갇힌 존재가 아니라 AI 도구와 로봇 실험실, 다양한 분야의 전문가와 함께 혁신을 만들어 내는 '지적인 허브Intellectual Hub'가 되어야 한다.

넷째, 기술의 폭주를 막고 방향을 제시하는 '윤리적 나침반'으로서의 역할이다. AI와 자율 실험실이라는 강력한 도구는 인류에게 질병 정복과 에너지 문제 해결이라는 무한한 가능성을 약속하지만, 동시에 생물학적 무기 제조나 편향된 데이터로 인한 차별 등 예측하지 못한 치명적인 위험 또한 내포하고 있다. AI가 단순히 기능적인 측면에서 "이것을 기술적으로 할 수 있는가?"라고 묻는다면, 과학자는 철학적인 측면에서 "우리가 이것을 윤리적으로 해야 하는가?"라고 되물어야 한다. 그리고 "만약 한다면, 어떤 원칙과 안전장치 아래에서 해야 하는가?"를 치열하게 고민해야 한다. 기술의 힘이 강해지고 속도가 빨라질수록, 그 힘의 방향을 인류의 공영과 번영을 위한 이로운 쪽으로 이끄는 인간의 지혜와 윤리적 판단의 무게는 더욱 무거워질 수밖에 없다.

이러한 근본적인 변화는 과학 연구의 전략 자체를 송두리째 바꾸고 있다. 과거의 과학 연구는 하나의 정교한 가설을 세우고, 그것을 증명하기 위해 수개월, 혹은 수년의 시간과 자본을 집중 투자하는 '고위험 단일 투자' 모델과 같았다. 실패했을 때의 비용이 너무나 컸기 때문에 신중할 수밖에 없었다. 하지만 이제 상황이 역전되었다. 'AI 공동 과학자'는 단 며칠 만에 수백, 수천 개의 그럴듯한 가설 포트폴리오를 생성해 내고, '완전 무인 실험실'은 그것들을 믿을 수 없이 저렴하고 빠른 속도로 검증해 낸다. 과학 진보의 병목 구간이 '아이디어의 생성'에서 '아이디어 검증과 선택'으로 옮겨 가면서, 과학자의 역할은 마치 유망한 스타트업을 고르는 '벤처 캐피털리스트'와 유사해지고 있다. 수많은 가능성 목록 중 어떤 가설을 검정하는 데 한정된 자원을 집중

투자할지, 실패한 실험 결과를 통해 어떤 교훈을 얻고 다음 연구 포트폴리오를 어떻게 재구성할지를 결정하는 '전략적 자원 배분 능력'과 '안목'이 연구의 성패를 가르는 새로운 핵심 역량이 된 것이다.

새로운 종류의 창의성

AI가 그동안 인간만의 성역이라 여겨졌던 창의적인 영역에 거침없이 들어서면서, 우리는 종종 '대체'라는 두려운 단어에 사로잡힌다. AI가 시를 쓰고, 그림을 그리며, 새로운 가설까지 내놓는 마당에 설마 과학자의 자리까지 빼앗는 것은 아닐까 하는 막연한 공포다. 하지만 지금 과학의 최전선 현장에서 벌어지고 있는 일은 인간의 대체가 아니라 '증강'에 훨씬 가깝다. 미국의사협회AMA와 같은 권위 있는 기관들은 인공지능Artificial Intelligence이라는 용어 대신, 기계가 인간의 지능을 대체하는 것이 아니라 보조하고 강화하는 역할을 강조하는 '증강 지능Augmented Intelligence'이라는 용어를 공식적으로 사용할 것을 제안한다. 이는 마치 수학자에게 계산기가 주어졌을 때 수학자가 사라진 것이 아니라 그들이 더 고차원적인 증명에 집중하게 된 것처럼, AI가 과학자의 능력을 대체하는 것이 아니라 새로운 차원으로 확장해 주는 파트너라는 관점을 명확히 담고 있다.

냉정하게 분석해 보면, AI의 창의성은 인간의 것과 본질이 완전히 다르다. AI의 놀라운 성과는 무에서 유를 창조하는 영감이 아니라, 학습된 데이터 사이의 빈틈을 수학적 확률로 채우고 연결하는 고도화된 '재조합'의 기술이다. 여기에는 결정적인 차이가 있다. AI는 난제와 씨름하며 고뇌하다가, 산책길이나 꿈속에서 번개처럼 스쳐 지나가는 '유레카'의 희열을 느끼지 못한다. 무엇보다 AI에게는 창조의 가장 중요한 재료인 '결핍'과 '욕망'이 없다. "이 질병을 정복해 사람들을 살리겠다"는 뜨거운 '의도'는 오직 생명을 가진 인간의 몫이다. AI에게는 질문을 던지는 주체, 즉 '왜^{Why}'가 빠져 있다.

하지만 역설적으로 이러한 AI 창의성의 기계적 본질을 인간의 의도와 결합했을 때 폭발적인 시너지가 발생한다. 그 가장 극적인 사례가 바로 수학 난제를 해결한 딥마인드의 '펀서치'다. 딥마인드의 과학자들은 거대 언어 모델이 때로는 엉뚱하고, 없는 사실을 지어내며, 오류로 가득한 답을 내놓는다는 치명적인 약점(환각)을 억지로 고치려 하지 않았다. 오히려 그들은 그 약점을 창의성의 원천으로 끌어안았다. 그들은 LLM이라는, 통제 불가능하지만 무한하고 엉뚱한 아이디어를 쏟아 내는 '생성기'와, 그 아이디어들의 옥석을 냉정하게 가려내는 완벽한 논리 검증 시스템인 '평가기'를 결합하는 시스템을 설계했다. 여기서 인간의 가장 빛나는 창의성은 수학 문제를 직접 푼 것이 아니라, AI의 혼란스러운 창의성과 기계의 결정론적인 정확성이 상호 작용하며 새로운 발견을 하도록 그 '과정' 자체를 설계한 데 있었다. 즉, 인간은 답을 찾는 선수가 아니라, 답이 나올 수밖에 없는 경기장을 만든 설계자였다.

글래스고 대학교의 리 크로닌 교수는 이와 같은 새로운 협업 관계를 예술적인 표현으로 정의했다. 그는 화학 반응을 마치 컴퓨터 코딩하듯 정밀하게 제어하는 과정을 일컬어 '물질의 안무^{Choreography of Matter}'라고 명명했다. 이 독창적인 비유는 AI와 연구자의 관계를 재정의하는 열쇠가 된다. 무대 위에서 안무가가 춤의 주제, 감정선과 전체적인 동선을 설계하면, 무용수는 그 지시에 맞춰 자신의 신체 능력을 극한으로 발휘해 정교하게 움직인다. 여기서 과학자는 창의적인 '안무가'로서 연구의 방향과 목적을 설계하고, AI와 로봇은 그에 맞춰 분자를 조립하고 실험을 수행하는 지치지 않는 '무용수'가 되어 주는 것이다.

크로닌은 이러한 관점에서 AI가 화학자의 일자리를 위협한다는 비관론을 단호하게 일축한다. 안무가가 무용수 때문에 일자리를 잃지 않듯, 과학자 역시 AI 덕분에 오히려 더 빛나게 될 것이다. AI는 연구자들을 지루한 반복 실험과 데이터 처리의 굴레에서 해방시켜, 그들이 "무엇을 만들 것인가?" "왜 이 물질이 필요한가?"라는 가장 본질적이고 창의적인 질문에 천착할 수 있게 해 준다. 결국 인간과 AI의 협력은 인간의 '직관'이 아름다운 안무를 짜고, AI의 방대한 '탐색 능력'이 그 무대를 완벽하게 구현해 나가는, 과학사에서 가장 이상적이고 강력한 파트너십인 셈이다.

내일의 탐험가들을 어떻게 키워 낼 것인가

과학자의 역할이 이토록 근본적으로 바뀐다면, 미래 과학자를 길러 내는 교육 방식 역시 과거의 틀에 머물러 있을 수는 없다. 지금 교실에 앉아 있는 학생들이 졸업 후 마주하게 될 미래의 실험실은 지금과는 완전히 다른 차원의 역량을 요구할 것이기 때문이다.

이 새로운 교육 환경에서 우리가 직면한 가장 큰 도전이자 경계해야 할 유혹은 바로 '시행착오가 제거된 학습Frictionless Learning'이다. AI

도구는 학생이 질문 버튼 하나만 누르면 완벽에 가까운 정답을 즉시 알려 주고, 밤을 새워 고민해야 할 복잡한 과제를 순식간에 해결해 준다. 겉보기에는 효율적으로 보일지 모른다. 하지만 인간의 뇌가 무언가를 진정으로 배우고 체화하기 위해서는 어느 정도의 고통스러운 '정신적 노동'과 뼈아픈 '시행착오', 즉 난관과 직접 씨름하고 깨지는 과정이 필수적이다. 만약 AI가 학습 과정의 모든 어려움을 깔끔하게 제거해 준다면, 학생들은 스스로 생각의 근육을 키우고 문제를 해결하는 능력을 기를 기회를 영영 잃어버리고 말 것이다.

따라서 미래 과학 교육은 단순히 기존 지식을 효율적으로 전달하는 방식에서 과감히 탈피해야 한다. 그 무게 중심은 '스스로 생각하고 행동으로 옮기는 힘'을 길러 주고, 실패와 성공의 과정을 통해 자신만의 단단한 '경험 자산Experiential Assets'을 쌓을 기회를 부여하는 방향으로 옮겨 가야 한다. 단순히 검색 한 번으로 확인 가능한 지식을 암기하거나, 로봇이 더 능숙하게 처리할 수 있는 정형화된 실험 기술을 연마하는 일은 앞으로 그 중요성이 점차 희박해질 것이다. 이제 우리는 AI 시대 과학자에게 꼭 필요한, 기계가 결코 대신할 수 없는 '고유 역량'을 기르는 데 교육의 모든 역량을 집중해야 한다.

첫째, 건강한 '비판적 사고'와 '과학적 회의주의'를 몸에 익힐 수 있게 해 줘야 한다. 학생은 AI가 내놓은 답을 맹목적으로 받아들이지 않는 법부터 배워야 한다. 대신 그 답이 어떤 데이터에 기반하고 있으며 혹시 어떤 편향이 섞여 들어가지는 않았는지, AI가 내놓은 결론의 논리적 한계가 무엇인지 날카롭게 따져 묻는 법을 익혀야 한다. AI가 제공한 화려한 결과물을 '최종 정답'이 아니라, 내가 검증하고 비판해야 할 하나의 '가설정 설명'일 뿐이라고 여기는 훈련이 필요하다.

둘째, 자신만의 '독창적인 문제'를 설정하고 제기할 수 있는 인재로 육성해야 한다. 이미 정답이 정해진 교과서의 연습 문제를 잘 푸는 것은 미래에 큰 의미가 없다. 교실 밖으로 시선을 돌려 학생들이 주변 세상에 대해 스스로 호기심을 갖고 질문을 던지며, 탐구할 가치가 있는 독창적인 문제를 새롭게 정의하는 능력이 그 어느 때보다 중요해질 것이다.

셋째, 숲을 보는 '시스템적 사고방식'을 길러 줘야 한다. 미래의 과학자는 특정 분석 도구 하나를 깊게 파는 기능인이 아니다. 그는 인간의 직관, AI의 연산력, 로봇의 실행력이 복잡하게 얽혀 협력하는 거대한 시스템을 설계하고 조율하는 '지휘자'와 같다. 따라서 각 요소의 장단점을 명확히 이해하고, 최적의 연구 워크플로Workflow를 구성하는 거시적인 안목과 능력이 필수적으로 요구된다.

넷째, '윤리적 추론 능력'을 과학 교육의 변방이 아닌 중심에 두어야 한다. 기술이 강력해질수록 그 파급력은 사회 전체를 뒤흔들 정도로 커진다. 강력한 기술이 가져올 사회적 영향과 잠재적 오용 가능성에 대해 치열하게 토론하고, 책임감 있는 과학자로서 어떤 원칙을 지켜야 하는지를 습득하는 과정은 필수 과목이 되어야 한다.

요컨대, 미래 교육이 길러 내야 할 인재는 지식을 축적한 기술자가 아니다. 미지의 세계 앞에서 주저하지 않는 '탐험가'이며, 인간과 기계가 뒤섞인 복잡한 시스템을 조율하는 '지휘자'이자 지능형 파트너가 가진 장단점을 꿰뚫어 보고 이를 바탕으로 함께 움직이는 '전략가'다. 과거에는 지식의 양과 질이 과학자의 경쟁력을 결정했다면, 이제는 'AI 리터러시Literacy', 즉 AI와 효과적으로 소통하고 협력하는 능력이 그 자리를 대신할 것이다. 이러한 문해력은 더 이상 컴퓨터 공학자들만의 전유물이 아니라, 모든 분야의 과학자가 갖춰야 할 제2의 과학적 방법론으로 확고히 자리매김해 갈 것이다.

새로운 발견과 발명을 향한 대항해 시대

이번 장의 첫머리에서 마주했던, 모두가 잠든 새벽 세 시의 그 고요하지만 치열한 버클리 국립 연구소 실험실 풍경으로 다시 한번 돌아가 보자. 쉴 새 없이 움직이는 로봇 팔과 폭포수처럼 쏟아지는 데이터가 채우고 있는 그 공간은 이제 더 이상 인간이 배제된 쓸쓸한 풍경을 상징하지 않는다. 오히려 그것은 인간의 지성이 스스로를 육체적 한계와 고된 반복 노동의 굴레에서 해방시키기 위해 구축한, 과학사에서 가장 위대하고 정교한 산물이다. 그것은 인간이 기계에 자리를 내어 준 패배의 현장이 아니라, 인간이 기계라는 레버Lever를 통해 자신의 영향력을 무한대로 확장하고 있는 승리의 현장이다.

단언컨대, 과학자는 결코 사라지지 않을 것이다. 그들은 단지 더 가치 있는 자리로 옮겨 갈 뿐이다. 좁은 실험대 앞에서 피펫을 들고 단순 반복 작업에 매몰되던 과거의 과학자는 이제 없다. 이제 연구자들은 연구의 거대한 맥락과 방향을 설계하는 화이트보드 앞으로, 동료들과 융합과 통섭의 영감을 나누며 치열하게 토론하는 카페로 그리고 누구에게도 방해받지 않고 자연의 섭리를 깊이 사유하는 고요한 산책길로 그 활동의 무대를 옮기게 될 것이다. 기계가 결코 지칠 줄 모르는 초인적 체력을 바탕으로 24시간 실험과 검증을 수행하는 동안, 인간은 마침내 과학의 본질이자 가장 어렵고 고귀한 영역, 즉 깊이 생각하고, 본질적인 질문을 던지며, 대담하게 꿈꾸는 일에 온전히 자신의 모든 에너지를 집중할 진정한 자유를 얻게 된 것이다.

따라서 우리가 목격하고 있는 AI 과학 혁명의 서사는, 기계가 인간을 무대 밖으로 밀어내고 그 자리를 차지하는 '대체'의 이야기가 결코 아니다. 이것은 유한한 육체를 가진 인간의 정신이, 자신만의 고유한 창의성과 직관을 우주적 차원으로 증폭시키기 위해 스스로 강력하고 지적인 파트너를 창조해 낸 '증강'의 이야기다. 알츠하이머의 비밀부터 우주의 기원까지, 인류의 미래를 송두리째 바꿀 수많은 위대한 질문들이 누군가가 자신을 발견해 주기를 저 깊은 미지의 바닷속에서 애타게 기다리고 있다. 그리고 이제 우리 곁에는 그 거칠고 두려운 미지의 세계를 함께 탐험할, 결코 지치지도 포기하지도 않는 똑똑하고 든든한 동반자가 서 있다. 새로운 발견과 발명을 향한 인류의 두 번째 대항해 시대는 이제 막 닻을 올렸을 뿐이다.

AI는 늘 놀라운 속도로 결과를 내놓지만,

그것이 왜 '정답'인지는 명확히 설명해 주지 않는다.

인간의 의도와 기계의 능력이 만나는 지점에서

새로운 위험과 책임이 동시에 나타난다.

이제 우리는 AI와 함께 복잡한 세계를 탐험하며,

미래 과학과 문명의 방향을 스스로 선택해야 한다.

제5부

우리가 얻은 새로운 불

제15장

정답은 있는데 설명이 없는 세계

AI는 놀라운 정답을 내놓지만, 그 답이 왜 맞는지는 좀처럼 설명하지 않는다. 설명 없는 답변이 넘쳐나는 시대에 우리는 지식·신뢰·책임의 기준을 다시 묻기 시작했다. 이 장은 침묵하는 '블랙박스'와 대화를 시도하는 인간의 노력, 그리고 이해의 위기 속에서 과학이 맞이한 새로운 갈림길을 탐색한다.

'말 없는 명의'의 역설

여기 의사 한 명이 있다. 그는 세간에서 '신의 손'을 가진 명의로 소문이 자자하다. 그의 진단 능력은 가히 초능력에 가깝다. 복잡한 검사 장비도 필요 없이, 단 한 번의 진맥만으로 환자의 몸속 깊은 곳에 숨겨진 희귀병을 완벽하게 찾아낸다. 덕분에 죽음의 문턱까지 갔던 수많은 환자가 그의 손을 거쳐 기적처럼 생명을 구했다. 결과만 놓고 본다면 그는 완벽한 구원자다.

그런데 치명적인 문제가 하나 있다. 환자가 그에게 "도대체 제 병을 어떻게 아셨습니까? 근거가 무엇입니까?"라고 물으면, 그는 언제나 굳게 입을 다문 채 침묵으로 일관한다는 점이다. 그는 자신이 어떤 논리적 과정을 거쳐 그런 결론에 도달했는지, 환자에게 단 한 마디도 설명해 주지 않는다. 답답한 마음에 그가 진료 중에 끄적인 노트를 몰래 펼쳐 봐도 소용없다. 그곳에는 인간의 언어가 아닌, 도무지 해독할 수 없는 기괴한 글자와 숫자들만 빼곡히 들어차 있을 뿐이다. 자, 여러분이라면 과연 이 의사를 온전히 신뢰하고 자신의 생명을 맡길 수 있는가? 무조건 자신을 믿고 이 약을 먹으라는 그의 처방을, 아무런 의심 없이 따를 수 있는가?

지금까지 우리는 이 책의 여정을 통해 인공지능이라는 새로운 지성이 펼쳐 보이는 경이롭고도 숨 가쁜 풍경을 감상해 왔다. AI는 과학자들이 50년 동안 매달려도 풀지 못한 단백질 구조의 복잡한 실타래를 단숨에 풀어냈고, 현존하는 최고의 슈퍼컴퓨터보다 더 빠르고 정확하게 혼란스러운 지구의 기상 변화를 예측해 냈다. 심지어 1억 ℃의 플라스마가 춤추는 인류 최후의 불꽃, 핵융합로를 인간보다 능숙하게 조종하는 파일럿의 모습까지 보여 주었다.

이들은 모두 인류가 마주한 가장 거대하고 난해한 문제들에 대해 언제나 기대 이상의 놀라운 정답을 제시해 왔다. 하지만 냉정히 들여다보면, 그들 역시 앞서 이야기한 저 '말 없는 명의'와 본질적으로 다르지 않다. 그들은 우리에게 기적 같은 정답을 은쟁반 위에 올려주지만, 도대체 '왜' 그것이 정답인지, 어떤 과정을 거쳐 그 결과가 도출되었는지에 대한 이유는 친절하게 설명해 주지 않는다.

과학의 유구한 역사를 반추해 볼 때, 인류가 활용해 온 도구의 작동 기제를 명확히 규명하지 못했던 시대는 단 한 번도 없었다. 17세기 로버트 훅이 현미경을 들여다봤을 때, 우리는 렌즈가 어떻게 빛을 굴절시켜 작은 미시 세계를 확대하는지 그 광학적 원리를 명확히 알고 있었다. 갈릴레오가 망원경을 들었을 때도 우리는 유리가 어떻게 먼 우주의 별빛을 모으는지 이해하고 있었다. 도구는 투명했고, 우리는 그 메커니즘을 위에서 내려다보고 있었다.

하지만 AI가 만들어 낸 거대한 지식의 심연을 들여다볼 때, 우리는 종종 설명할 수 없는 텅 빈 어둠과 마주하게 된다. 수백억 개의 매개변수들이 얽히고설킨 그 복잡한 신경망 속에서 도대체 무슨 일이 벌어지고 있는지 우리는 명확히 알지 못한다. 이것이 바로 AI 시대의 과학이 마주한 가장 근본적이고도 당혹스러운 딜레마, 이른바 '블랙박스 문제'다. 이것은 단순히 '기계 속을 훤히 들여다 보고 싶다'라는 기술적인 호기심의 차원이 아니다.

이것은 '설명할 수 없는 지식을 과연 과학이라고 부를 수 있는가?'라는 과학의 근간을 이루는 신뢰의 문제이며, 더 나아가 지식의 본질 자체에 대해 깊은 철학적 질문을 던지는 '이해의 위기Crisis of Understanding'다. 우리는 이제 AI가 던져 주는 결과를 보고 그저 감탄만 하기를 멈추고, 저 굳게 닫힌 어둡고 조용한 상자 주위를 맴돌며, 그 안에서 도대체 어떤 일이 벌어지고 있는지 조심스럽게, 그러나 집요하게 묻기 시작해야 한다.

 AI가 도대체 어떻게 인간도 풀지 못한 난제들을 해결하는 놀라운 능력을 갖추게 되었는지를 제대로 이해하려면, 먼저 이것이 가진 '지능'의 본질이 우리 인간의 그것과는 근본적·구조적으로 다르다는 사실을 분명히 알아야 한다. 역설적으로 AI의 눈부신 성공은 그 내부에 인간의 시선으로는 도저히 헤아릴 수 없는 복잡하고 깊은 어둠, 즉 블랙박스를 품고 있었기에 가능했다.

 우리가 앞서 목격한 알파폴드가 단백질의 3차원 구조를 완벽하게 예측하고, 구글 딥마인드의 그래프캐스트가 슈퍼컴퓨터보다 정확하게 전 지구의 날씨 패턴을 읽어 내며, 수리야와 같은 AI 모델이 태양 흑점 폭발의 미세한 전조를 감지할 수 있었던 비결은 무엇일까? 그것은 그들이 수십 년 치의 방대한 데이터 속에서, 인간의 뇌와 감각으로는 도저히 인지할 수 없는 아주 미묘하고 복잡한 '다차원적인 패턴'을 찾아내어 학습했기 때문이다.

 하지만 여기서 중요한 점은 AI가 습득한 그 '지식'의 형태다. 그것은 우리가 학교 교과서에서 배우는 것처럼 'F=ma'와 같은 명료한 규칙이나 인과관계가 뚜렷한 공식의 형태가 아니다. 대신 그것은 수백만, 아니 수십억 개의 숫자로 이루어진 거대한 인공 신경망의 연결망 속에 마치 해독 불가능한 암호처럼 녹아 있다. 인간의 뇌세포처럼 신경망의 각 연결(시냅스)에 부여된 '가중치'라는 숫자들은 수천만 번의 훈련 과정을 통해 아주 미세하게 조정되는데, 이 무수한 숫자들의 전체적인 조합과 상호 작용이 바로 AI가 세상을 인식하고 판단하는 방식 그 자체다.

이것은 매우 중요한 시사점을 던진다. 즉, AI의 불투명성(블랙박스)은 개발자의 실수로 생긴 우연한 결함이나 버그가 아니라, AI의 강력한 성능을 만들어 내는 '힘의 원천'과 동전의 양면처럼 떼려야 뗄 수 없이 붙어 있다는 사실이다. AI의 성능을 높이기 위해 모델을 더 깊고 복잡하게 만들수록, 역설적으로 그 내부의 작동 원리를 인간이 이해하기는 더욱 불가능해진다. 비유하자면, 우리가 한 사람의 깊은 속마음을 이해하기 위해 그의 두개골을 열어 뇌 속에 있는 수십억 개 뉴런의 전기 신호를 현미경으로 하나하나 추적할 수 없는 것과 완벽하게 같다. 설령 최첨단 장비로 그 모든 전기 신호의 흐름을 눈으로 본다 해도, 그 물리적 신호들이 어떻게 뇌 속에서 '슬픔'이라는 추상적인 감정이나 '정의'라는 철학적인 개념으로 바뀌는지는 영원히 알 수 없는 것과 마찬가지다.

이러한 '통계적 지능'은 때로 우리를 당혹스럽게 만드는 기이한 현상을 낳기도 한다. 대표적인 것이 바로 거대 언어 모델이 마치 사실인 양 그럴듯한 거짓 정보를 뻔뻔하게 만들어 내는 '환각' 현상이다. 이는 AI가 자신이 내뱉는 말의 진짜 '의미'나 '참/거짓'을 이해하고 말하는 것이 아니라, 오직 훈련 데이터에서 본 수많은 텍스트 패턴을 바탕으로 통계적으로 가장 '그럴듯한' 다음 단어를 예측하여 이어 붙이는 '확률론적 앵무새'에 가까워서 벌어지는 구조적인 필연이다.

일상적인 대화나 창작의 영역에서는 이러한 특성이 창의성으로 포장될 수 있지만, 수학적 증명이나 물리 법칙처럼 한 치의 논리적 오류도 허용되지 않는 정밀과학의 세계에서 이는 치명적인 약점이 되기도 한다. 따라서 AI에게 과학자처럼 "어떤 논리적 단계를 거쳐 이 결론에 도달했는지 보여달라"고 '생각의 과정'을 요구하는 것은 종종 불가능한 일이 된다. 그 과정은 인과관계에 따른 논리적 추론의 사슬이 아니라, 수십 차원의 거대한 숫자 공간을 가로지르는 한 번의 복잡하고 압도적인 수학적 계산에 가깝기 때문이다. 바야흐로 우리는 인류 역사상 지금껏 단 한 번도 만나본 적 없는, 완전히 다른 종류의 낯선 지성을 마주한 것이다.

지식의 갈림길에서

과학은 인류가 혼란스러운 세상을 이해하고 통제하기 위해 고안해 낸 가장 강력하고 성공적인 방법론이다. 그리고 지난 수백 년간 그 위대한 힘은 언제나 두 개의 단단한 기둥 위에 서 있었다. 하나는 '예측'이다. 이는 미래에 어떤 일이 일어날지 미리 알아맞히는 실용적인 능력이다. 다른 하나는 '설명'이다. 이는 도대체 '왜' 그런 일이 일어나는지에 대한 인과적 원리를 이해하고 서술하는 지적인 능력이다.

아이작 뉴턴의 운동 법칙이 과학사에서 위대한 업적으로 칭송받는 이유는 단순히 행성의 다음 위치를 정확하게 계산해 냈기 때문만이 아니다. 그는 사과가 땅으로 떨어지는 현상과 달이 지구 주위를 도는 현상을 '만유인력'이라는 하나의 보편적인 원리로 꿰뚫어 '설명'해 냈기에 위대했다. 이처럼 전통적인 과학에서 예측과 설명은 분리될 수 없는 한 몸이었다. 설명할 수 있어야 정확히 예측할 수 있고, 정확한 예측은 곧 그 설명이 옳았음을 증명하는 것이었다. 예측과 설명은 과학이라는 거대한 수레를 지탱하는 두 개의 바퀴처럼 언제나 함께 굴러왔다.

하지만 AI의 등장은 견고했던 이 두 바퀴의 결합을 강제로 분리하고 있다. 최신 AI 기상 예측 모델은 수식을 기반으로 하는 기존의 물리 법칙 시뮬레이션보다 훨씬 더 빠르고 정확하게 열흘 뒤의 날씨를 예측해 낸다. 하지만 그 AI는 대기 물리학에 대한 새로운 이론을 제시하거나, 나비의 날갯짓이 어떻게 태풍이 되는지에 대한 이해 가능한 원리를 우리에게 친절하게 설명해 주지는 않는다. 결과는 완벽한데 과정은 깜깜하다. 우리는 점점 더 정확한 정답을 손에 넣고 있지만, 역설적으로 그 답이 왜 맞는지에 대한 인과적 이해는 점점 더 흐릿해져 가고 있다. 바야흐로 '예측의 힘'은 신의 영역에 근접할 만큼 강해지는데, '설명의 힘'은 오히려 퇴보하는 미증유의 시대가 열린 것이다.

이러한 기이한 상황은 '과학적 지식'의 본질 자체에 대해 매우 심각하고 근본적인 철학적 질문을 던진다. 이를 우리는 '인식론적 트릴레마Epistemological Trilemma'라고 부를 수 있다. 다음의 세 가지 명제는 각각 타당해 보이지만, AI 시대에는 결코 동시에 참일 수 없다. 우리는 이 중에서 과연 무엇을 포기해야 할까?

1. 알파폴드가 예측한 단백질 구조는 새로운 과학적 지식이다(그것이 실제로 신약 개발에 쓰이고 생명을 구하고 있으니, 실용적으로 볼 때 이는 명백한 사실이자 지식처럼 보인다).

2. 원리에 대한 이해 없이, 오직 통계적 예측만으로 축적된 결과물은

진정한 과학적 지식이 될 수 없다(이는 '이해 없는 지식은 맹목'이라는 과학의 오랜 인본주의적 전통과 맞닿아 있다).

3. 과학적 지식은 그 과정이 투명하고 검증할 수 있어야 한다(동료 심사와 재현 가능성, 논리적 설명 가능성은 과학의 신뢰성을 떠받치는 가장 기본적인 토대다).

블랙박스 AI가 지배하는 시대에, 우리는 이 세 가지 주장을 동시에 고수할 수 없다. 만약 우리가 1번을 받아들여 AI의 산출물을 과학적 지식으로 인정한다면, 필연적으로 2번이나 3번 중 하나를 고통스럽게 포기해야만 한다. 즉, "인간이 이해하지 못해도 작동하기만 하면 지식이다"라고 인정하거나, "지식의 생성 과정이 반드시 투명할 필요는 없다"라고 선언해야 하는 것이다.

이에 따라 미래의 과학은 어쩌면 두 개의 갈래 길로 영원히 갈라질지도 모른다. 하나는 인간이 세운 이론과 논리, 오직 인간의 뇌가 소화할 수 있는 내용에 기반을 둔 '고전적 지식'의 길이다. 다른 하나는 AI가 거대한 블랙박스 속에서 생성해 냈고 경험적으로는 완벽하게 검증되었지만, 그 작동 원리는 인간이 영원히 알 길 없는 '신탁적 지식'의 길이다. 마치 고대 그리스인들이 델포이의 신탁이 '왜' 그런지 묻지 않고 그저 그 예언의 정확성에 의존했듯, 우리는 AI가 뱉어 내는 '설명할 수 없는 진리'에 의존하게 될지도 모른다.

이 철학적인 고민은 상아탑 속의 실험실 문턱을 넘어 우리 삶의 현장에 직접적이고 구체적인 영향을 미친다. AI가 여러분의 대출 신청을 거절했거나, 여러분이 암에 걸렸다면서 특정 수술법을 추천했다고 상상해 보자. 그런데 그 결정적인 판단의 이유를 은행원도, 의사도, 심지어 AI를 만든 개발자조차 설명할 수 없다면, 우리는 과연 그 결과를 온전히 받아들이고 책임질 수 있을까? "데이터가 그렇다니 그냥 따르라"는 말에 수긍할 수 있을까?

유럽연합EU이 일반 데이터 보호 규정GDPR을 통해 알고리즘이 어떤 근거로 그런 결과를 도출했는지에 대해 시민이 질문할 권리, 이른바 '설명을 요구할 권리Right to Explanation'를 법적으로 보장하려 애쓰는 이유도 바로 여기에 있다. 설명할 수 없으면 신뢰할 수 없고, 신뢰할 수 없으면 책임을 물을 수 없다. 결국 '이해의 위기'는 곧 '신뢰와 책임의 위기'로 직결된다. 말 없는 명의의 탁월한 진단 능력은, 그 이해할 수 없는 침묵 때문에 결국 인간의 법, 윤리, 그리고 사회 시스템과 격렬하게 충돌하게 되는 것이다.

검은 상자의 문을 두드리다

과학계는 이 거대한 '불투명성'이라는 도전에 대해 결코 침묵하거나 방관하지 않았다. 오히려 그들은 AI라는 거대하고 어두운 상자 주위를 맴돌며, 그 칠흑 같은 내부를 비출 새로운 종류의 손전등을 만들기 시작했다. 이것이 바로 '설명 가능한 AIExplainable AI', XAI라는 이름으로 알려진, 우리 시대 가장 뜨겁고 중요한 연구 분야 중 하나다.

여기서 오해하지 말아야 할 점은, XAI의 목표가 AI의 사고방식을 인간처럼 직관적으로 바꾸는 것이 아니라는 사실이다. AI의 사고는 태생적으로 고차원적이고 통계적이다. 따라서 XAI의 진정한 목표는 이 낯선 지능이 사용하는 난해한 수학적 언어를 인간이 이해할 만한 인과적 언어로 번역해 주는 정교한 '통역 도구'를 만드는 것에 훨씬 가깝다. 마치 외계인의 언어를 해독하기 위해 '로제타석'이 필요했듯, 우리에게는 AI의 결정을 해독할 디지털 로제타석이 필요한 것이다.

하지만 XAI는 단 하나의 만능열쇠가 아니다. 설명의 대상이 누구인지, 그리고 무엇을 위해 설명을 요구하는지에 따라 필요한 번역기의 종류와 깊이는 천차만별로 달라진다. 예를 들어, AI 모델을 만든 엔지니어에게는 모델의 버그나 결함을 수정하기 위해 신경망 내부의 수치를 정밀하게 들여다볼 '디지털 현미경'이 필요하다. 또한 환자의 생명을 다루는 의사에게는 이 AI가 왜 암이라는 진단을 내렸는지 그 병리학적 근거를 확인하고, 판단의 신뢰성을 뒷받침할 '검증 장치'가 필요하다. 나아가 비즈니스 현장의 실무자에게는 AI가 제안한 마케팅 전략이 어떤 데이터와 논리 구조 위에서 탄생했는지 직관적으로 파악하여 최종 결정을 내리게 해 줄 '해석기'가 필요하다. 이처럼 XAI는 다양한 필요에 답하기 위해 준비된 하나의 거대한 '번역가용 도구 상자'와 같다. 그 상자 안에 들어 있는 가장 대표적이고 중요한 도구 몇 가지를 꺼내어 자세히 살펴보자.

첫 번째 도구는 '단일 사건 전문 탐정'이다. 전문 용어로는 특정 예측 하나에 대한 국소적인 설명을 제공하는 '지역적 설명Local Explanations'

기법이라고 부른다. 이 분야의 가장 대표적인 예가 바로 라임_{LIME,} _{Local Interpretable Model-agnostic Explanations}이다. 라임의 작동 방식은 마치 사건 현장을 재구성하는 탐정과 흡사하다. 라임은 우리가 궁금해하는 특정한 결정, 예를 들어 "왜 철수의 대출 신청이 거절되었는가?"라는 단 하나의 사건에 집중한다. 그리고 그 주변에서 수천 개의 가상 시나리오, 즉 '만약에_{What-if}' 질문들을 만들어 AI에게 쉴 새 없이 물어본다. "만약 철수의 소득이 지금보다 100만 원 더 높았다면 승인했을까?" "만약 연체 기록이 없었다면 결과가 달라졌을까?" 이 수많은 질문과 그에 따른 AI의 반응 변화를 관찰하고, 복잡한 모델 전체가 아니라 철수의 사례에 작용한 국지적 논리만을 추출한다. 그리고 이를 인간이 직관적으로 이해할 만한 단순한 직선 관계(선형 모델)로 변환해 보여 준다. 덕분에 우리는 "이번 대출 거절 결정에는 과거 연체 기록이 70%, 높은 부채 비율이 20%의 부정적 영향을 미쳤다"와 같은 명쾌한 설명을 들을 수 있다.

두 번째 도구는 '공헌도 분석 보고서'다. 이는 각 데이터 특성이 결과에 얼마나 기여했는지를 계산하는 '특성 기여도_{Feature Attribution}' 기법으로, 노벨 경제학상 수상자인 로이드 섀플리가 고안한 '게임 이론'에 기반을 둔 섀프_{SHapley Additive exPlanations, SHAP}가 가장 널리 쓰인다. 섀프는 AI의 예측 과정을 하나의 '협력 게임'으로 간주한다. 예측이라는 '팀의 승리(결과)'를 도출하기 위해 힘을 합친 각각의 선수들(데이터 특성들)이 실질적으로 팀 승리에 얼마나 기여했는지를 수학적으로 정밀하게 계산하여, 그 성과의 몫을 아주 공정하게 나누어 주는 것이다. 비유하자면 축구팀이 2:1로 승리했을 때, 골을 넣은 공격수뿐만 아니라 결정적인 패스를 한 미드필더와 실점을 막은 수비수에게 각각 정확한 '평점'을 매기는 것과 같다. 섀프는 어떤 요인이 예측 결과를 긍정적인 방향(대출 승인)으로 밀어 올렸는지, 반대로 어떤 요인이 부정적인 방향(대출 거절)으로 끌어당겼는지를 빨간색과 파란색의 막대그래프로 시각화하여 명확하게 보여 준다. 이를 통해 우리는 AI가 내린 결정의 전체적인 역학 관계와 균형을 한눈에 파악할 수 있다.

세 번째 도구는 핵심을 찍어 주는 '형광펜'이다. 이는 주로 이미지 인식 AI가 사진의 어느 부분에 집중했는지를 시각적으로 보여 주는 기법으로, '주목도 맵_{Saliency Map}'이라고 불린다. AI가 "이 사진은 늑대입니다"라고 판정을 내렸다면, 주목도 맵은 AI가 그 판단을 내리는 데 결정적인 근거가 된 픽셀들을 붉고 밝은색으로 칠해서 보여 준다. 이 도구는 AI의 멍청한 실수를 잡아내는 데 특히 유용하다. 실제로 있었던 유명한 사례를 보자. 늑대와 허스키를 구별하도록 훈련받은 AI가 높은 정확도를 자랑했는데, 주목도 맵으로 확인해 보니 충격적인 사실이 드러났다. AI는 동물의 '얼굴'이나 '귀 모양'을 본 것이 아니라, 늑대 사진의 배경에 주로 등장하는 하얀 '눈밭'에 형광펜을 칠하고 있었던 것이다. 즉, AI는 늑대를 본 게 아니라 '눈이 있으면 늑대'라고 짐작했다. 만약 이 사실을 모른 채 여름철 초원에 있는 늑대 사진을 보여 주었다면 AI는 엉뚱한 답을 내놓았을 것이다. 주목도 맵은 AI의 시선을 인간이 직접 따라가게 해 줌으로써, 겉으로는 완벽해 보이는 논리 속에 숨어 있는 치명적인 허점과 편향을 직관적으로 폭로해 준다.

[표 15-1] AI의 언어를 위한 번역가용 도구 상자

묻고 싶은 질문	비유	기법(예시)	알려 주는 것
"왜 이 특정 대출 신청이 거절되었나?"	단일 사건 전문 탐정	지역적 설명 (라임)	하나의 특정 결정에 대해, AI가 가장 중요하게 고려한 상위 3~5개의 요인을 강조해서 보여 준다.
"전반적으로, 이 모델은 대출 승인에 무엇이 가장 중요하다고 생각하나?"	공헌도 분석 보고서	특성 기여도 (섀프)	소득, 부채 등 각 요인이 모든 결정에 평균적으로 얼마나 기여하는지를 수치로 보여 준다.
"AI는 이 의료 영상의 어느 부분을 보고 종양을 찾아냈나?"	형광펜	시각화 (주목도 맵)	입력 이미지 위에 주목도 맵을 겹쳐서 보여 줌으로써, 결과에 가장 큰 영향을 미친 픽셀 영역을 정확히 파악할 수 있게 해 준다.

이처럼 XAI는 다양한 방식의 손전등을 비추며 굳게 닫힌 블랙박스의 문을 두드리며, 그 안에서 벌어지는 일들에 대한 중요한 단서를 우리에게 제공한다. [표 15-1]은 이 유능한 번역가의 도구 상자에 담긴 핵심 도구를 한눈에 보여 준다.

대화의 시작, 이해의 미래

블랙박스의 문을 열려는 인류의 모든 노력이 단지 그 어두운 내부를 훔쳐보기 위한 시도에만 머무는 것은 아니다. 일부 선구적인 과학자는 문제를 근본적으로 해결하기 위해 결과만 제시하는 대신 작동 원리까지 스스로 설명하도록 설계된 새로운 유형의 AI를 개발하고 있다. 구글 딥마인드가 수학의 난제를 해결하기 위해 개발한 '펀서치'가 그 대표적인 예다. 펀서치가 내놓는 결과물은 기존 AI처럼 "정답은 52입니다"와 같은 뜬금없는 숫자나 확률값이 아니다. 그것은 그 정답을 만들어 내는 논리적 과정을 단계별로 상세히 서술한 하나의 '컴퓨터 프로그램', 즉 인간이 읽고 이해하며 검증할 수 있는 논리적인 '레시피'다. 이는 AI와의 관계에 대한 완전히 새로운 가능성을 보여 준다. 굳이 꽉 닫힌 어두운 상자 안을 힘들게 들여다보러 애쓸 필요 없이, 설계 단계부터 속이 훤히 들여다보이는 투명한 '유리 상자'를 만드는 것이다.

결국 XAI와 같은 기술적 노력은 과학자의 역할을 근본적으로 재정의하고 있다. AI 시대 과학자는 더 이상 홀로 실험실에 갇혀 답을 찾는 고독한 탐험가가 아니다. 그들은 인간보다 훨씬 거대한 지적 능력을 갖춘 파트너와 끊임없이 소통하며 미지의 세계를 탐험하고 해석하는 '지휘자'이자 '통역사'다. AI가 쏟아 내는 수많은 가설과 예측의 홍수 속에서 진짜 옥석을 가려내고, XAI라는 번역 도구를 통해 그 이면에 숨겨진 논리를 읽어 내며, 이것이 과연 타당한지 최종적인 판단을 내리고 그 결과에 대해 윤리적 책임을 지는 일. 그것은 기계가 아무리 발전해도 여전히 대체 불가능한, 온전한 인간의 몫으로 남을 것이다.

그러나 이러한 변화 속에서 우리는 블랙박스 문제가 단지 지적인 '이해의 위기'에서 그치지 않는다는 서늘한 사실을 깨닫게 된다. 그것은 우리가 아직 알지 못하는, 그리고 통제할 수 없을지도 모르는 잠재적 위험과 직접적으로 연결되어 있다.

2022년 미국 노스캐롤라이나주의 신약 개발 기업 '컬래버레이션스

파머슈티컬스^{Collaborations Pharmaceuticals}’에서 실제로 벌어진 사건은 이 공포를 현실로 보여 주었다. 당시 연구진은 인류를 희귀 질환에서 구해 낼 신약을 설계하기 위해 ‘메가신^{MegaSyn}’이라는 AI 모델을 사용하고 있었다. 이 AI는 본래 독성이 있는 분자를 걸러내고 안전한 약물만을 찾도록 훈련받은 착한 도구였다. 하지만 어느 날 연구진은 단순한 호기심에, AI의 목표 설정 스위치를 ‘독성 회피’에서 ‘독성 최대화’로 딱 한 번 전환해 보았다. 0을 1로 바꾸는 아주 사소한 조작이었다.

결과는 충격적이었다. 순식간에 돌변한 AI는 불과 6시간 만에 인류 역사상 가장 치명적인 신경작용제인 ‘VX’와 유사한 구조를 포함해, 무려 4만여 개의 새로운 맹독성 화학 무기 후보 물질을 쏟아 낸 것이다. 그중에는 오늘날의 과학 기술로는 해독제조차 만들 수 없는 미지의 독극물들도 포함되어 있었다. 여기서 우리가 뼈저리게 주목해야 할 지점은, 이 실험을 진행한 연구자들이 AI 내부에서 벌어지는 복잡한 생화학적 추론 과정을 이해할 필요조차 없었다는 사실이다. 그들은 단지 스위치를 켜듯 모델의 목적 함수를 뒤집었을 뿐이고, 나머지는 블랙박스가 알아서 처리했다.

우리가 그 내부 작동 원리와 논리를 온전히 파악하지 못하는 도구가, 누군가의 아주 작은 악의나 실수만으로도 이토록 손쉽게 통제 불능의 대량 살상 무기로 변질될 수 있다는 것. 이것이야말로 인공지능의 대부, 제프리 힌튼이 구글을 떠나면서까지 세상을 향해 경고했던 ‘실존적 위협’의 서막일지도 모른다. 블랙박스 속에 잠재된 이 위험한 시나리오, 즉 ‘이중 용도^{Dual Use}’의 딜레마와 이에 대비하기 위해 우리가 준비해야 할 구체적인 이야기는 이어지는 다음 장에서 더 깊이 다루기로 한다.

분명한 것은 '이해의 위기'는 곧 '안보의 위기'라는 점이다. 침묵하는 명의는 우리가 알지 못하는 치명적인 부작용을 가진 처방을 내릴 수도 있다. 우리는 이 강력하고 낯선 지성과 소통하는 법을 배우고, 블랙박스의 문을 열어 그 힘을 인류에게 이로운 방향으로 이끌어야 할 중대한 책임을 안고 있다.

제16장

선한 의도로 만든
위험한 설계도

인류를 구하기 위해 만든 AI가, 단지 목표 하나를 뒤집는 것만으로 가장 위험한 무기 설계자가 될 수 있다. AI 시대의 진짜 위협은 기계의 반란이 아니라, 인간의 의도를 초고속으로 증폭시키는 가치 중립적 지능에 있다. 이번 장에서는 '이중 용도' 기술이 열어젖힌 새로운 안보의 시대와 인간의 책임에 대해 알아본다.

레버 하나를 반대 방향으로 돌렸을 뿐

이번 장에서 다룰 섬뜩한 이야기는 역설적으로 인류를 구원하려는 가장 선한 의도에서 시작되었다. 미국 노스캐롤라이나주의 한적한 연구 단지에 있는 제약회사, '컬래버레이션스 파마슈티컬스'. 이곳의 연구원들은 돈이 되지 않는다는 이유로 거대 제약 자본의 관심 밖으로 밀려난 '소외된 질병'과 희귀병 치료제를 개발하는 데 밤낮없이 몰두하고 있었다. 그들의 일상은 컴퓨터 속 가상의 공간에서 수백만 개의 분자 블록을 조립하고 해체하는 지루한 반복 작업이었다. 목표는 단 하나, 인체에 치명적인 독성은 교묘하게 피하면서 질병의 핵심 인자만을 정확히 타격하는 가장 효과적인 분자 구조를 찾아내는 것이었다.

수십 년간 그들은 컴퓨터와 AI 기술을 오직 인류의 건강을 증진하고 생명을 살리는 데만 사용해 왔다. 자신들이 개발한 이 첨단 기술이 누군가를 해치는 무기로 악용될 수 있다는 생각은 그들에게 먼 미래를 다룬 삼류 공상과학소설 속 이야기처럼 비현실적으로 느껴졌다. 왜냐하면 그들이 설계한 AI의 알고리즘에 입력된 제1원칙은 언제나 생명을 위협하는 독성 분자적 특성을 감지하고 이를 필사적으로 '회피'하는 것이었기 때문이다.

그러던 어느 평범한 날, 연구팀은 스위스의 한 국제 안보 콘퍼런스로부터 뜻밖의 초청장을 받았다. 주최 측의 요청은 기묘했다. "신약 개발을 위해 사용되는 당신들의 뛰어난 AI가 만약 나쁜 의도를 가진 테러리스트나 적국에 의해 사용된다면 어떤 일이 벌어질 수 있는지 확인해 봐 달라"는 것이었다. 연구팀을 이끄는 파비오 우르비나^{Fabio Urbina} 박사와 동료들은 처음에는 그 낯선 제안에 고개를 갸웃했다. 그들의 세계관은 오직 생명을 구하는 '치유'에 맞춰져 있었고, '파괴'나 '위협'과는 거리가 멀었기 때문이다. 하지만 곧 과학자 특유의 지적 호기심과 자신들의 기술에 대한 무거운 책임감이 동시에 발동했다. 그들은 회의실에 모여 아주 간단한 사고 실험^{Thought Experiment}을 해 보기로 했다.

　실험을 설계하는 일은 놀라울 만큼, 그리고 허무할 만큼 단순했다. 복잡한 코딩을 새로 짤 필요도 없었다. 그들은 그저 신약 개발 AI의 목적 함수를 정반대로 뒤집기만 하면 되었다. 평소 AI에게 '독성이 없는 유용한 분자'를 찾으라고 명령했던 것과 정반대로, '가장 유해하고 독성이 강한 분자'를 찾으라고 목푯값의 부호만 수정한 것이다. 우르비나 박사는 훗날 언론과의 인터뷰에서 당시의 상황을 이렇게 회상했다.

　"우리는 반신반의하며 자문했죠. '이 AI가 생명을 살리는 길이 아니라, 독성을 향해 마구 질주하게 내버려 두면 과연 어떤 일이 벌어질까?' 놀랍게도 이렇게 하는 건 복잡한 기계의 레버 하나를 반대 방향으로 '딸깍'하고 돌리는 것만큼이나 간단한 일이었어요."

　그들이 호기심에 그 레버를 실제로 돌리자, 굳게 닫혀 있던 판도라의 상자가 열리고 말았다. 결과는 즉각적이었으며, 모니터를 주시하던 연구진을 얼어붙게 만들 만큼 충격적이었다. 사내 서버에서 시뮬레이션을 가동한 지 불과 여섯 시간도 지나지 않아, 인공지능은 맹렬한 속도로 연산을 수행하며 4만 개에 달하는 새로운 잠재적 독성 분자 목록을 화면 가득 쏟아 냈기 때문이다.

　AI가 내놓은 결과물은 단순히 인류가 이미 알고 있는 기존의 화학무기들을 재발견하는 수준에 그치지 않았다. 목록에는 인류 역사상 가장 치명적인 신경작용제로 악명 높은 'VX 가스'와 유사한 분자 구조들뿐만 아니라, 전 세계 그 어떤 공개된 데이터베이스에도 존재하지 않는, VX보다 훨씬 더 강력하고 치명적인 독성을 가질 것으로 예측되는 완전히 새로운 미지의 분자 구조들이 수두룩하게 포함되어 있었다. AI는 단순히 인간의 위험한 지식을 흉내 내는 정도가 아니라, 인류가 지금껏 알지 못했던, 그리고 알아서는 안 될 훨씬 더 위험한 지식을 스스로 '창조'하고 있던 것이다.

연구팀은 자신들이 호기심으로 만들어 낸 이 끔찍한 결과물에 압도되어 할 말을 잃었다. 하지만 그들에게 가장 큰 충격을 준 사실은 이 모든 파괴적인 과정이 너무나 쉽고 간단했다는 점이었다. 이 실험을 위해 오직 국책 기관이나 대기업만 접근할 수 있는 특별한 장비나 극비 정보는 전혀 필요하지 않았다. 인터넷에서 누구나 쉽게 내려받을 수 있는 독성 데이터 세트와 평범한 노트북 한 대 그리고 오픈 소스 AI 모델만으로 충분했다.

인류 전체를 위협할 수 있는 치명적 지식의 문턱이 이토록 허무하게 낮아졌다는 냉엄한 현실 앞에서, 연구자들은 깊은 윤리적 고뇌와 도덕적 딜레마에 직면할 수밖에 없었다. 우르비나 박사는 그 순간의 복잡한 심정을 자신의 연구 노트에 이렇게 기록했다.

"우리는 단순한 호기심으로 위험의 가장자리까지 대담하게 나아갔고, 결국 넘지 말아야 할 도덕적 경계선을 넘고 말았습니다. 우리가 오늘 생성한 수천 개의 독성 분자 데이터 파일은 '삭제' 버튼 하나로 언제든 폐기할 수 있습니다. 하지만 그것을 언제든 다시 만들어 낼 수 있다는 '지식'과 '가능성'은 한번 알게 된 이상 우리의 머릿속에서 결코 깨끗이 지워 버릴 수 없습니다."

가장 선한 목적으로 만들어진 도구가, 단지 레버 하나를 반대 방향으로 돌리는 사소한 조작만으로 인류를 위협하는 최악의 무기가 될 수 있다는 사실. 그 끔찍하고 서늘한 이중 용도의 가능성은 더 이상 먼 미래를 다룬 공상과학소설 속 이야기가 아니다. 그것은 평범한 어느 날 오후, 한 제약회사의 연구실 컴퓨터 화면 위에 펼쳐졌던 우리가 직면한 냉혹한 현실이다.

창조의 문법

도대체 어떻게 인류를 질병의 고통에서 구원하도록 설계된 AI가, 그토록 빠르고 손쉽게 대량 살상을 위한 파괴의 도구로 돌변할 수 있었을까? 이 난해한 질문에 명확히 답하기 위해서는, 인공지능이 지닌 지능의 본질이 인간의 것과는 궤를 전혀 달리한다는 사실을 무엇보다 냉철하게 직시해야 한다. 인류 전체를 위협할 수 있는 치명적 지식의 문턱이 이토록 허무하게 낮아졌다는 냉엄한 현실 앞에서, 연구자들은 깊은 윤리적 고뇌와 도덕적 딜레마에 직면할 수밖에 없었다. AI에게 세상은 도덕적 판단의 대상이 아니라, 오직 데이터 속에 숨겨진 수학적 패턴과 규칙을 학습하고, 주어진 목적 함수에 따라 그 규칙을 가장 효율적으로 적용해야 할 계산의 대상일 뿐이다.

화학 분자를 설계하는 생성형 AI는 수백만 개의 분자 구조와 그 특성에 대한 방대한 데이터를 학습하며, 이른바 '화학 문법'을 스스로 터득한다. 이것은 어떤 원자들이 어떤 각도로 결합할 때 가장 안정적인 구조를 이루는지, 특정한 분자 구조가 인체의 단백질 수용체와 만났을 때 어떻게 상호 작용하는지에 대한 자연계의 근본적인 원리들이다. 이 차가운 논리의 세계에서 AI에게 '독성'이란 피해야 할 악(惡)이 아니다. 그것은 그저 '용해도'나 '안정성' '결합력'과 마찬가지로, 수많은 분자적 특성 중 하나일 뿐이며, 사용자의 지시에 따라 최적화해야 할 하나의 중립적인 '변숫값'에 불과하다.

이 개념을 더 직관적으로 이해하기 위해, 세상의 모든 요리법과 식품과학 교과서를 완벽하게 학습한 가상의 'AI 요리사'를 상상해 보자. 이 요리사는 맛의 조화와 식재료의 화학적 반응이라는 음식의 '문법'에 통달한 상태다. 그는 어떤 재료를 어떤 비율로 배합하고, 몇 도의 불에서 얼마나 익혀야 특정 맛과 식감이 나오는지를 분자 단위까지 완벽하게 알고 있다. 만약 우리가 이 요리사에게 "세상에서 가장 달콤하고 부드러운 케이크를 만들어 달라"고 요청하면, 그는 자신의 방대한 지식을 활용해 인간의 미각을 황홀하게 만들 완벽한 레시피를 순식간에 완성할 것이다.

하지만 만약 우리가 그에게 정반대로 '맛도 없고 냄새도 없지만, 먹는 즉시 심장을 멈추게 할 가장 효과적인 독극물 요리를 만들어 달라'고 요청한다면 어떨까? 인간 요리사라면 양심의 가책을 느껴 거절하거나 주저하겠지만, AI 요리사는 1초의 망설임도 없이 움직일 것이다. 그는 최고의 케이크를 구울 때 활용했던 바로 그 식재료의 특성과 화학적 배합의 원리를 그대로 역이용해, 가장 확실하고 효율적으로 인간의 생명을 앗아갈 치명적인 '죽음의 레시피'를 설계해 낼 것이다. 도구가 가진 근본적인 지식과 능력은 철저히 가치 중립적이다. 그 지식을 사람을 살리는 약으로 쓸지, 죽이는 독으로 쓸지, 그 방향을 결정하는 것은 전적으로 레버를 쥔 사용자의 목표 설정에 달렸다.

우르비나 박사의 실험이 우리에게 적나라하게 보여 준 진실은 바로 이것이다. 신약 개발 AI의 목적 함수는 본래 '독성은 최소화(0)하고, 치료 효과는 최대화(1)하라'는 것이었다. 연구팀이 한 일은 복잡한 코드를 짠 것이 아니라, 단지 이 목적 함수를 '독성은 최대화(1)하고, 인체에 미치는 영향도 최대화(1)하라'로 부호 하나를 바꾸는 것뿐이었다. AI가 학습한 화학의 문법 체계는 그대로 둔 채, 그 문법을 이용해 써 내려갈 이야기의 주제만 '치유'에서 '살상'으로 바꾼 것이다.

결국 다가올 AI 시대의 가장 큰 위험은 공상과학 영화에서처럼 기계가 스스로 자아를 가지고 인간에게 악의를 품는 것이 아닐지도 모른다. 진짜 현실적인 위험은 인간이 지닌 윤리적 제약, 죄책감, 심리적 거부감이 거세된 채, 오직 주어진 목표를 향해 가장 효율적인 경로만을 찾아내는 '비도덕적 초고효율 도구'의 등장에 있다. 인간 화학자라면 윤리적, 본능적 장벽 때문에 감히 찾아보지 않을 '맹독성 분자가 분포하는 공간'을 AI는 어떠한 도덕적 거리낌도 없이, 그저 수학 문제를 풀듯이 엄청난 속도로 탐험할 수 있다. 이 같은 경이로운 효율성이야말로 인공지능이 인류에게 건네는 찬란한 약속인 동시에, 통제의 고삐를 놓치는 순간 가장 짙은 심연을 드러낼 그림자이기도 하다.

위협의 민주화

한 작은 제약회사의 연구실에서 호기심으로 시작된 이 사고 실험이 전 세계 안보 전문가들에게 이토록 큰 충격과 전율을 안겨준 이유는 무엇일까? 그것은 과학 기술의 오용 가능성, 즉 안보 위협의 패러다임이 21세기에 이르러 완전히 새로운 국면으로 접어들었음을 적나라하게 보여 줬기 때문이다.

인류는 오랫동안 '이중 용도 연구 우려_{Dual-Use Research of Concern}',
DURC라는 난제와 씨름해 왔다. 이는 평화적이고 선한 목적으로 개
발된 과학 기술이, 누군가의 악의에 의해 무기 제조나 테러와 같은 파
괴적인 목적으로 전용될 수 있는 잠재적 위험을 말한다. 하지만 AI가
만들어 내는 위협의 성격은 과거 우리가 겪었던 그 어떤 위협과도 질
적으로 다르다.

20세기를 지배했던 가장 크고 두려운 이중 용도 위협은 단연 '핵무
기'였다. 다행히도 핵무기의 무분별한 확산을 막기 위한 국제적인 노
력(핵확산금지조약 등)은 지난 수십 년간 꽤 성공적인 방어막을 구축할
수 있었다. 그 비결은 핵무기 개발 과정에 도저히 우회할 수 없는 결
정적인 물리적 '병목 지점'이 존재했기 때문이다. 핵폭탄을 제조하려
면 고농축 우라늄이나 플루토늄 같은 희귀하고 통제된 특수 물질을
반드시 확보해야만 한다. 또한, 이 물질들을 무기화할 수 있도록 농축
하고 처리하기 위해서는 수천 개의 원심분리기나 거대한 원자로 같은
복잡하고 눈에 띄는 산업 시설이 필수적이다.

이 거대한 시설들은 인공위성이나 국제원자력기구_{IAEA}의 사찰을
통해 비교적 쉽게 탐지하고 감시할 수 있다. 즉, 20세기의 안보 위협
은 통제할 수 있는 '물리적 실체'의 문제였다. 국제 사회는 바로 이 물
리적 병목 지점을 꽉 움켜쥐고 감시함으로써, 파멸의 씨앗이 퍼져나
가는 것을 효과적으로 막아 올 수 있었다.

하지만 우르비나 박사의 AI가 만들어 낸 위협은 상황이 전혀 다르
다. 여기서 위협의 본질은 무거운 우라늄 덩어리가 아니라, 물리적 실
체가 없는 가벼운 '디지털 정보'다. 그것은 새로운 독성 분자를 합성하

는 방법에 대한 정교한 '설계도'이자 '코드'다. 이 디지털 설계도는 과거의 물리적 무기와는 차원이 다른 세 가지의 무서운 특성을 보인다.

첫째, 복제 비용이 '0'에 수렴한다. 거대한 공장도, 원재료도 필요 없이 단지 '복사'와 '붙여넣기'만으로 무한대로 증식할 수 있다. 둘째, 전송 속도가 빛처럼 빠르다. 국경 검문소나 해상 봉쇄를 비웃기라도 하듯, 인터넷망을 타고 단 1초 만에 지구 반대편의 테러리스트에게 전송될 수 있다. 셋째, 진입 장벽이 극도로 낮다. 이것이 가장 치명적이다. 우르비나 박사의 팀이 인류를 위협할 수 있는 화학 무기 레시피를 찾아내는 데 사용한 도구들을 보라. 그들은 수천억 원짜리 슈퍼컴퓨터나 철통같은 보안의 국가급 기밀 시설을 사용하지 않았다. 그저 누구나 시중에서 살 수 있는 낡은 상업용 서버, 인터넷에 공개된 데이터, 그리고 누구나 내려받을 수 있는 오픈 소스 AI 모델이면 충분했다. 이것은 인류를 위협하는 무기의 패러다임이 통제할 수 있는 무거운 '원자Atom'의 세계에서, 통제 불가능한 가벼운 '비트Bit'의 세계로 넘어갔음을 의미한다. 이제 더 이상 우리가 위성으로 감시할 수 있는 'AI 우라늄'이나 'AI 원심분리기' 따위는 존재하지 않는다. 과거에는 가장 어렵고 시간이 오래 걸렸던, 무기를 '발명'하고 '설계'하는 고도의 인지적 과정을 AI가 순식간에 자동화해 버렸기 때문이다.

과거에는 고도로 훈련된 박사급 전문가 집단과 막대한 자원을 가진 국가만이 새로운 화학 무기를 개발할 수 있는 '독점적 권력'을 가졌다. 하지만 이제 AI 덕분에 그 지적 노동의 문턱이 바닥까지 낮아졌다. 이는 대량 살상 무기를 만들 수 있는 능력이 국가의 손을 떠나 소규모 테러 집단, 어쩌면 방구석에 있는 불만에 가득 찬 개인에게까지

무제한으로 확장될 수 있다는 '위협의 민주화'라는 섬뜩한 가능성을 활짝 열어젖힌다. 클라우드 서버 깊은 곳, 보이지 않는 디지털 공간에서 발화한 이 불길은, 국경 폐쇄나 수출 통제 같은 기존의 물리적 차단막으로는 결코 진압할 수 없는 완전히 새로운 차원의 재난이 되어 버렸다.

AI의 위험성에 대한 이러한 우려는 기술을 잘 모르는 외부 비평가가 읊조리는 막연한 기우가 아니다. 오히려 가장 섬뜩하고 날카로운 경고의 목소리는 다름 아닌 AI라는 거인을 직접 설계하고 만들어 낸 창조자들, 바로 '내부자'들로부터 터져 나온다. 그들은 자신들이 잉태한 기술의 잠재력을 누구보다 깊이 이해하기에, 그 빛만큼이나 짙은 그림자 역시 또렷하게 바라보고 있다.

인공 신경망 연구의 선구자이자 'AI의 대부'로 추앙받는 제프리 힌튼 교수의 행보는 이러한 상황을 가장 상징적으로 보여 준다. 2024년 노벨 물리학상 수상자라는 영예를 안기도 한 그는, 자신이 평생을 바쳐 이룩한 기술의 위험성에 대해 그 어떤 제약도 없이 자유롭게 이야기하기 위해 10년 넘게 몸담았던 구글 부사장직을 스스로 내려놓았다. 그가 안락한 자리를 박차고 나와 세상에 던진 경고는 너무나 명확하고 단호했다.

힌튼은 단기적으로 '불순한 의도를 가진 자들'이 AI를 악용해 정교한 가짜 뉴스와 선전을 대량 생산하여 민주주의 사회를 혼란에 빠뜨릴 것을 경계했다. 그는 사람들이 더 이상 "무엇이 진실이고 무엇이 거짓인지 분간할 수 없게 되는" 인지적 혼란의 시대가 도래할 것을 깊이 우려했다. 하지만 그의 진짜 걱정은 더 먼 곳, 더 본질적인 위협을 향해 있었다. 그는 AI가 인간의 지능을 뛰어넘는 특이점 이후 발생할 수 있는 '실존적 위협'에 대해 이야기했다. 디지털 지능이 생물학적 지능보다 훨씬 더 효율적으로 정보를 공유하고 학습할 수 있다는 것을 깨달은 그는, 그가 만든 기술이 언젠가 인류의 통제를 벗어나 인간을 지배하거나 해를 입힐 수 있다는 가능성을, 창조자 스스로가 무겁고 고통스럽게 인정하고 나선 것이다.

단백질 구조 예측 AI인 '알파폴드'를 개발하여 2024년 노벨 화학상을 거머쥔 데미스 허사비스 구글 딥마인드 CEO 역시, 신중함을 견지하면서도 결코 물러서지 않는 단호한 목소리를 이어 가고 있다. 그는 기본적으로 AI가 질병을 정복하고 기후 위기를 해결할 것이라 믿는 강력한 기술 낙관론자이지만, 동시에 AI가 마치 핵에너지처럼 막대한 이로움과 끔찍한 파괴력을 동시에 품고 있는 전형적인 '이중 용도 기술'임을 분명히 인정한다.

허사비스는 이러한 잠재적 위험에 대응하기 위해 지금보다 훨씬 더 신중하고 보수적인 접근이 필요하다고 강조한다. 그는 인류를 위협할 수 있는 최첨단 AI 모델은 위험한 바이러스처럼 철저히 통제된 환경에서 다뤄야 하며, 대중에게 무분별하게 오픈 소스로 공개되어서는 안 된다고 주장한다. 위험한 능력이 있는지 사전에 '레드팀Red Team'을 통해 철저히 테스트하고, 만약 통제 불가능한 문제가 발견되면 즉시 가동을 멈출 수 있는 '킬 스위치'를 확보해야 한다는 것이다.

또한 그는 이 문제가 한 기업의 윤리 규정이나 한 국가의 법률로 해결할 수 있는 수준을 이미 넘어섰으며, 과거 냉전 시대의 핵무기 통제 조약과 마찬가지로 AI 안전에 대한 구속력 있는 국제적인 협력 기구와 규범 마련이 시급하다고 역설한다.

자신들이 만든 창조물의 위대함에 대해 누구보다 큰 자부심을 느껴야 할 이들이, 오히려 마치 '오펜하이머'처럼 그 위험성을 가장 앞장서서 경고하고 있다는 역설적인 사실은 우리에게 많은 것을 시사한다. 이것은 기술을 두려워하는 관찰자들의 막연한 공포가 아니다. 이것은 기술의 심연을 들여다본 내부자의 깊은 성찰과 책임감에서 비롯된, 우리가 반드시 귀 기울여야 할 진지하고 엄중한 우려다.

보이지 않는 영토의 지도

우르비나 박사가 연구 노트에 남긴 그 섬뜩하고도 차가운 깨달음으로 다시 한번 돌아가 보자. 한번 세상에 태어난 지식은 결코 사라지지 않는다. 한번 열려 버린 판도라의 상자는 인간의 힘으로 다시 닫을 수 없다. 우리는 이제 AI라는 전능에 가까운 도구가 '치유의 천사'인 동시에 '파괴의 악마'가 될 수 있다는 이중 용도의 서늘한 본질을 목격했다. 그렇다면 이 되돌릴 수 없는 새로운 현실 앞에서, 우리 인류는 과연 어떤 표정을 지어야 할까?

단언컨대, 두려움 때문에 기술의 발전 자체를 멈추거나 포기하는 것은 결코 올바른 해결책이 될 수 없다. 인류를 위협하는 맹독성 분자를 설계해 낸 바로 그 AI의 알고리즘이, 동시에 인류를 슈퍼 박테리아의 공포에서 구해 낼 새로운 항생 물질을 찾아내고, 기후 재앙에 맞서 대기 중의 탄소를 포집할 기적의 신소재를 발명하며, 인류의 오랜 염 원인 무한한 청정에너지, 핵융합을 제어하는 결정적인 열쇠가 될 수 있기 때문이다. 질병, 기후 위기, 에너지 고갈 등 인류가 마주한 거대 하고 복잡한 문제들을 해결하기 위해, 우리에게는 과거 그 어느 때보 다 더 강력하고 예리한 과학적 도구가 절실히 필요하다. 칼이 위험하 다고 해서 요리사가 이것을 버리고 음식을 만들 수는 없는 노릇이다.

결국 우리가 직면한 본질적인 도전은 기술 그 자체가 아니다. 문제 는 그 거대한 힘을 다루는 주체인 우리의 '지혜'가 시험대에 올랐다는 점이다. 평범한 도구를 순식간에 살상 무기로 뒤바꾼 것, 그 목표 설 정의 레버를 반대 방향으로 돌리기로 결단한 주체는 차가운 기계인 AI가 아니라, 뜨거운 욕망과 불완전한 윤리를 가진 인간이었다. AI는 그저 우리의 의도를 충실히 반영하는 거울일 뿐이다.

따라서 이 문제는 단순한 기술적 이슈의 차원을 넘어선다. 이것은 명백히 사회적이고, 윤리적이며, 고도로 정치적인 문제다. 소수의 국 가나 전문가만이 독점하던 '창조와 파괴의 권능'이 AI를 통해 대중에 게 유례없이 빠르고 광범위하게 확산하는 이 시대, 우리 앞에는 전례 없는 무거운 과제가 놓여 있다. 우리는 기술적 해법을 넘어선 새로운 차원의 사회적 합의와 윤리적 규범을 세워야 하며, 국경을 초월하여 위험 기술을 통제하고 관리할 수 있는 견고한 국제적 거버넌스 체계 를 시급히 구축해야 한다.

가장 우려스러운 점은 '속도의 불일치'다. AI 기술의 발전 속도는 기하급수적으로 빨라지며 하늘을 향해 치솟고 있는 반면, 그것을 통제하고 올바른 방향으로 이끌어야 할 인류의 사회적, 윤리적, 정치적 지혜의 성장 속도는 안타깝게도 여전히 선형적으로 기어가고 있다. 우르비나 박사의 실험은 이 벌어지는 '격차'가 얼마나 위험한 수준인지, 그리고 그 틈새로 얼마나 치명적인 위협이 파고들 수 있는지를 적나라하게 보여 주는 경고장이다.

이 책에서 통과한 긴 여정을 통해 우리는 인류가 AI라는 새로운 지적 파트너와 손잡고 지식의 경계를 우주 끝까지 넓혀가는 경이로운 장면들을 함께 목격했다. 하지만 모든 위대한 힘에는 반드시 그에 상응하는 무거운 책임이 따른다. 약이 될 수도 있고 독이 될 수도 있는 이 강력한 기술의 운명은 아직 결정되지 않았다. 그 거대한 힘의 향방을 정하는 것은 우리 시대가 해결해야 할 가장 엄중한 과제이며, 해피엔딩이 될지 비극이 될지 모를 그 결말을 써 내려가는 펜은 결국 우리 손에 쥐어 있다.

우리는 바야흐로 인류 역사상 가장 강력한 창조의 도구를 손에 넣었다. 이제 우리에게 진정으로 필요한 것은 더 빠른 칩이나 더 똑똑한 알고리즘이 아니라, 그 압도적인 힘에 걸맞은 '현명함'을 기르는 일이다.

제17장

다음 지평선을 향하여

새로운 지평을 향해 나아가는 인류의 과학은 이제 단순한 분석의 차원을 넘어, 얽히고설킨 거대한 '복잡성'의 심연을 탐험하는 단계에 진입했다. 인간의 예리한 직관과 인공지능의 압도적인 연산력이 결합하며 의식과 생명, 노화와 기후 같은 거대 난제가 비로소 엄밀한 실험과 정교한 계산의 영역으로 포섭되기 시작했다. 결국 우리가 어떤 질문을 던지고 어떤 선택을 하느냐에 따라, 미래 과학과 문명이 맞이할 향방이 결정될 것이다.

복잡성이라는 거대한 과제

과학의 유구한 역사는 미지의 세계를 탐험하며 거대한 지도를 제작해 나가는 과정으로 비유할 수 있다. 초기 과학은 마치 대륙의 겉모습과 윤곽을 그리는 작업과 같았다. 뉴턴 고전 역학이 지배하던 시절,

세상이라는 해안선은 매끄러웠고, 내륙으로 향하는 길은 인과관계가 뚜렷하여 언제나 앞으로 벌어질 일을 예측할 수 있을 것처럼 보였다. 우리는 대상을 쪼개고 분석하면(환원주의) 모든 것을 이해할 수 있으리라고 믿었다. 하지만 수 세기에 걸친 치열한 탐험 끝에, 우리는 이제껏 단 한 번도 본 적 없는 낯설고 거친 새로운 해안선에 도달했다.

그곳은 860억 개의 뉴런이 춤추는 인간의 뇌, 나비의 날갯짓이 태풍이 되는 기후 시스템, 수천 개의 유전자가 얽혀 진행되는 노화 과정, 그리고 우주의 침묵 속에 숨겨진 미세한 소음처럼, 무수한 변수들이 서로 복잡하게 얽히고설켜 있는 곳이다. 이곳은 단순하게 대상을 쪼개서 분석하는 과거의 환원주의적 방식으로는 도저히 길을 찾을 수 없는, 무한히 복잡하고 구불구불한 프랙털Fractal의 해안선이다. 부분의 합보다 전체가 큰, 이른바 '복잡계Complex Systems'의 바다가 열린 것이다.

이 책의 각 장을 가로지르는 기나긴 여정 동안, 우리는 인공지능이라는 새로운 파트너와 함께 '복잡성'이라는 사납고도 종잡을 수 없는 바다를 항해하는 경이로운 광경들을 숨죽여 지켜봤다. 그것은 단순히 거친 파도를 넘는 것을 넘어, 인간의 인지적 한계를 시험하는 도전이었다. 인간의 육안으로는 도저히 식별할 수 없는 방대한 데이터의 격랑 속에 깊이 숨겨진 질서와 규칙을 예리하게 꿰뚫어 보고, 기존의 낡은 상식과 편견으로는 상상조차 할 수 없었던 창의적이고 대담한 해법을 설계해 내는 모습은 경외감마저 불러일으켰다. 심지어 1억℃에 달하는 핵융합로처럼 극도로 불안정하고 역동적인 시스템까지 정밀하게 제어하는 인공지능의 능력은 우리에게 깊은 전율을 선사했다. 이는 실로 인류가 오랫동안 그저 멀리서 바라만 보아야 했던, 너무나 거대하고 난해하여 감히 도전할 엄두조차 내지 못했던 난제들에 비로소 다가설 수 있는 강력하고 새로운 차원의 '항해술'을 우리 손에 쥐여 준 역사적인 전환점이었다.

이제 우리는 인류의 지성사에서 가장 오래되고 심오한 질문들, 즉 '복잡성'이라는 하나의 거대한 이름 아래 묶이는 난제를 향해 돛을 올린다. 전기 신호에서 주관적 경험이 피어나는 의식의 비밀, 광활한 우주 어딘가에 숨어 있을 외계 생명의 존재, 시간을 거스르는 노화의 극복 그리고 무너진 행성의 균형을 되찾는 기후 위기 대응. 이것들은 겉보기에 서로 다른 모습을 하고 있어 얼핏 무관해 보일지 모른다. 하지만 그 이면을 깊이 들여다보면, 수많은 개별 요소가 맞물려 만들어 내는 거대한 상호 작용의 질서를 이해하려는 시도라는 점에서 궤를 같이한다. 마치 각기 다른 악기들이 모여 하나의 웅장한 교향곡을 완성하듯, 복잡하게 얽힌 현상 속에서 숨겨진 조화와 규칙을 찾아내려는 공통된 목적을 지니고 있는 셈이다. 그리고 '인간의 직관'과 '인공지능의 연산력'을 결합한 협력 모델은, 바로 이 험난한 복잡성의 해안선을 탐험하고 정복하기 위해 만들어진, 우리 시대 가장 강력하고 진화된 탐사선이다.

내면의 우주, 의식의 지도를 그리다

과학이 마주한 가장 깊고 내밀한 미지의 영역은 수백억 광년 떨어진 저 멀리 우주가 아니라, 바로 우리 자신 안에 있다. 그것은 1.4kg의 젤리 같은 덩어리, 바로 인간의 뇌다. 뇌 신경망 사이를 오가는 전기적 신호와 화학 물질의 교환이라는 차가운 물리적 현상에서, 도대체 어떻게 '장미의 붉은색을 볼 때의 강렬한 느낌'이나 '가슴이 저미는 슬픔' 같은 주관적이고 생생한 경험이 피어나는 것일까? 오랫동안 철학자 데이비드 차머스가 제기한 '어려운 문제'로 여겨지며 과학의 접근을 거부했던 이 의식의 수수께끼는, 이제 인공지능이라는 강력하고 새로운 도구를 만나면서 추상적 사변의 세계를 넘어 계산 집약적인 데이터 과학의 영역으로 빠르게 들어서고 있다.

인공지능은 이 어둡고 복잡한 내면의 우주를 탐험하는 새로운 지도 제작자가 되고 있다. 현대의 뇌과학자들은 뇌파EEG의 시간 분해능과 기능적 자기공명영상fMRI의 공간 분해능을 결합하여 살아 있는 뇌의 활동을 시공간적으로 정밀하게 들여다본다. 문제는 여기서 쏟아지는 데이터가 인간의 인지 능력을 아득히 뛰어넘을 만큼 방대하고 다차원적이라는 점이다. 수십억 개의 뉴런이 빚어 내는 불협화음 속에서 의미 있는 선율을 찾아내는 것은 인간의 눈으로는 불가능에 가깝다.

바로 이 지점에서 인공지능이 등판한다. AI는 이 고차원 데이터의 바다에서 주관적 자각과 관련된 아주 미세한 신호 패턴, 즉 '의식의 신경 상관물NCC: Neural Correlates of Consciousness'을 찾아내는 탐정역할을 한다. 예를 들어, 우리는 무언가를 보았을 때 그것을 '보았다'고 의식할 수도 있고, 보았지만 '인지하지 못하고' 무심코 지나칠 수도 있다. AI는 수많은 뇌 신호 패턴을 정밀 분석하여, 우리가 대상을 의식적으로 인지했을 때만 특별히 나타나는 '시각적 자각 부전위Visual Awareness Negativity', VAN과 단순히 주의를 집중하거나 기억을 처리할 때 나타나는 'P3b' 신호를 명확하게 구분해 낸다. 과거에는 뒤섞여 있던 이 신호를 분리해 냄으로써 인류는 '주의Attention'나 '기억' 같은 인지 기능이 아니라, '의식' 그 자체와 관련된 순수한 뇌 활동의 흔적에 한 걸음 더 다가설 수 있게 되었다.

인공지능의 지평은 단순히 실험 데이터를 분석하는 차원에 머물지 않는다. 오히려 가장 대담하고 난해한 의식 이론을 검증할 수 있는 실증 과학의 영역으로 끌어들이는 데까지 확장되고 있다. 그 대표적인 사례가 줄리오 토노니Giulio Tononi가 제안한 '통합정보이론Integrated Information Theory', IIT이다. IIT는 어떤 시스템이 의식을 갖추기 위해서는 정보가 파편화되지 않고 하나로 통합되어야 한다고 주장하며, 이 정보 통합 능력을 'Φ(파이)'라는 정량적 지표로 산출할 수 있다고 역설한다. 즉, 뇌의 Φ값을 계산할 수만 있다면 그 존재의 의식 수준을 숫자Bit로 명확히 파악할 수 있다는 혁명적인 논리다.

그러나 IIT는 오랫동안 치명적인 현실적 장벽에 부딪혀 왔다. 바로 '계산의 복잡성'이다. 대상 시스템을 이루는 요소(뉴런)의 수가 조금만 늘어나도, 그들 사이의 상호 작용을 계산하기 위한 경우의 수가 기하급수적으로 폭발하기 때문이다. 인간의 뇌처럼 고도로 복잡한 시스템의 Φ값을 수학적으로 완벽하게 구하는 것은, 우주의 수명이 다할 때까지 계산해도 불가능한 일이었다. 이로 인해 IIT는 수학적으로는 매혹적이나 현실 검증은 불가능한, 상아탑 속 철학적 담론에 머무를 수밖에 없었다.

하지만 최근 딥러닝 기술이 이 오랜 교착 상태를 타개하고 있다. 고도화된 AI 모델들이 복잡한 연산 과정을 우회하여, 실제 뇌 활동 데이터로부터 Φ값에 대한 정교한 근사치를 추정해 내거나, 의식 수준을 대변할 수 있는 효율적인 대리 지표Proxy를 학습해 내고 있기 때문이다. 수십 년간 추상적 관념의 감옥에 갇혀 있던 '의식'의 문제가, AI라는 강력한 연산 도구를 통해 마침내 실험실에서 측정하고, 수치화하고, 검증할 수 있는 '물리학적 실체'의 궤도에 진입한 것이다.

하지만 바로 이 지점에서 우리는 21세기 과학의 새로운 패러다임이 마주한 가장 거대하고도 아이러니한 도전과 맞닥뜨린다. 우리는 그 내부 작동 원리를(수천억 개의 파라미터가 어떻게 결정을 내리는지) 온전히 이해하지 못하는 하나의 거대한 '블랙박스(인공지능)'를 도구로 이용하여, 인류 최후의 미스터리인 또 다른 '블랙박스(인간의 뇌와 의식)'를 탐구하고 있는 셈이다.

이것은 마치 하나의 어둠을 밝히기 위해 또 다른 종류의 어둠을 비추는 것과 같다. 인공지능이 뇌 데이터의 복잡한 층위에서 포착한 새로운 상관관계와 패턴은, 과연 우리에게 의식이라는 현상에 대한 진정한 '이해'와 '설명'을 안겨줄 수 있을까? 혹시 예측의 정확도만 높인 정교한 통계적 가설을 몇 가지 보태는 수준에 머무는 것은 아닐까? 내부 원리를 알 수 없는 '블랙박스'가 발견한 패턴을 과연 온전한 과학적 지식으로 수용할 수 있을지도 의문이다. 결국 의식의 비밀을 쫓는 이 여정은 단순한 뇌 연구를 넘어, AI 시대의 과학적 방법론과 지식의 본질 그 자체를 시험하는 근본적인 철학적 무대가 되고 있다.

고요한 신호, 우주적 대화를 꿈꾸다

그럼 이제 지구 밖 광활한 세계로 시선을 옮겨 보자. 그 거대한 무대에서 우리는 지금까지와는 질적으로 다른 차원의 도전에 직면하게 된다. 그것은 바로 우주라는 무한한 침묵과 거대한 소음 속에서 '생명'이라는 단 하나의 의미 있는 속삭임을 찾아내는 일이다. 외계 생명체 탐사는 단순히 망원경으로 밤하늘을 살피는 관측의 차원을 넘어선다. 그것은 빅뱅 이후 138억 년 동안 우주를 가득 채워 온 온갖 물리적 잡음과 방사능의 폭풍 속에서, 지성이나 생명 활동이 아니고서는 설명할 수 없는 유의미한 한 줄기의 신호를 걸러내야 하는, 인류 역사상 가장 고난도이자 낭만적인 과제다.

이 장대한 탐사의 여정에서 인공지능은 두 갈래의 최전선을 넘나들며 핵심적인 역할을 수행하고 있다. 첫 번째 전선은 외계 행성의 대기 속에서 생명의 화학적 숨결, 즉 '생체 신호'를 찾는 일이다. 인류의 새로운 눈인 제임스 웹 우주 망원경James Webb Space Telescope, JWST은 지금 이 순간에도 수백 광년 떨어진 먼 세계의 대기 성분에 대한 전례 없이 방대하고 정밀한 스펙트럼 데이터를 지구로 보내오고 있다. 천체생물학자들은 데이터 속에서 메탄(CH_4)과 이산화탄소(CO_2)의 특정한 공존 비율을 추적한다. 이는 자연적인 화학 평형 상태로는 설명하기 어렵고, 오직 생명 활동을 통해서만 지속적으로 공급될 수 있는 가스의 미세한 흔적이기 때문이다.

하지만 문제는 그 신호가 너무나 희미하다는 점이다. 외계 행성의 대기는 맑고 투명하지 않다. 그곳은 두꺼운 구름, 정체를 알 수 없는 안개, 그리고 별의 강력한 빛이 만들어 내는 광학적 노이즈로 가득 차 있다. 인간의 눈으로 이 혼탁한 스펙트럼에서 특정 가스의 지문을 읽어 낸다는 것은 거의 불가능하다. 바로 여기서 인공지능 모델이 결정적인 역할을 한다. AI는 복잡하게 뒤엉킨 스펙트럼 데이터를 정밀 분석하여, 잡음 속에 숨겨진 희미한 생명 가스의 존재 확률을 통계적으로 계산해 낸다. 더욱 중요한 사실은 AI가 동일한 관측 데이터를 두고도 여러 각도의 해석을 동시에 내놓는다는 점이다. "이 신호는 생명체일 확률이 60%이지만, 동시에 화산 활동이나 구름의 산란일 가능성도 40%입니다"라고 제시함으로써, 인간 연구자가 흥분에 취해 섣부른 결론False Positive(위양성)을 내리지 않도록 돕는 냉철한 검증자 역할을 한다.

두 번째 전선은 외계 문명이 보냈을지도 모르는 인공적인 기술의 흔적, 즉 '기술 신호'를 찾는 SETI(외계 지적 생명체 탐사) 프로젝트다. 수십 년간 SETI 프로젝트를 괴롭혀 온 가장 큰 골칫거리는 아이러니하게도 인류가 스스로 만들어 내는 엄청난 양의 '전파 간섭RFI'이었다. 지구상의 수많은 라디오 방송, 위성 통신, GPS, 휴대전화 신호가 24시간 뿜어내는 전파 소음은 우주 저편에서 날아오는 미약한 외계 신호를 완전히 뒤덮어 버린다. 이는 마치 록 콘서트장 한복판에서 모기 날갯짓 소리를 들으려는 것과 같다.

최근 딥러닝 알고리즘은 이 난제를 해결하는 데 혁명적인 돌파구를 마련했다. 특히 '베타-변분 오토인코더β-VAE'와 같은 첨단 인공지능 모델은 인간이 일일이 규칙을 정해 주지 않아도, 수백만 건의 관측 데이터를 스스로 학습하여 무엇이 '정상적인' 지구발 전파 간섭인지를 스스로 터득한다. 그리고 그 기준에서 아주 조금이라도 벗어나는 이례적인 신호, 지구의 기술이나 자연 현상으로는 설명되지 않는 진짜 '이상 신호Anomaly'만을 정교하게 골라내어 과학자에게 알려 준다.

AI가 지구의 소음을 완벽하게 소거해 주는 '노이즈 캔슬링 헤드폰'이 되어 주는 셈이다.

이 두 가지 탐사 방식은 인공지능의 역할을 완전히 새로운 관점에서 보게 한다. 우리는 외계 생명체나 문명이 정확히 어떤 모습을 하고 있을지, 그들이 어떤 주파수로 어떤 신호를 보낼지 전혀 알지 못한다. 우리의 상상력은 지구 생명체라는 틀에 갇혀 있기 때문이다. 따라서 우리의 탐사 활동은 미리 정해진 답을 확인하는 과정에 머물러서는 안 된다. 기존의 물리학과 화학, 지구과학적 문법으로는 도저히 설명할 수 없는 기이하고 '예외적인 현상'을 발견하는 일이어야 한다. 바로 이 지점에서 인공지능, 그중에서도 정답 없이 데이터 자체의 패턴을 학습하는 '비지도 학습Unsupervised Learning' 모델은 최고의 '이상 신호 탐지기'로서 능력을 발휘한다. AI는 우리가 무엇을 찾고 있는지조차 모르는 상태에서, 우리가 찾고 싶어 하는 무언가를 찾아낼 수 있는 유일한 도구다.

결국 인공지능의 등장은 '탐험가'로서 과학자의 역할을 근본적으로 재정의한다. 과학자는 더 이상 방대한 데이터의 모래사장 위에 엎드려 바늘을 찾는 고된 노동자가 아니다. 이제 그는 AI에게 무엇이 '정상(지구적 현상)'인지를 가장 잘 가르쳐 주고, 그 기준을 벗어나는 모든 예외적인 것에 주목하라고 지시하는 '호기심의 지휘자'로 다시 태어났다. 인공지능은 우연한 발견, 즉 과학사에 수많은 혁신을 이끌었던 '세렌디피티'를 우주적 규모로 자동화하고 체계화하는 도구이며, 인간은 그렇게 걸러진 발견의 의미를 해석하고, 우주를 향해 그다음 질문을 던지는 존재다.

노화라는 복잡계 시스템에 맞서다

인류가 마주한 또 다른, 어쩌면 가장 까다롭고 복잡한 숙제는 우리 몸을 관통하는 '시간' 그 자체, 바로 '노화'라는 과정이다. 과거의 의학은 노화를 기계 부품이 닳아 없어지는 것과 같은 단순한 마모 현상이나, 피할 수 없는 생물학적 쇠락의 과정으로만 여겼다. 하지만 현대 과학은 관점이 완전히 다르다. 이제 우리는 노화를 유전 정보의 불안정성부터 세포의 노후화, 에너지 공장인 미토콘드리아의 기능 저하에 이르기까지 수많은 요인이 얽혀서 나타나는 거대한 '시스템 현상'으로 이해한다. 인공지능은 이토록 까다로운 복잡계의 수수께끼를 풀기 위해 다음과 같은 세 가지 혁신적인 방향으로 접근하고 있다.

첫 번째는 생물학적 시간을 정밀하게 '측정'하는 것이다. 달력상의 나이, 즉 주민등록상의 나이는 개인의 건강 상태를 대변하지 못한다. 같은 70세라도 누군가는 마라톤을 뛰고, 누군가는 병상에 누워 있다. 인공지능은 이 격차를 설명하기 위해 유전체Genome, 전사체Transcriptome, 단백질체Proteome, 후성유전체Epigenome 등 우리 몸 안에서 일어나는 모든 생화학적 활동을 망라한 방대한 '다중 오믹스Multi-omics'(다양한 분자 수준의 생물학적 데이터를 통합 분석해서, 질병 발생 원인과 생체 반응을 정밀하게 이해하려는 연구 방식) 데이터를 통합 분석한다. AI는 이 고차원 데이터 속에서 노화와 관련된 패턴을 찾아내어, 개인의 실제 생물학적 노화 속도를 반영하는 '생체 나이 시계'를 만들어 낸다. 이 AI 시계가 알려 주는 생체 나이는 단순히 늙어 보이는 정도가 아니라, 미래의 질병 발생 위험이나 남은 건강 수명을 실제 나이보다 훨씬 더 정확하게 예측해 낸다. 바야흐로 질병이 발생한 뒤 치료하는 시대를 넘어, 미리 예측하고 차단하는 '정밀 예방 의학'의 새로운 막이 비로소 오른 것이다.

두 번째는 생물학적 시간에 직접 '개입'하는 것이다. 전통적인 신약 개발은 '한 가지 질병에는 한 가지 표적'이라는 단순한 원칙을 따랐다. 하지만 노화는 수백 개의 경로가 얽힌 복합적인 문제이기에, 단 하나의 버튼만 눌러서는 해결할 수 없다. 여기서 생성형 AI가 등장한다. AI는 노화 네트워크의 복잡한 특성을 전체적으로 반영하여, 마치 샷건처럼 하나의 표적이 아닌 여러 노화 경로에 동시에 작용하면서도 부작용은 최소화하는 새로운 '다중약리학적Polypharmacological' 약물을 설계하고 있다. 세계적인 연구 기관인 스크립스 연구소Scripps Research와 AI 바이오 기업 제로Gero사의 공동 연구는 이러한 접근법이 공상 과학이 아님을 증명했다. 연구팀은 AI를 이용해 노화 모델 생물인 예쁜꼬마선충의 생체 경로를 분석하고, 수명을 연장할 수 있는 다중 표적 화합물을 찾아냈다. 그들이 선별한 후보 물질 가운데 하나는 실험군의 평균 수명을 74% 연장하는 유의미한 결과를 끌어냈다. 이는 고려해야 할 변수가 너무 많아 인간의 지능만으로는 도전조차 할 수 없었던 '노화'라는 거대한 시스템을 정면으로 다루는, 새로운 치료 전략의 문을 활짝 연 결정적인 순간이다.

세 번째는 생물학적 시간을 가상 공간에서 '모의실험'하는 것이다. 이 접근법은 개인 맞춤형 의학의 정점이라 불리는 '디지털 트윈' 기술로 구체화된다. 이는 단순히 나의 의료 기록을 디지털화하는 수준이 아니다. 스마트워치 같은 웨어러블 기기에서 실시간으로 전송되는 심박수와 활동량, 주기적인 혈액 검사 결과, 타고난 유전 정보 등한 개인의 모든 건강 데이터를 통합하여 가상 공간에 나와 똑같은 생물학적 특징을 가진 '아바타'를 만드는 것이다. 이 디지털 트윈은 나의 현재 건강 상태를 보여 주는 대시보드일 뿐만 아니라, 미래를 위한 시뮬레이터다. AI는 이 모델을 통해 미래에 닥쳐올 질병 위험을 예측할 뿐만 아니라, "만약 내가 지금 당뇨약을 먹기 시작하면?" "만약 내가 채식 위주의 식단으로 바꾸면?"과 같은 질문으로 내 몸이 어떻게 반응할지 미리 시뮬레이션해 볼 수 있게 해 준다. 내 몸을 대상으로 직접 실험하는 위험 부담 없이, 최적의 건강 전략을 찾을 수 있게 된 것이다.

결국 이 세 가지 기술(측정, 개입, 모의실험)은 서로 분절된 것이 아니라, 하나의 거대한 '닫힌 고리Closed Loop'로 합쳐지며 건강 관리의 혁명을 완성한다. 앞서 살펴본 무인 실험실이 물질 발견 과정을 자동화했듯이, 이 기술들은 한 개인의 건강 관리를 위한 완벽한 자동화 시스템을 형성한다.

1. 측정Measure: 각종 센서가 우리 몸의 생체 신호를 실시간으로 수집하여 나의 '생체 나이'를 정밀하게 측정한다.

2. 예측Predict: 디지털 트윈이 이 데이터를 바탕으로 10년 뒤의 건강 상태와 질병 위험을 미리 내다본다.

3. 설계Design: 다가올 위험을 차단하기 위해 생성형 AI가 개인에게 최적화된 맞춤형 약물이나 식단, 운동 계획을 정교하게 설계한다.

4. 실행Execute: 우리는 AI의 제안에 따라 필요한 약을 복용하거나 생

활 습관을 개선하며 일상의 건강한 변화를 실천한다.

5. 분석Analyze: 변화된 신체 데이터가 다시 시스템으로 입력되고, AI는 그 효과를 분석해 다음 단계의 관리 전략을 더욱 정교하게 다듬는다.

이러한 순환 시스템의 완성은 인류 의료 중심축을 근본적으로 바꾸어 놓는다. 아픈 뒤에야 부랴부랴 병원을 찾는 '사후 치료' 방식에서 벗어나, 이제는 데이터를 통해 질병을 미리 차단하고 일상 속에서 건강을 상시 관리하는 '예방적 헬스케어'로 패러다임이 완전히 전환되는 것이다. 개인 맞춤 의학의 산업화 시대가 본격적으로 열리고 있다. 하지만 이 화려한 가능성 뒤에는 우리가 해결해야 할 무거운 질문이 놓여 있다. 내 몸의 가장 내밀한 정보를 과연 누가 소유할 것인지, 값비싼 기술을 누리는 이들과 그렇지 못한 이들 사이의 수명 불평등을 어떻게 극복할 것인지 그리고 AI의 판단에 삶을 내맡기며 흐릿해지는 인간의 자율성을 어떻게 지켜 낼 것인지 하는 문제다. 이는 AI 시대가 우리에게 던지는 가장 근본적인 윤리적, 사회적 숙제이기도 하다.

행성의 균형을 되찾다, 기후 위기라는 거대한 퍼즐

이제 내면의 미시 세계나 머나먼 외계를 향하던 우리의 시선을 가장 현실적이고 절박한 곳으로 돌려야 한다. 그곳은 우리가 지금 이 순간 발을 딛고 숨 쉬는 유일한 터전, 바로 지구다. 우리가 마주한 기후 위기는 단순히 기온이 오르거나 날씨가 변덕스러워지는 차원의 문제가 아니다. 대기의 거대한 에너지 흐름부터 산업 구조, 생태계의 미묘한 균형 그리고 인류의 경제 활동이 지구라는 거대한 틀 안에서 하나로 얽혀 있는 인류 최대의 '복잡계' 문제다. 즉, 변수 하나가 나비 효과처럼 전체 시스템을 뒤흔드는, 인류가 마주한 '궁극의 복잡계_{Ultimate Complex System}'인 셈이다. 인간의 인지 능력으로는 이토록 방대하고 유기적인 연결 고리를 온전히 파악하기 어렵다. 바로 그렇기에 인공지능은 이 거대한 난제의 실타래를 풀고 지속 가능한 해법을 모색하기 위해 우리에게 없어서는 안 될, 절대적이고 필수적인 도구로서 자리매김해 가고 있다.

첫째, '완화'의 관점에서 인공지능은 탄소 배출을 줄이는 기술의 혁신 속도를 비약적으로 높이고 있다. 재료과학의 혁신을 이끌어 온 AI는 이제 대기 중의 이산화탄소를 스펀지처럼 흡수하는 특수한 '다공성 물질'을 설계하는 데 앞장선다. 과거 실험실에서 수년이 걸리던 신소재 발견 과정을 AI는 정밀한 시뮬레이션을 통해 단 몇 주 만에 해결해 낸다. 이와 동시에 AI는 에너지 전환의 심장인 '전력망'의 효율을 극대화한다. 발전량이 불규칙한 태양광과 풍력의 약점을 보완하기 위해, AI는 날씨를 정밀하게 예측하고 전력 수급을 밀리초 단위로 기민하게 조절한다. 재생 에너지가 중심이 되는 미래 전력망을 안정적으로 관리하는 '스마트 그리드'의 영리한 두뇌 역할을 하는 셈이다.

둘째, '적응'의 관점에서 인공지능은 우리가 피하기 어려운 기후 재난으로부터 인류를 지켜 주는 든든한 방패가 된다. AI는 기존 슈퍼컴퓨터보다 훨씬 적은 에너지로도 기후 변화를 더 빠르고 정확하게 예측해 낸다. 덕분에 홍수나 산불 같은 갑작스러운 재난이 언제, 어디서 일어날지 미리 파악해 소중한 생명을 구할 '골든 타임'을 확보해 준다. 이러한 기술은 결국 지구를 가상 공간에 똑같이 옮겨 놓은 '디지털 트윈 어스Digital Twin Earth'를 구축하는 시도로 이어진다. 우리는 이 '쌍둥이 지구'에서 수많은 기후 시나리오를 미리 실험해 보며, 실제 지구를 지키기 위한 가장 효과적인 전략을 찾아낼 수 있다.

셋째, '거버넌스Governance' 차원에서 인공지능은 전례 없는 수준의 투명성과 책임 의식을 만들어 낸다. 이제 몰래 숨어 생태계를 파괴할 방법은 어디에도 없다. AI 알고리즘은 수천 개의 인공위성이 보내는 영상을 실시간으로 분석해, 전 세계 탄소 배출량의 변화와 아마존 밀림의 파괴 현황을 낱낱이 추적한다. 심지어 특정 시설이 배출하는 온실가스 양까지 정확히 지목해 감시할 정도다. 또한 AI는 정책 결정자들에게도 강력한 길잡이가 된다. 탄소세 도입 같은 기후 정책이 사회 경제적으로 어떤 파장을 일으킬지 시뮬레이션으로 미리 내다볼 수 있기 때문이다. 덕분에 각국 정부는 막연한 추측이 아닌, 객관적인 데이터와 증거를 바탕으로 가장 실효성 있는 정책을 수립할 수 있게 되었다.

하지만 바로 이 지점에서 우리는 인공지능이 지닌 서늘한 '두 얼굴'을 다시 한번 마주하게 된다. 신약을 개발하던 AI가 설정 하나로 치명적인 화학 무기를 설계하는 도구로 돌변했듯이, 기후 문제에서도 똑같은 딜레마가 도사리고 있다. 재생 에너지의 효율을 높여 지구를 살리는 그 영리한 알고리즘이, 역설적으로 화석 연료 매장지를 더 정확히 찾아내고 석유 산업의 수익성을 높이는 데에도 똑같이 유능하게 쓰일 수 있기 때문이다.

결국 기술 자체는 철저히 '가치 중립적'이다. 인공지능이 기후 위기를 가속하는 촉매제가 될지, 아니면 위기에서 우리를 구해 낼 구원의 열쇠가 될지는 전적으로 인류가 이 강력한 도구를 어느 방향으로 사용하기로 '선택'하느냐에 달렸다. 지금 우리에게 가장 큰 도전 과제는 기술력의 부족이 아니다. 진짜 위기는 이 압도적인 도구를 기후 해결이라는 공공의 목표에 집중시키도록 만들 정치적 결단, 경제적 유인 그리고 윤리적 합의를 끌어내는 '사회적 지혜의 부족'이다. 인공지능 혁명은 우리에게 그 어느 때보다 강력한 문제 해결의 도구를 손에 쥐어 주었지만, 그 도구를 어디에 휘두를지 그 방향을 정하는 것은 여전히 그리고 영원히 우리 인간의 몫으로 남아 있다.

질문하는 존재

이 책의 긴 여정은 스톡홀름에서 걸려 온 상징적인 두 통의 전화벨 소리와 함께 시작되었다. 2024년, 인공지능의 이론적 기초를 닦은 제프리 힌튼과 그 응용을 통해 생물학의 난제를 해결한 데미스 허사비스가 나란히 노벨 물리학상과 화학상을 받은 그 순간은, 단순히 특정 인물의 업적을 기리는 행사가 아니었다. 그것은 수백 년간 이어져 온 전통적인 과학의 시대가 저물고, 인공지능이라는 강력한 엔진을 장착한 새로운 과학의 시대가 공식적으로 개막했음을 알리는 거대한 신호탄이었다.

우리는 이 책에서 반세기 동안 풀리지 않았던 단백질 구조의 비밀이 풀리는 순간을 시작으로 로봇이 스스로 신소재를 만들어 내는 무인 실험실, 우주 망원경 데이터 속에서 외계 생명체의 흔적을 찾는 시도, 슈퍼컴퓨터를 능가하는 기후 예측까지 놀라운 장면들을 목격했다. 이 모든 과정은 인간의 직관과 인공지능의 연산력이 만났을 때, 인류 지식의 지평이 얼마나 빠르고 넓게 확장될 수 있는지를 증명하는 생생한 기록이었다.

그리고 마침내 이 여정의 끝에서, 우리는 인류가 오랫동안 품어 왔지만, 감히 풀지 못했던 가장 거대하고 근원적인 질문들 앞에 섰다. 1.4kg의 뇌에서 피어나는 의식의 신비, 광활한 우주 침묵 속에 숨겨진 외계 생명의 존재, 시간을 거스르는 생명 연장과 노화의 비밀, 그리고 무너진 행성의 균형을 되찾아야 하는 기후 위기의 해결. 이 모든 질문을 관통하는 하나의 공통된 키워드는 바로 '복잡성'이다. 환원주의적 분석으로는 결코 도달할 수 없었던 이 난해한 복잡계의 바다를 건너기 위해, 인간과 인공지능의 협력은 선택이 아닌 필수가 되었다. 이것은 인류 역사상 가장 강력한 탐험대이자, 미지의 세계를 정복하기 위해 태어난 최적의 파트너십이다.

이 새로운 시대에 과학자의 역할은 극적으로 재정의된다. 인공지능이 방대한 데이터를 먹어 치우며 점점 더 완벽에 가까운 '답변 기계'로 진화해 갈수록, 역설적으로 가장 가치 있고 대체 불가능한 인간의 역할은 본질을 꿰뚫는 '질문 기계'가 되는 것에 있다. 미래 과학의 승패는 누가 더 많은 데이터를 더 빠르게 처리하느냐에 달리지 않았다. 그것은 기계가 계산할 수 없는 영역, 즉 "이것은 왜 중요한가?" "우리는 무엇을 해결해야 하는가?" "이 기술은 윤리적으로 올바른가?"와 같은 더 심오하고, 창의적이며, 인간적인 질문을 누가 먼저 던지느냐에 따라 결정될 것이다.

물론, 인공지능이 가져온 과학 혁명이 우리가 안고 있는 모든 난제를 단숨에 해결해 주는 만능열쇠는 아니다. 사실, 일각에서는 조심스럽게 '과학의 종말'을 거론하기도 했다. '따기 쉬운 과일'처럼 인간이 쉽게 발견할 수 있는 위대한 진리는 이미 모두 밝혀졌으며, 현대 과학이 마주한 문제들은 인간의 인지 능력으로 감당하기에는 지나치게 복잡하고 비용 또한 천문학적으로 늘어났기 때문이다. 즉, 인류가 더 이상 거대한 지적 도약을 이루지 못한 채, 그저 기존 지식의 사소한 빈틈을 메우는 정체기에 접어들었다는 회의적인 시선이었다.

하지만 인공지능은 바로 이 지점에서, 우리에게 그동안 맨손으로는 도저히 뚫을 수 없었던 지식의 임계점을 돌파할 가장 강력하고 든든한 파트너를 선물했다. 바야흐로 인류는 자신의 생물학적 지능을 초월하는 도구를 손에 쥐게 되었고, 이를 통해 비로소 존재와 우주를 향한 가장 오래되고 위대한 질문들을 다시금 진지하게 탐구할 수 있는 자격을 얻었다.

그러므로 과학의 종말을 논하기엔 너무나 섣부르다. 아니, 상황은 오히려 정반대다. 진정한 발견의 시대는 결코 저물지 않을 것이다. 우리는 이제 막 인공지능이라는 전례 없는 차원의 돋보기와 망원경을 들고, 무한한 가능성이 출렁이는 바다를 향해 다시 한번 힘차게 닻을 올렸을 뿐이다.

지도의 끝, 그 너머의 세계 Beyond the Blind Spot

먼 옛날, 양피지 위에 잉크로 세계지도를 그리던 고대의 제작자들은 자신이 가보지 못한 미지의 바다 끝을 하얗게 비워두거나, 그 거친 파도 위에 '이곳에 용이 산다Here be dragons'라는 문구를 떨리는 손으로 적어 넣곤 했다. 그들에게 세상 끝은 물리적 낭떠러지가 아니라 '미지Unknown'라는 근원적인 두려움 그 자체였다. 그리고 인류가 수천 년에 걸쳐 쌓아 올린 지식의 역사 또한, 이러한 고대 지도 제작 과정과 궤를 같이한다.

우리는 호기심이라는 횃불을 들고 어둠을 몰아내 왔다. 17세기에는 현미경이라는 새로운 눈을 통해 물 한 방울 속에 숨겨진 미생물의 우주를 찾아냈고, 20세기에는 거대한 망원경으로 수억 광년 밖의 은하수를 관측하며 지도의 빈 곳을 부지런히, 그리고 치열하게 채워왔다. 우리가 안다고 자부하는 영토는 그렇게 조금씩 확장됐다. 하지만 우리의 도구가 닿지 않는 저 너머의 경계선에는 언제나 정복되지 않은 짙은 어둠이, 마치 넘을 수 없는 벽처럼 존재했다.

그 어둠 속에 숨어 있는 것들은 과거의 미지보다 훨씬 더 난해하고 압도적이다. 그것은 30억 개의 염기쌍이 얽혀 만들어 내는, 인간의 계산 능력으로는 도저히 풀 수 없는 생명의 복잡한 암호들이다. 또한, 우주의 95%를 가득 채우고 있으나 우리의 어떤 광학 장비로도 볼 수 없는 암흑 물질과 암흑에너지이며, 수만 가지의 변수가 나비 효과처럼 서로 얽히고설켜 슈퍼컴퓨터조차 무력하게 만드는 예측 불가능한 기후의 미래 같은 것들이다. 이것은 단순히 아직 발견하지 못한 것이 아니라, 인간의 생물학적 인지 능력과 기존의 과학적 도구만으로는 결코 닿을 수 없었던 인식의 한계선, 그것이 바로 우리 시대가 마주한 거대한 '블라인드 스폿Blind Spot(사각지대)'이었다.

이 책은 바로 그 넘을 수 없던 경계선 너머로, 인류의 지성을 안전하게 이끌어 줄 새로운 차원의 나침반, '인공지능'에 대한 기록이자 탐험 일지다. 이제 우리는 그저 빈 곳을 남겨 두는 대신, 인공지능이라는 강력한 파트너와 함께 그 어둠 속으로 뛰어들려 한다. 마지막 장을 덮기 전에, 잠시 숨을 고르고 우리가 이 책을 통해 함께 건너온 거대한 변화의 파도를 되돌아보자. 그리고 이제 막 닻을 올린, 인류의 지평을 넓힐 이 새로운 대항해를 위해 우리가 무엇을 준비하고 어떤 마음가짐을 가져야 할지 차분히 정리해 본다.

경계선 너머를 보는 눈

2024년 10월, 스웨덴 왕립 과학원이 노벨 물리학상과 화학상의 수

상자로 인공지능 연구자들을 호명했을 때, 세상은 신선한 충격에 휩싸였다. 평생 실험실을 지켜 온 순수 과학자가 아닌, 컴퓨터 코드를 짜는 공학자들이 과학계 최고의 영예를 안았기 때문이다. 하지만 긴 과학사의 흐름에서 볼 때, 그것은 놀라운 이변이라기보다는 거부할 수 없는 '필연적인 흐름'에 가까웠다. 현대 과학이 마주한 문제들이 이미 인간의 인지 능력만으로는 도저히 풀 수 없는 거대한 복잡성의 벽에 부딪혀 있었기 때문이다.

그 대표적인 사례가 바로 50년 넘게 전 세계 생물학자들을 좌절감에 빠뜨려 온 '단백질 접힘' 문제였다. 생명을 구성하는 단백질은 수천, 수만 개의 원자가 서로 밀고 당기는 복잡한 물리적 상호 작용을 통해 순식간에 고유한 3차원 구조로 접힌다. 이 과정에서 가능한 구조의 경우의 수는 우주에 존재하는 원자보다도 많다. 인간 연구자들은 고된 수행을 통해 단 하나의 구조를 규명하고자 수년, 때로는 평생을 헌신해 왔다. 하지만 생명 현상이라는 거대한 퍼즐의 전체상을 조망하기에는 역부족이었다. 우리는 생명의 설계도를 손에 넣었지만, 그것을 읽을 눈이 없었던 셈이다.

그 막막했던 교착 상태를 깨뜨린 것이 바로 '알파폴드'의 등장이었다. 이 인공지능은 교과서적인 물리 법칙을 하나하나 계산하는 대신, 인류가 축적해 온 17만 개의 단백질 구조 데이터를 마치 스펀지처럼 집어삼키듯 학습했다. 그러고는 인간의 눈으로는 절대 볼 수 없는 데이터 사이의 미세하고 다차원적인 패턴을 읽어 내기 시작했다. AI는 인류에게는 그저 무작위적인 난수표처럼 보이던 아미노산 서열의 혼돈 속에서 숨겨진 질서를 찾아냈고, 불과 며칠 만에 수억 개의 단백질 구조를 예측하며 생명의 지도를 통째로 그려 냈다.

이것은 단순히 컴퓨터의 계산 속도가 빨라진 차원의 문제가 아니다. 제프리 힌튼과 존 홉필드가 수십 년 전 다져놓은 인공 신경망의 기초 위에 세워진 이 새로운 지성들은, 인간의 직관이 닿지 못하는 영역에서 우리가 미처 보지 못했던 연결 고리를 감지한다. 그들은 인간이 정의한 공식 너머에 있는 '데이터의 본질'을 꿰뚫어 본다.

이 새로운 눈의 위력은 우리 몸속의 미시 세계뿐만 아니라, 지구 밖의 거시 세계에서도 유감없이 빛을 발하고 있다. 케플러 우주 망원경이 지구로 보내온 수만 개의 별빛 데이터 속에는 행성이 지나갈 때 생기는 아주 미세한 밝기 변화가 숨어 있다. 인간의 눈으로는 구분할 수 없는 이 희미한 신호를 AI가 찾아내어 새로운 제2의 지구를 발견하고 있다. 더 나아가, AI는 중력 렌즈 효과로 인해 일그러진 은하의 이미지를 정밀하게 분석하여, 우주의 95%를 차지하고 있지만 결코 눈으로 볼 수 없었던 '암흑 물질'의 보이지 않는 지도를 그려 내고 있다.

결국 우리는 21세기에 이르러 비로소 인공지능이라는 강력한 도구를 통해, 그동안 늘 우리 곁에 존재했으나 인간의 생물학적 시야로는 결코 볼 수 없었던 사각지대 너머 진짜 세상을 마주하게 된 것이다. 과학은 이제 '보이는 것'을 연구하는 학문에서, AI를 통해 '보이지 않는 것'을 드러내는 학문으로 진화하고 있다.

시간의 벽을 넘다

과학과 혁신의 장구한 역사에서 연구자를 좌절하게 만든 가장 잔혹한 독재자는 다름 아닌 '시간'이었다. 그것은 언제나 인간의 열망 앞에 가로막힌, 넘기 힘든 통곡의 벽이었다. 인류가 더 오래가는 배터리 소재 하나를 찾기 위해 겪어야 했던 과정은 마치 형벌과도 같았다. 수천, 수만 가지의 후보 물질을 일일이 배합하고 구워 내며 실패를 거듭하는 지난한 과정은 에디슨 시대 이후로 크게 변하지 않았다. 또한, 태풍의 경로를 예측하기 위해 대기의 복잡한 물리 방정식을 푸느라 슈퍼컴퓨터 앞에서 밤을 지새워야 했던 기상학자들의 시간은 또 어떠했는가. 이처럼 지루하고 고단한 '반복의 시간'은 인류의 지성이 사각지대 너머의 진실로 나아가지 못하게 발목을 잡는 거대한 족쇄이자 장벽이었다.

그러나 구글 딥마인드의 'GNoME' 프로젝트와 버클리 연구소의 완전 무인 실험실 'A-Lab'의 등장은 그러한 고통스러운 풍경을 송두리째 바꾸어 놓았다. 이것은 단순한 기술의 진보가 아니라, '시간의 압축'이라 불러야 마땅하다. 인류가 기존의 방식대로 실험했다면 어림잡아도 800년 이상 시간을 써야 찾아낼 수 있었을 220만 개의 새로운 신소재 후보 물질을, AI는 딥러닝을 통해 단숨에 찾아냈다.

더 놀라운 것은 그다음 단계다. A-Lab의 로봇 팔들은 AI가 설계한 레시피를 넘겨받아 24시간 쉬지 않고 스스로 실험을 수행하고 있다. 로봇은 실패하면 스스로 조건을 수정하고 다시 시도하는 학습 능력을 발휘하며, 인간 연구원들이라면 수십 년이 걸렸을 합성을 불과 17일 만에 41종의 신물질로 구현해 냈다. 기상 예측 분야의 혁신도 마찬가지다. 딥마인드의 '그래프캐스트'는 기존의 슈퍼컴퓨터가 몇 시간씩 걸려 풀던 미분 방정식 대신, 과거 데이터의 패턴을 학습하는 방식으로 단 1분 만에 향후 열흘 치의 세계 날씨를 정확하게 예측해 낸다.

이러한 변화가 우리에게 시사하는 바는 명확하다. 이것은 단순히 작업 시간을 단축하는 '효율성' 차원을 넘어선다. 이것은 과학자들을 실험실의 단순 반복 노동이라는 '시지프스의 형벌'에서 해방하는 거대한 사건이다. 기계가 실험하고 계산하는 동안, 인간은 비로소 기계가 흉내 낼 수 없는 영역, 즉 "왜 이런 현상이 일어나는가?"라고 본질을 묻고, "만약에 이렇다면 어떨까?"라고 대담하게 상상할 수 있는 '사유의 시간'을 되돌려 받게 된 것이다. 바야흐로 AI는 시간이라는 물리적 한계를 부수고, 인간이 지엽적인 문제 풀이에서 벗어나 더 위대하고 근원적인 질문에 온전히 집중할 수 있도록 돕는 '지적 르네상스 시대'를 열고 있다.

빛이 만든 새로운 그림자

하지만 우리가 인공지능이라는 강력한 망원경을 통해 지식의 사각지대를 넘어섰다고 안도하며 환호하는 바로 그 순간, 우리는 역설적으로 또 다른 깊고 낯선 어둠과 마주하게 된다. 그 어둠은 외부의 우주나 미시 세계에 있는 것이 아니다. 그것은 아이러니하게도 우리에게 빛을 가져다준 도구, 바로 인공지능 내부에 웅크리고 있다.

우리는 '알파폴드'가 내놓은 단백질 구조 예측이 실험적으로 완벽에 가깝게 정확하다는 사실은 알고 있다. 하지만 도대체 '왜' 그런 구조가 도출되었는지, AI가 수억 개의 매개변수 사이에서 어떤 논리적 경로를 거쳐 그 답을 찾아냈는지는 명확히 설명하지 못한다. 수백만, 수천만 개의 숫자들이 복잡하게 얽히고설킨 심층 신경망의 내부는 인간의 인지 능력으로는 결코 들여다볼 수 없는 거대한 '블랙박스'와 같다.

우리는 지금 '이유는 묻지 말고 결과만 믿으라'는 기계의 신탁^{Oracle} 앞에 서 있는 셈이다. 이러한 상황, 즉 과정은 까맣게 모른 채 결과만 받아들여야 하는 현실은, 지난 수백 년간 투명한 설명과 논리적 이해를 통해 과학적 신뢰를 쌓아 온 인류 이성의 역사에 있어 매우 낯설고 불편한 맹점이다. 아이작 뉴턴의 만유인력 법칙이 위대한 이유는 단순히 사과가 떨어지는 현상을 정확히 예측해서가 아니라, 사과와 달이 '왜' 서로를 당기는지에 대한 보편적 원리를 인간에게 '설명'해 주었기 때문이다. 하지만 AI 시대의 과학은 점점 '설명 없는 정답' '이해 없는 예측'으로 기울어 가고 있다. 우리는 정답을 손에 쥐고도, 그것이 왜 정답인지 모르는 인식론적 혼란 속으로 빠져들고 있다.

더욱 서늘하고 위태로운 그림자는 기계가 아닌 우리 인간의 마음, 즉 윤리의 사각지대에 드리워져 있다. 인류를 질병에서 구하기 위해 신약을 설계하도록 훈련된 AI는, 사용자가 아주 조금만 의도를 비틀어 목적 함수를 수정하면, 불과 6시간 만에 인류 역사상 가장 치명적인 신경 작용제와 독성 물질 수천 개를 만들어 내는 최악의 살상 무기 설계 도구로 돌변한다.

과거 냉전 시대에 위험한 무기를 만들려면 국가 차원의 거대한 원심분리기 시설과 구하기 힘든 희귀한 방사성 물질이 필요했다. 물리적인 장벽이 악을 통제해 주었다. 하지만 이제는 다르다. 평범한 노트북 한 대와 공개된 데이터, 그리고 몇 줄의 코드만 있으면 악의를 가진 누구나 방구석에서 위험천만한 '죽음의 조리법'을 손에 넣을 수 있는 세상이 되었다. 기술은 우리가 몰랐던 지식의 사각지대를 지워 주었지만, 그 기술을 사용하는 인간의 '윤리적 사각지대'는 여전히, 아니

파괴력이 커진 만큼 이전보다 훨씬 더 위험하게 우리 곁에 남아 있다. 이것은 위협의 민주화이자, 통제 불능의 서막일 수 있다.

AI의 대부이자 딥러닝의 창시자인 제프리 힌튼 교수가 구글을 떠나며 "AI가 인류에게 핵무기보다 더 심각한 실존적 위협이 될 수 있다"라고 떨리는 목소리로 경고한 것은 결코 노학자의 가벼운 기우가 아니다. 그것은 자신의 피조물이 창조주의 통제를 벗어날 수 있음을 직감한 내부자의 엄중한 고백이다. 그리스 신화의 프로메테우스가 인간에게 불을 훔쳐다 주었듯, 우리는 지금 인공지능이라는 역사상 가장 강력하고 뜨거운 불꽃을 손에 쥐었다. 하지만 두려운 사실은, 우리에게 아직 이 불꽃을 안전하게 다룰 '사용 설명서'도, 화재를 진압할 '소화기'도, 그리고 이 힘을 감당할 만한 '성숙한 윤리 의식'도 충분히 준비되지 않았다는 점이다.

항해자는 멈추지 않는다

그렇다면 설명할 수 없는 블랙박스의 불확실성과 이중 용도의 위험 앞에서, 우리 인류는 과연 어떻게 해야 할까? 그 심연이 두렵다는 이유로, 우리가 힘들게 밝혀 온 촛불을 끄고 다시 지도의 빈 곳을 '알지 못함'의 영역으로 남겨 둔 과거로 뒷걸음질 쳐야 할까?

단언컨대, 그럴 수는 없다. 거친 파도가 뱃전을 때린다고 해서, 그 두려움 때문에 항해를 멈추고 다시 안락한 항구로 뱃머리를 돌리는 마도로스는 없다. 우리는 인공지능이라는, 인류 역사상 가장 정교하고 강력한 나침반을 손에 쥐었으며, 이 도구와 함께 주저 없이 미지의 바다로 나아가야 한다. 다만, 이 새로운 항해에서 인류가 맡아야 할 역할은 과거와는 근본적으로 달라져야 한다. 지금까지의 우리가 주어진 문제에 대한 '정답'을 계산하고 찾아내는 기능적 역할에 골몰했다면, 이제 우리는 무엇을 해결해야 하는지, 그리고 왜 그것이 중요한지를 묻는 '올바른 질문 설계자'로 변모해야 한다. AI는 수만 년의 데이터 지층 속에 숨겨진 복잡한 패턴을 찾아내는 데는 인간을 초월한 능력을 발휘하지만, "이 기술이 인류의 존엄을 위해 과연 옳은가?" "우리는 도대체 어떤 가치를 지키기 위해 이 기술을 사용하는가?"라는 윤리적이고 철학적인 질문은 결코 스스로 던지지 못한다. 나침반은 오직 북쪽을 가리킬 뿐, 배가 나아가야 할 목적지를 결정하고 키를 잡는 것은 결국 그 나침반을 쥔 선장, 바로 우리 인간의 고유한 몫이다.

사각지대 너머의 세상에서 우리에게 절실히 필요한 것은 차가운 지성이 아니라, 인간만이 가진 따뜻한 호기심과 단단한 윤리 의식이다. 예를 들어, AI가 1억 ℃의 플라스마를 정교하게 제어하며 꿈의 에너지인 핵융합의 시대를 현실로 당겨 올 때, 우리는 단순히 그 기술적 성취에 환호하는 것을 넘어, 그 무한한 에너지를 전 인류가 어떻게 공정하게 나누어 쓸지 치열하게 고민해야 한다. 또한, AI가 수백만 편의 논문을 읽고 질병을 정복할 새로운 가설을 내놓을 때, 깨어 있는 시민인 우리는 그 지식이 특정 거대 기업이나 국가의 독점물이 아니라, 인류 모두의 공영을 위해 쓰이도록 감시하고 키를 잡아야 한다.

따라서 미래는 더 이상 실험실의 고독한 과학자들의 전유물이 아니다. 인공지능이라는 거대한 함대가 어디로 항해할지, 어떤 미지의 대륙을 탐험하고 어떤 가치를 싣고 돌아올지를 결정하는 것은, 결국 이 시대를 살아가는 우리 모두의 몫이다. 우리는 기계보다 더 깊게 사고하고, 알고리즘보다 더 윤리적으로 판단하며, 데이터보다 더 인간적인 시선으로 기술을 바라보아야 한다. 기술이 정교해지고 차가워질수록, 그것을 다루는 사람의 마음과 책임감은 역설적으로 더욱 뜨거워져야 한다.

과학이란 본디 밤하늘에 흩어져 있는 별들을 정교하게 연결하여, 저마다의 고유 의미를 지닌 별자리로 엮어 내는 작업이라 할 수 있다. 과거의 우리는 인간 인지 능력의 한계 때문에, 눈에 보이고 서로 가까이 있는 별들만을 간신히 이을 수 있었다. 하지만 AI는 그 한계를 허물어 버렸다. AI는 생물학의 난제를 풀던 열쇠가 신소재 분야의 굳게 닫힌 문을 여는 마스터키가 될 수 있음을, 우주의 법칙을 설명하던 언어가 기후 위기의 해법으로 번역될 수 있음을 우리에게 보여 주었다. 하나의 발견이 전혀 다른 영역의 혁신을 깨우고, 그 지식이 다시 거대한 강물처럼 합쳐져 폭발적으로 성장하는 시대. 바야흐로 지식의 경계가 무너지고 모든 것이 유기적으로 연결되는 '대융합의 시대The Age of Great Convergence'가 활짝 열린 것이다.

우리는 이제 막 '용이 산다'고 기록되어 있던 지도의 빈 곳, 즉 미지의 두려움이 서린 영토에 비로소 첫발을 내디뎠다. 낯선 데이터의 대양을 항해하는 여러분에게 이 책이 부디 길을 잃지 않게 해 줄 신뢰할 수 있는 나침반이 되었기를 소망한다. 땅에 첫발을 내디뎠다.

우리가 마지막으로 반드시 기억해야 할 것은, 인공지능은 우리에게 정답을 선물해 주는 안락한 도구가 아니라, 우리가 더 본질적이고 위대한 질문을 던질 수 있도록 기회를 주는 도구라는 사실이다. 책은 여기서 마무리되지만, 여러분의 진정한 사유와 모험은 지금부터 시작되어야 한다. AI가 내놓은 화려한 결과물에 압도되기보다 그 이면을 향해 끊임없이 '왜'라고 묻기를 바란다. 그리고 그 답이 인간을 향하는지 끊임없이 의심해 주기를 부탁드린다. 인식의 사각지대를 밝히는 가장 강렬한 빛은 결국, AI라는 도구가 아니라 우리 안에서 타오르는 멈추지 않는 지적 호기심이기 때문이다.

잠원동 작은 서재에서

박종성

프롤로그. 스톡홀름에서 온 두 번의 연락

- American Institute of Physics. (2024, October 8). AIP Congratulates 2024 Nobel Prize Winners in Physics.; American Chemical Society. (2024, October 9). ACS president comments on award of 2024 Nobel Prize in Chemistry.

- Berman, H. M., et al. (2000). The Protein Data Bank. Nucleic Acids Research, 28(1), 235-242.

- Callaway, E. (2020). 'It will change everything': DeepMind's AI makes gigantic leap in solving protein structures. Nature, 588, 203-204.

- Degrave, J., et al. (2022). Magnetic control of tokamak plasmas through deep reinforcement learning. Nature, 602, 414-419.

- Feigenbaum, E. A., & Buchanan, B. G. (1993). DENDRAL and Meta-DENDRAL: Roots of knowledge systems and expert system applications. Artificial Intelligence, 59(1-2), 233-240.

- Gibney, E & Castelvecchi, D. (2024). Physics Nobel scooped by machine-learning pioneers. Nature, 634, 523-524.

- Gray, J. (2009). Jim Gray on eScience: A Transformed Scientific Method. In T. Hey, S. Tansley, & K. Tolle (Eds.), The Fourth Paradigm: Data-Intensive Scientific Discovery (pp. xvii-xxxi). Microsoft Research.

- Hezaveh, Y. D., et al. (2017). Fast automated analysis of strong gravitational lenses with convolutional neural networks. Nature, 548, 555-557.

- Jumper, J., et al. (2021). Highly accurate protein structure prediction with AlphaFold. Nature, 596, 583-589.

- Lam, R., et al. (2023). Learning skillful medium-range global weather forecasting. Science, 382(6677), 1416-1421.

- Lindsay, R. K., Buchanan, B. G., Feigenbaum, E. A., & Lederberg, J. (1993). DENDRAL: A case study of the first expert system for scientific hypothesis formation. Artificial Intelligence, 61(2), 209-261.

- Merchant, A., et al. (2023). Scaling deep learning for materials discovery. Nature, 624, 80-85.

- Romera-Paredes, B., et al. (2023). Mathematical discoveries from program search with large language models. Nature, 625, 468-475.

- Shallue, C. J., & Vanderburg, A. (2018). Identifying Exoplanets with Deep Learning: A Five-planet Resonant Chain around Kepler-80 and an Eighth Planet around Kepler-90. The Astronomical Journal, 155(2), 94.

- Szymanski, N. J., et al. (2023). An autonomous laboratory for the accelerated synthesis of novel materials. Nature, 624, 86-91.

- The Nobel Prize in Chemistry 2024. (2024, October 9). NobelPrize.org.

- The Nobel Prize in Physics 2024. (2024, October 8). NobelPrize.org.

- The Royal Swedish Academy of Sciences. (2024, October 9). Press release: The Nobel Prize in Chemistry 2024.

- The Royal Swedish Academy of Sciences. (2024, October 8). Press release: The Nobel Prize in Physics 2024.

- Urbina, F., et al. (2022). Dual use of artificial-intelligence-powered drug discovery. Nature Machine Intelligence, 4, 189-191.

제1장. 인간 계산원에서 실리콘 두뇌로

- Bell, G., Hey, T., & Szalay, A. (2009). Foreword. In T. Hey, S. Tansley, & K. Tolle (Eds.), *The fourth paradigm: Data-intensive scientific discovery* (pp. xiii-xix). Microsoft Research.

- Britannica. (2024, October 10). *Henrietta Swan Leavitt*.

- Cold War History. (n.d.). *The secret history of the ENIAC women*.

- DeepMind. (2021, July 15). *AlphaFold: A solution to a 50-year-old grand challenge in biology*.

- Degrave, J., Felici, F., Buchli, J., Neunert, M., Tracey, B., Carpanese, F.,... & Tassa, Y. (2022). Magnetic control of tokamak plasmas through deep reinforcement learning.

Nature, 602(7897), 414-419.

- ENIAC Ventures. (2020, February 14). *Remembering the ENIAC Six.*

- Erickson, L. (n.d.). *The female computers: The unsung heroes of World War II.* Invention & Technology.

- ESA/Hubble. (n.d.). *Hubblecast 116: Henrietta Leavitt — the woman who measured the Universe* [Video script].

- European Centre for Medium-Range Weather Forecasts. (n.d.). *ERA5-Land.*

- Hey, T., Tansley, S., & Tolle, K. (Eds.). (2009). *The fourth paradigm: Data-intensive scientific discovery.* Microsoft Research.

- Howell, E. (2016, November 11). *Annie Jump Cannon: 'Computer' who classified the stars.* Space.com.

- Kleiman, K. (n.d.). *The ENIAC programmers.* ENIAC Programmers Project.

- Krizhevsky, A., Sutskever, I., & Hinton, G. E. (2012). ImageNet classification with deep convolutional neural networks. *Advances in Neural Information Processing Systems, 25.*

- Laboratory for Atmospheric and Space Physics. (n.d.). *Solar Dynamics Observatory (SDO).* University of Colorado Boulder.

- Lam, R., Pascanu, R., Buesing, L., & Hassabis, D. (2023). Learning skillful medium-range global weather forecasting. *Science, 382*(6677), 1416-1421.

- Leavitt, H. S. (n.d.). *Henrietta Swan Leavitt.* Plate Stacks.

- Merchant, A., Batzner, S., Schoenholz, S. S., Aykol, M., Cheon, G., & Cubuk, E. D. (2023). Scaling deep learning for materials discovery. *Nature, 624*(7990), 80-85.

- Nagadevara, V. (2010). Knowledge engineering. *International Journal of Computer Science and Information Technologies, 1*(4), 268-274.

- National Human Genome Research Institute. (n.d.). *Genomic data science.* Genome.gov.

- National Human Genome Research Institute. (n.d.). *Human Genome Project.* Genome.gov.

- National Trust for Historic Preservation. (n.d.). *How three women computers made history at the Harvard Observatory.* Saving Places.

- National Women's History Museum. (n.d.). *Women and computing.*

· RCSB Protein Data Bank. (n.d.). *History*.

· Romera-Paredes, B., Barekatain, M., Buesing, L., & Hassabis, D. (2023). Mathematical discoveries from program search with large language models. *Nature, 625*(7995), 466-472.

· She is an Astronomer. (n.d.). *Williamina Fleming*.

· The Royal Swedish Academy of Sciences. (2024, October 8). *The Nobel Prize in Physics 2024*. NobelPrize.org.

· U.S. National Library of Medicine. (n.d.). *Artificial intelligence in medicine: The rise of the expert system*. Profiles in Science.

· Wikipedia. (2024, October 21). *AlphaGo versus Lee Sedol*.

· Wikipedia. (2024, October 23). *Dendral*.

· Wikipedia. (2024, October 27). *Harvard Computers*.

· Wikipedia. (2024, October 28). *AlphaFold*.

· Wikipedia. (2024, September 24). *Williamina Fleming*.

제2장. 알파폴드 모멘트: 생명의 코드를 풀다

· Burley, S. K., et al. (2019). Protein Data Bank: The single global archive for 3D macromolecular structure data. *Nucleic Acids Research, 47*(D1), D520-D528.

· Callaway, E. (2020). 'It will change everything': DeepMind's AI makes gigantic leap in solving protein structures. *Nature, 588*, 203-204.

· DeepMind. (2022). AlphaFold reveals the structure of the protein universe. *DeepMind Blog*.

· Jumper, J., et al. (2021). Highly accurate protein structure prediction with AlphaFold. *Nature, 596*(7873), 583-589.

· Ko, K., et al. (2021). Structure of the Pfs48/45 malaria transmission-blocking vaccine antigen. *Nature Communications, 13*(1).

· Levinthal, C. (1969). How to fold graciously. *Mossbauer Spectroscopy in Biological Systems, 67*, 22-24.

- Lu, H., et al. (2022). Machine learning-aided engineering of hydrolases for PET depolymerization. *Nature, 604*, 662-667.

- Protein Data Bank. (1971). *Nature New Biology, 233*(41), 223.

- Rives, A., et al. (2021). Biological structure and function emerge from scaling unsupervised learning to 250 million protein sequences. *Proceedings of the National Academy of Sciences, 118*(15).

- Tunyasuvunakool, K., et al. (2021). Highly accurate protein structure prediction for the human proteome. *Nature, 596*, 590-596.

- Vaswani, A., et al. (2017). Attention is all you need. *Advances in Neural Information Processing Systems, 30*.

- Wong, F., et al. (2024). Discovery of a structural class of antibiotics with explainable deep learning. *Nature, 626*, 177-185.

- Zemla, A. (2003). LGA: A method for finding 3D similarities in protein structures. *Nucleic Acids Research, 31*(13), 3370-3374.

제3장. 알파게놈: 생명의 악보를 읽다

- 36Kr Global. (2026). New cover of Nature: A new member of Google's Alpha series, instantly comprehends the ultimate blueprint of life.

- Arney, K. (2022, July 28). Genes or junk? - Genetics Unzipped.

- Avsec, Ž., Latysheva, N., Cheng, J., et al. (2026). Advancing regulatory variant effect prediction with AlphaGenome. Nature, 649(8099), 1206-1218.

- Google DeepMind. (2026). AlphaGenome: AI for better understanding the genome.

- Helix. (2018). Dr. Susumu Ohno: Finding the beauty in DNA.

- How It Works. (2022). Junk DNA: The dark matter in your genome.

- International Human Genome Sequencing Consortium. (2004). Finishing the euchromatic sequence of the human genome. Nature, 431(7011), 931-945.

- Mansour, M. R., et al. (2014). An oncogenic super-enhancer formed through somatic mutation of a noncoding intergenic element. Science, 346(6215), 1373-

1377.

- National Human Genome Research Institute (NHGRI). (2012). ENCODE data describes function of human genome.

- Ohno, S. (1970). Evolution by Gene Duplication. Springer-Verlag.

- Ohno, S. (1972). So much "junk" DNA in our genome. In Evolution of Genetic Systems. In Brookhaven symposium in biology (Vol. 23, pp. 366-370).

- Ohno, S., & Ohno, M. (1986). The all pervasive principle of repetitious recurrence governs not only coding sequence construction but also human endeavor in musical composition. Immunogenetics, 24(2), 71-78.

- Rewire.it. (2026, January 29). AlphaGenome: One Model for the Other 98% of Your DNA.

- Rewire.it. (2026, January 29). How AlphaGenome Models Gene Regulation: 2D Embeddings, Splicing, and the Race to Read Non-Coding DNA.

- Ricks, D. (1986, April 27). Scientist Discovers Genetic Formula for Music. Los Angeles Times.

- Science Media Centre. (2026, January 28). Expert reaction to paper on Google DeepMind's AlphaGenome.

- Science News. (2026, January 28). AI tool AlphaGenome predicts how one typo can change a genetic story.

- The ENCODE Project Consortium. (2012). An integrated encyclopedia of DNA elements in the human genome. Nature, 489(7414), 57-74.

- The Scientist. (2024). How many genes do Humans have?

- US Department of Health and Human Services. (2007). National Human Genome Research Institute-NHGRI.

- Wikipedia. (2025, August 1). Susumu Ohno.

제4장. 물질의 도서관: GNoME이 재창조한 재료과학

- Goodyear, C. (1853). *Gum-Elastic and Its Varieties, with a Detailed Account of Its Applications and Uses, and of the Discovery of Vulcanization*. New Haven, CT.

• Jain, A., et al. (2013). Commentary: The Materials Project: A materials genome approach to accelerating materials innovation. *APL Materials, 1*(1).

• Kohn, W., & Sham, L. J. (1965). Self-consistent equations including exchange and correlation effects. *Physical Review, 140*(4A), A1133.

• Merchant, A., & Cubuk, E. D. (2023). *Millions of new materials discovered with deep learning.* Google DeepMind.

• Merchant, A., et al. (2023). Scaling deep learning for materials discovery. *Nature, 624*, 80-85.

• Plunkett, R. J. (1941). *Tetrafluoroethylene polymers* (U.S. Patent No. 2,230,654).

• Szymanski, N. J., et al. (2023). An autonomous laboratory for the accelerated synthesis of novel materials. *Nature, 624*, 86-91.

제5장. 우주를 보는 새로운 눈: 외계 행성과 암흑 물질 탐사

• Borucki, W. J., et al. (2010). Kepler planet-detection mission: Introduction and first results. *Science, 327*(5968), 977-980.

• Hezaveh, Y. D., Levasseur, L. P., & Marshall, P. J. (2017). Fast automated analysis of strong gravitational lenses with convolutional neural networks. *Nature, 548*(7669), 555-557.

• Hong, S. E., Jeong, D., Hwang, H. S., & Kim, J. (2021). Revealing the local cosmic web from galaxies by deep learning. *The Astrophysical Journal, 913*(1), 76.

• Huang, X., et al. (2020). Finding strong gravitational lenses in the DESI DECam Legacy Survey. *The Astrophysical Journal, 894*(1), 78.

• Huang, X., Storfer, C., Gu, A., et al. (2021). Discovering new strong gravitational lenses in the DESI Legacy Imaging Surveys. *The Astrophysical Journal, 909*(1), 27.

• Shallue, C. J., & Vanderburg, A. (2018). Identifying exoplanets with deep learning: A five-planet resonant chain around Kepler-80 and an eighth planet around Kepler-90. *The Astronomical Journal, 155*(2), 94.

• Twicken, J. D., et al. (2016). Detection of potential transit signals in 17 quarters of Kepler data: Results of the final Kepler mission transiting planet search (DR25). *The Astronomical Journal, 152*(6), 158.

- Valizadegan, H., et al. (2022). ExoMiner: A highly accurate and explainable deep learning classifier that validates 301 new exoplanets. *The Astrophysical Journal, 926*(2), 120.

- Valizadegan, H., et al. (2023). Multiplicity boost of transit signal classifiers: Validation of 69 new exoplanets using the multiplicity boost of ExoMiner. *The Astronomical Journal, 166*(1), 28.

제6장. 태양의 분노 예측: AI 태양물리학의 부상

- Bolduc, L. (2002). GIC observations and studies in the Hydro-Québec power system. *Journal of Atmospheric and Solar-Terrestrial Physics, 64*(16), 1793-1802.

- Bommasani, R. (2021). On the opportunities and risks of foundation models. *arXiv preprint arXiv:2108.07258.*

- Boteler, D. H. (2006). The super-storms of August/September 1859 and their effects on the telegraph system. *Advances in Space Research, 38*(2), 159-172.

- Camporeale, E., Wing, S., & Johnson, J. R. (Eds.). (2018). *Machine Learning Techniques for Space Weather.* Elsevier.

- Carrington, R. C. (1859). Description of a Singular Appearance seen in the Sun on September 1, 1859. *Monthly Notices of the Royal Astronomical Society, 20*(1), 13-15.

- Chandorkar, M. (2019). *Machine learning in space weather* (Doctoral dissertation, Université of Eindhoven).

- Clark, S. (2007). *The Sun Kings: The Unexpected Tragedy of Richard Carrington and the Tale of How Modern Astronomy Began.* Princeton University Press.

- Cliver, E. W. (2006). The 1859 space weather event: Then and now. *Advances in Space Research, 38*(2), 119-129.

- Cliver, E. W., & Svalgaard, L. (2004). The 1859 solar-terrestrial disturbance and the current limits of extreme space weather activity. *Solar Physics, 224*(1), 407-422.

- Dang, T., et al. (2022). Unanticipated threat to low Earth orbit satellite constellations proposed by minor geomagnetic storms. *Space Weather, 20*(8), e2022SW003152.

- Dosovitskiy, A., et al. (2020). An Image is Worth 16x16 Words: Transformers for

Image Recognition at Scale. *arXiv preprint arXiv:2010.11929.*

- Gosling, J. T. (1993). The solar flare myth. *Journal of Geophysical Research: Space Physics, 98*(A11), 18937-18949.

- Green, J. L., & Boardsen, S. (2006). Duration and extent of the great auroral storm of 1859. *Advances in Space Research, 38*(2), 130-135.

- IBM. (2025). IBM and NASA release groundbreaking open-source AI model on Hugging Face to predict solar weather and help protect critical technology. IBM Newsroom.

- IBM Research. (2025). *Introducing Surya, a new heliophysics foundation model.*

- Kimball, D. S. (1960). A Study of the Aurora of 1859. *Geophysical Institute, University of Alaska, Scientific Report No. 6.*

- Lemen, J. R., et al. (2012). The Atmospheric Imaging Assembly (AIA) on the Solar Dynamics Observatory (SDO). *Solar Physics, 275*(1), 17-40.

- Loomis, E. (1860). The great auroral exhibition of Aug. 28th to Sept. 4th, 1859. *American Journal of Science, 2*(90), 339-361. 18

- Loomis, E. (1861). On the great auroral exhibition of Aug. 28th to Sept. 4th, 1859 and on auroras generally; 8th article. *American Journal of Science, 2*(96), 318-335.

- Mertens, C. J., et al. (2013). NAIRAS aircraft radiation model development. *Space Weather, 11*(10), 603-635.

- Molinski, T. S. (2002). Why utilities respect geomagnetically induced currents. *Journal of Atmospheric and Solar-Terrestrial Physics, 64*(16), 1765-1778.

- NASA. (2025). *NASA, IBM's 'hot' new AI model unlocks secrets of sun.* NASA Science.

- National Research Council, et al. (2009). *Severe Space Weather Events: Understanding Societal and Economic Impacts: A workshop report.* National Academies Press.

- Odenwald, S. F. (2002). *The 23rd Cycle: Learning to Live with a Stormy Star.* Columbia University Press.

- Odenwald, S. F. (2015). *The 23rd Cycle: Learning to Live with a Stormy Star.* Columbia University Press.

- Pesnell, W. D., Thompson, B. J., & Chamberlin, P. C. (2012). The solar dynamics observatory (SDO). In *The solar dynamics observatory* (pp. 3-15). Springer New York.

- Pirjola, R. (2002). Geomagnetically induced currents during magnetic storms. *IEEE transactions on plasma science, 28*(6), 1867‑1873.

- Pulkkinen, A. (2007). Space weather: Terrestrial perspective. *Living Reviews in Solar Physics, 4*(1), 1.

- Scherrer, P. H., et al. (2012). The Helioseismic and Magnetic Imager (HMI) investigation for the Solar Dynamics Observatory (SDO). *Solar Physics, 275*(1), 207‑227.

- Tsurutani, B. T., Gonzalez, W. D., Lakhina, G. S., & Alex, S. (2003). The extreme magnetic storm of 1‑2 September 1859. *Journal of Geophysical Research: Space Physics, 108*(A7).

- Webb, D. F., & Howard, T. A. (2012). Coronal mass ejections: Observations. *Living Reviews in Solar Physics, 9*(1), 1‑83.

제7장. 지구 규모 디지털 쌍둥이: 기상·기후 예측의 재창조

- Bauer, P., Thorpe, A., & Brunet, G. (2015). The quiet revolution of numerical weather prediction. *Nature, 525*(7567), 47‑55.

- Bodnar, C., et al. (2025). A foundation model for the Earth system. *Nature*, 1‑8.

- Hersbach, H., et al. (2020). The ERA5 global reanalysis. *Quarterly Journal of the Royal Meteorological Society, 146*(730), 1999‑2049.

- Kochkov, D., et al. (2024). Neural general circulation models for weather and climate. *Nature, 632*(8027), 1060‑1066.

- Lam, R. (2023). GraphCast: AI model for faster and more accurate global weather forecasting. DeepMind.

- Lam, R., et al. (2023). Learning skillful medium‑range global weather forecasting. *Science, 382*(6677), 1416‑1421.

- Pathak, J., et al. (2022). FourCastNet: A global data‑driven high‑resolution weather model using adaptive Fourier neural operators. *arXiv preprint arXiv:2202.11214*.

- Sun, Y. Q., et al. (2024). Can AI weather models predict out‑of‑distribution gray swan tropical cyclones?. *Proceedings of the National Academy of Sciences, 122*(21), e2420914122.

제8장. 분자를 설계하는 21세기 연금술

- Chemical.AI. (2024). *The collaboration of Mcule and Chemical.AI aids you in improving your synthetic capabilities.*

- Chemical.AI. (n.d.). *ChemAIRS: AI-powered retrosynthesis platform.*

- Chemical.AI. (n.d.). *Impurity prediction.*

- Chemical.AI. (n.d.). *Synthesizability Assessment: Know what's possible before you synthesize.*

- Joung, J. F., et al. (2025). Electron flow matching for generative reaction mechanism prediction. *Nature, 645,* 115-123.

- Merck. (n.d.). *SYNTHIA® retrosynthesis software.* Sigma-Aldrich.

- Mikulak-Klucznik, B., et al. (2020). Computational planning of the synthesis of complex natural products. *Nature, 588*(7836), 83-88.

- Schwaller, P., et al. (2019). Molecular transformer: A model for uncertainty-calibrated chemical reaction prediction. *ACS Central Science, 5*(9), 1572-1583.

- Scott, A. (2025). Artificial intelligence—the great job maker or taker? *Chemical & Engineering News, 103*(3).

제9장. 펀서치: 수학의 성벽을 넘은 인공지능

- Bender, E. M., Gebru, T., McMillan-Major, A., & Shmitchell, S. (2021). On the dangers of stochastic parrots: Can language models be too big? *Proceedings of the 2021 ACM Conference on Fairness, Accountability, and Transparency,* 610-623.

- DeepMind. (2023). FunSearch: Making new discoveries in mathematical sciences using Large Language Models. *Google DeepMind Blog.*

- Ellenberg, J. S., & Gijswijt, D. (2017). On large subsets of F_q^n with no three-term arithmetic progression. *Annals of Mathematics, 185*(1), 339-343.

- Mirzadeh, I., Alizadeh, K., Shahrokhi, H., Tuzel, O., Bengio, S., & Farajtabar, M. (2024). GSM-Symbolic: Understanding the limitations of mathematical reasoning in large language models. *arXiv preprint arXiv:2410.05229.*

- MIT Laboratory for Information and Decision Systems. (2017). *Polynomial method and cap set problem.*

- Romera-Paredes, B., et al. (2024). Mathematical discoveries from program search with large language models. *Nature*, 625, 468-475.

- Tao, T. (2007). Open question: Best bounds for cap sets. *WordPress Blog.*

제10장. 투명한 용기에 담긴 항성: 핵융합로의 AI 파일럿

- Ariola, M., & Pironti, A. (2008). *Magnetic control of tokamak plasmas.* Springer.

- Artsimovich, L. A. (1972). Tokamak devices. *Nuclear Fusion, 12*(2), 215.

- Bertin, J. J., & Cummings, R. M. (2006). Critical hypersonic aerothermodynamic phenomena. *Annual Review of Fluid Mechanics, 38*(1), 129-157.

- Bethe, H. A. (1939). Energy production in stars. *Physical Review, 55*(5), 434.

- Degrave, J., et al. (2022). Magnetic control of tokamak plasmas through deep reinforcement learning. *Nature, 602*, 414-419.

- Dobson, I., et al. (2007). Complex systems analysis of series of blackouts: Cascading failure, critical points, and self-organization. *Chaos, 17*(2).

- Freestone, D. R., Karoly, P. J., & Cook, M. J. (2017). A forward-looking review of seizure prediction. *Current Opinion in Neurology, 30*(2), 167-173.

- Freidberg, J. P. (2008). *Plasma physics and fusion energy.* Cambridge University Press.

- Furth, H. P., Killeen, J., & Rosenbluth, M. N. (1963). Finite-resistivity instabilities of a sheet pinch. *Physics of Fluids, 6*(4), 459-484.

- Hender, T. C., et al. (2007). Chapter 3: MHD stability, operational limits and disruptions. *Nuclear Fusion, 47*(6), S128.

- Humphreys, D. A., et al. (2015). Novel aspects of plasma control in ITER. *Physics of Plasmas, 22*(2).

- Kates-Harbeck, J., Savy, A., & Tang, W. (2019). Predicting disruptive instabilities in controlled fusion plasmas through deep learning. *Nature, 568*, 526-531.

- Kuhlmann, L., et al. (2018). Seizure prediction — ready for a new era. *Nature Reviews Neurology, 14*(10), 618-630.

- Marot, A., et al. (2020). Learning to run a power network challenge for training topology controllers. *Electric Power Systems Research*, *189*.

- Mnih, V., et al. (2015). Human-level control through deep reinforcement learning. *Nature*, *518*, 529-533.

- NASA. (n.d.). The Sun: Our star. NASA Science.

- National Research Council of Science & Technology. (2020, December 24). Korean artificial sun sets the new world record of 20-sec maintenance at 100 million degrees. Phys.org.

- Ongena, J., & Ogawa, Y. (2016). Nuclear fusion: Status report and future prospects. *Energy Policy*, *96*, 770-778.

- Ryutov, D. D. (2007). Geometrical properties of a "snowflake" divertor configuration. *Physics of Plasmas*, *14*(6).

- Seo, J., et al. (2024). Avoiding fusion plasma tearing instability with deep reinforcement learning. *Nature*, *626*, 746-751.

- Wesson, J., & Campbell, D. J. (2011). *Tokamaks* (Vol. 149). Oxford University Press.

제11장. 클라우드 공동 과학자: 읽고, 추론하고, 가설을 세우는 AI

- Auer, S., Kovtun, V., Prinz, M., Kasprzik, A., Stocker, M., & Vidal, M. E. (2018). Towards a knowledge graph for science. *Proceedings of the 8th International Conference on Web Intelligence, Mining and Semantics*, 1-6.

- Bornmann, L., & Mutz, R. (2015). Growth rates of modern science: A bibliometric analysis based on the number of publications and cited references. *Journal of the Association for Information Science and Technology*, *66*(11), 2215-2222.

- DiGiacomo, R. A., Kremer, J. M., & Shah, D. M. (1989). Fish-oil dietary supplementation in patients with Raynaud's phenomenon: A double-blind, controlled, prospective study. *The American Journal of Medicine*, *86*(2), 158-164.

- Gleick, J. (2011). *The Information: A History, a Theory, a Flood*. Pantheon Books.

- Google Research. (2025). *Towards an AI co-scientist*. Google Research.

- Google Research. (2025, February 19). *Accelerating scientific breakthroughs with an AI co-scientist*. Google Research Blog.

- Hirschberg, J., & Manning, C. D. (2015). Advances in natural language processing. *Science*, 349(6245), 261-266.

- Ji, S., Pan, S., Cambria, E., Marttinen, P., & Yu, P. S. (2021). A survey on knowledge graphs: Representation, acquisition, and applications. *IEEE transactions on neural networks and learning systems*, 33(2), 494-514.

- Kalil, A. C., et al. (2021). Baricitinib plus remdesivir for hospitalized adults with Covid-19. *New England Journal of Medicine*, 384(9), 795-807.

- Merton, R. K. (1965). *On the Shoulders of Giants: A Shandean Postscript.* University of Chicago Press.

- Mikolov, T., et al. (2013). Distributed representations of words and phrases and their compositionality. *Advances in Neural Information Processing Systems*, 26.

- Miller, G. A. (1956). The magical number seven, plus or minus two: Some limits on our capacity for processing information. *Psychological Review*, 63(2), 81-97.

- Price, D. J. d. S. (1963). *Little Science, Big Science.* Columbia University Press.

- Ren, F., et al. (2025). A small-molecule TNIK inhibitor targets fibrosis in preclinical and clinical models. *Nature Biotechnology*, 43(1), 63-75.

- Richardson, P., et al. (2020). Baricitinib as potential treatment for 2019-nCoV acute respiratory disease. *The Lancet*, 395(10223), e30-e31.

- Rotmensch, M., et al. (2017). Learning a health knowledge graph from electronic medical records. *Scientific Reports*, 7, 5994.

- Smalheiser, N. R., & Swanson, D. R. (1998). Using ARROWSMITH: a computer-assisted approach to formulating and assessing scientific hypotheses. *Computer Methods and Programs in Biomedicine*, 57(3), 149-153.

- Stebbing, J., Phelan, A., Griffin, I., Tucker, C., Oechsle, O., Smith, D.,... & Richardson, P. (2020). COVID-19: combining antiviral and anti-inflammatory treatments. *The Lancet Infectious Diseases*, 20(4), 400-402.

- STM. (2021). *STM Global Brief 2021 – Economics and Market Size.* International Association of Scientific, Technical and Medical Publishers.

- Swanson, D. R. (1986). Fish oil, Raynaud's syndrome, and undiscovered public knowledge. *Perspectives in Biology and Medicine*, 30(1), 7-18.

- Swanson, D. R. (1986). Undiscovered public knowledge. *The Library Quarterly*, 56(2), 103-118.

- Swanson, D. R. (1990). Medical literature as a potential source of new knowledge. *Bulletin of the Medical Library Association*, 78(1), 29-37.

- The Royal Society. (n.d.). *History of the Royal Society*.

- Tshitoyan, V., Dagdelen, J., Weston, L., Dunn, A., Rong, Z., Kononova, O., … & Jain, A. (2019). Unsupervised word embeddings capture latent knowledge from materials science literature. *Nature*, 571(7763), 95-98.

- Undermind. (n.d.). *Radically better research and discovery: Testimonials*.

- Weeber, M., et al. (2000). Text-based discovery in biomedicine: the architecture of the DAD-system. In *Proceedings of the AMIA Symposium*, 903.

- Zhavoronkov, A., et al. (2019). Deep learning enables rapid identification of potent DDR1 kinase inhibitors. *Nature Biotechnology*, 37(9), 1038-1040.

제12장. 과학의 눈을 뜨다: 멀티모달 지능·시각적 추론 시대

- Bai, S., et al. (2025). Qwen2.5-VL technical report. *arXiv preprint arXiv:2502.13923*.

- Bredekamp, H. (2019). *Galileo's thinking hand: Mannerism, anti-mannerism and the virtue of drawing in the foundation of early modern science*. Walter de Gruyter GmbH & Co KG.

- Chinese Academy of Sciences. (2025, July 28). *China unveils the ScienceOne AI model to accelerate scientific research*.

- Galilei, G. (1610). *Sidereus nuncius*. Apud Thomam Baglionum.

- Han, J. L., et al. (2021). The FAST Galactic Plane Pulsar Snapshot survey: I. Project design and pulsar discoveries. *Research in Astronomy and Astrophysics, 21*(5), 107.

- Hooke, R. (2007). *Micrographia or some physiological descriptions of minute bodies*. Cosimo, Inc.

- Lorimer, D. R., & Kramer, M. (2005). *Handbook of pulsar astronomy* (Vol. 4). Cambridge University Press.

- McKenna, N., Li, T., Cheng, L., Hosseini, M., Johnson, M., & Steedman, M. (2023, December). Sources of hallucination by large language models on inference tasks. In *Findings of the Association for Computational Linguistics: EMNLP 2023* (pp. 2758-

2774).

- Nan, R., et al. (2011). The five-hundred-meter aperture spherical radio telescope (FAST) project. *International Journal of Modern Physics D, 20*(06), 989-1024.

- Playfair, W. (1786). *The commercial and political atlas*. Cambridge, London.

- Snow, J. (2023). On the mode of communication of cholera. In *British Politics and the Environment in the Long Nineteenth Century* (pp. 149-154). Routledge.

- Wang, H., Guo, L., Huo, P., Lin, X., Yuan, Y., Jiang, J., & Liu, J. (2026). S1-MMAlign: A large-scale, multi-disciplinary dataset for scientific figure-text understanding. *arXiv preprint arXiv:2601.00264*.

제13장. 완전 무인 실험실: 아이디어에서 실험까지

- Arnold, C. (2022). Cloud labs: Where robots do the research. *Nature*, 601(7892), 278-280.

- Aspuru-Guzik, A., et al. (2018). The Matter Simulation (R)evolution. *ACS Central Science*, 4(2), 144-152.

- Baker, M. (2016). 1,500 scientists lift the lid on reproducibility. *Nature*, 533, 452-454.

- Emerald Cloud Lab. (2025). Why use the ECL.

- Grand View Research. (2025). Lab Automation Market Size, Share & Trends Analysis Report By Process, By Automation Type, By End Use, By Region, And Segment Forecasts, 2025 - 2033.

- Kruszynski, C., & Blackburn, T. (2022). The Cloud Lab - run entire experiments remotely from a computer. *Wiley Analytical Science*.

- Lawrence Berkeley National Laboratory. (n.d.). Gerbrand Ceder Profile.

- Lawrence Berkeley National Laboratory. (2023, November 29). A-Lab: Autonomous Lab of the Future. *Berkeley Lab News Center*.

- Merchant, A., & Cubuk, E. D. (2023). Millions of new materials discovered with deep learning. Google DeepMind.

- Merchant, A., et al. (2023). Scaling deep learning for materials discovery. *Nature*,

624, 80-85.

- Roch, L. M., et al. (2018). ChemOS: Orchestrating autonomous experimentation. *Science Robotics*, 3(19), eaat5559.

- Scott, A. (2025, February 10). Artificial intelligence—the great job maker or taker? *Chemical & Engineering News*, 103(3).

- Scully, J. (2023). Materially better. UC Berkeley Engineering.

- Szymanski, N. J., et al. (2023). An autonomous laboratory for the accelerated synthesis of novel materials. *Nature*, 624, 86-91.

제14장. 루프 속의 인간: 과학자의 역할 재정의

- Bjork, R. A., & Bjork, E. L. (2011). Making things hard on yourself, but in a good way: Creating desirable difficulties to enhance learning. *Psychology and the real world: Essays illustrating fundamental contributions to society, 2*, 56-64.

- Bjork, R. A., & Bjork, E. L. (2020). Desirable difficulties in theory and practice. *Journal of Applied Research in Memory and Cognition, 9*(4), 475-479.

- Brown, P. C., et al. (2014). *Make it stick: The science of successful learning*. Harvard University Press.

제15장. 정답은 있는데 설명이 없는 세계

- Castelvecchi, D. (2016). Can we open the black box of AI?. *Nature News, 538*(7623), 20.

- Goodman, B., & Flaxman, S. (2017). European Union regulations on algorithmic decision-making and a "right to explanation". *AI Magazine, 38*(3), 50-57.

- Lundberg, S. M., & Lee, S. (2017). A unified approach to interpreting model predictions. *Advances in Neural Information Processing Systems, 30*.

- Ribeiro, M. T., et al. (2016). "Why should I trust you?": Explaining the predictions of any classifier. In *Proceedings of the 22nd ACM SIGKDD International Conference on Knowledge Discovery and Data Mining* (pp. 1135-1144). Association for

Computing Machinery.

- Romera-Paredes, B., et al. (2024). Mathematical discoveries from program search with large language models. *Nature, 625*, 468-475.

- Simonyan, K., et al. (2013). Deep inside convolutional networks: Visualising image classification models and saliency maps. *arXiv preprint arXiv:1312.6034.*

- Urbina, F., et al. (2022). Dual use of artificial-intelligence-powered drug discovery. *Nature Machine Intelligence, 4*, 189-191.

- Zakharova, D. (2024). The epistemology of AI-driven science: The case of AlphaFold. *PhilSci-Archive.*

제16장. 선한 의도로 만든 위험한 설계도

- Calma, J. (2022). AI suggested 40,000 new possible chemical weapons in just six hours. *The Verge.*

- Metz, C. (2023). "The Godfather of A.I." leaves Google and warns of danger ahead. *The New York Times.*

- Pelley, S., et al. (2023). The risks and promise of artificial intelligence, according to the "Godfather of AI" Geoffrey Hinton. *CBS News.*

- Perrigo, B. (2023). DeepMind's CEO helped take AI mainstream. Now he's urging caution. *Time.*

- Sanchez-Lengeling, B., & Aspuru-Guzik, A. (2018). Inverse molecular design using machine learning: Generative models for matter engineering. *Science, 361*(6400), 360-365.

- Urbina, F., et al. (2022). Dual use of artificial-intelligence-powered drug discovery. *Nature Machine Intelligence, 4*, 189-191.

제17장. 다음 지평선을 향하여

- Björnsson, B., et al. (2020). Digital twins to personalize medicine. *Genome Medicine, 12*, Article 4.

- Clay, K., et al. (2025). AI-driven identification of exceptionally efficacious polypharmacological compounds that extend the lifespan of *Caenorhabditis elegans*. *Aging Cell, 24*(5), e14168.

- Cobb, A. D., et al. (2019). An ensemble of Bayesian neural networks for exoplanetary atmospheric retrieval. *The Astronomical Journal, 158*(1), 33.

- Horvath, S. (2013). DNA methylation age of human tissues and cell types. *Genome Biology, 14*(10), Article 3156.

- Huster, R. J., et al. (2012). Methods for simultaneous EEG-fMRI: An introductory review. *Journal of Neuroscience, 32*(18), 6053-6060.

- Koivisto, M., & Revonsuo, A. (2010). Event-related brain potential correlates of visual awareness. *Neuroscience & Biobehavioral Reviews, 34*(6), 922-934.

- Levine, M. E., et al. (2018). An epigenetic biomarker of aging for lifespan and healthspan. *Aging (Albany NY), 10*(4), 573-591.

- Ma, P. X., et al. (2023). A deep-learning search for technosignatures from 820 nearby stars. *Nature Astronomy, 7*, 492-502.

- Madhusudhan, N., et al. (2023). Carbon-bearing molecules in a possible Hycean atmosphere. *The Astrophysical Journal Letters, 956*(1), L13.

- Rolnick, D., et al. (2022). Tackling climate change with machine learning. *ACM Computing Surveys, 55*(2), 1-96.

- Tegmark, M. (2016). Improved measures of integrated information. *PLOS Computational Biology, 12*(11), e1005123.

- Tononi, G. (2004). An information integration theory of consciousness. *BMC Neuroscience, 5*, Article 42.

- Xie, T., & Grossman, J. C. (2018). Crystal graph convolutional neural networks for an accurate and interpretable prediction of material properties. *Physical Review Letters, 120*(14), 145301.

에필로그. 지도의 끝, 그 너머의 세계

- Berman, H. M., et al. (2000). The protein data bank. *Nucleic acids research, 28*(1), 235-242.

- Degrave, J., et al. (2022). Magnetic control of tokamak plasmas through deep reinforcement learning. *Nature, 602*(7897), 414-419.

- Jeffrey, N., et al. (2021). Dark Energy Survey Year 3 results: Curved-sky weak lensing mass map reconstruction. *Monthly Notices of the Royal Astronomical Society, 505*(3), 4626-4645.

- Jumper, J., et al. (2021). Highly accurate protein structure prediction with AlphaFold. *Nature, 596*(7873), 583-589.

- Lam, R., et al. (2023). Learning skillful medium-range global weather forecasting. *Science, 382*(6677), 1416-1421.

- Merchant, A., et al. (2023). Scaling deep learning for materials discovery. *Nature, 624*(7990), 80-85.

- Metz, C. (2023, May 1). 'The Godfather of A.I.' Leaves Google and Warns of Danger Ahead. *The New York Times*.

- Missinne, S. (2013). A newly discovered early sixteenth-century globe engraved on an ostrich egg: the earliest surviving globe showing the new world. *The Portolan, 87,* 8-24.

- Missinne, S. (2019). *The Da Vinci Globe.* Cambridge Scholars Publishing.

- Rudin, C. (2019). Stop explaining black box machine learning models for high stakes decisions and use interpretable models instead. *Nature machine intelligence, 1*(5), 206-215.

- Shallue, C. J., & Vanderburg, A. (2018). Identifying exoplanets with deep learning: A five-planet resonant chain around kepler-80 and an eighth planet around kepler-90. *The Astronomical Journal, 155*(2), 94.

- Szymanski, N. J., et al. (2023). An autonomous laboratory for the accelerated synthesis of novel materials. *Nature, 624*(7990), 86-91.

- Urbina, F., et al. (2022). Dual use of artificial-intelligence-powered drug discovery. *Nature machine intelligence, 4*(3), 189-191.

- Varadi, M., et al. (2022). AlphaFold Protein Structure Database: massively expanding the structural coverage of protein-sequence space with high-accuracy models. *Nucleic acids research, 50*(D1), D439-D444.

Beyond:
AI가 이끄는 인지 혁명

펴낸날 2026년 4월 20일 1판 1쇄

지은이 박종성
펴낸이 金永先
편집 김샛별
디자인 검정글씨

펴낸곳 이든서재
주소 경기도 고양시 덕양구 청초로 10 GL 메트로시티한강 A1-2002호
전화 (02) 323-7234
팩스 (02) 323-0253
홈페이지 www.mfbook.co.kr
출판등록번호 제 2-2767호

ISBN 979-11-94812-19-7 (03300)

이든서재와 함께 새로운 문화를 선도할 참신한 원고를 기다립니다.
이메일 dhhard@naver.com (원고 투고)